HISTOIRE
de Balleroy
Jusqu'au XIXe siècle

4 GRAVURES hors texte

CAEN
Louis JOUAN, Éditeur
Libraire de l'Université
et des Archives départementales

1911

HISTOIRE DE BALLEROY

RACONTÉE A SES PAROISSIENS PAR LEUR CURÉ

HISTOIRE

DE

BALLEROY

JUSQU'AU XIXe SIÈCLE

Racontée à ses Paroissiens

PAR LEUR CURÉ

M. l'Abbé AUBERT

CAEN
IMPRIMERIE-RELIURE E. DOMIN
10, RUE DE LA MONNAIE

1910

HOMMAGE D'ADMIRATION

aux beautés du Pays

HOMMAGE D'AFFECTION

aux Habitants

HOMMAGE DE RECONNAISSANCE

aux Châtelains

PRÉFACE

D'où nous est venue l'idée de ce livre ? En arrivant dans votre paroisse, par un sentiment de curiosité bien naturel et un commencement de sympathie, je cherchai à connaître le pays et ses traditions. Je lus son histoire par M. l'abbé Bidol, je lus aussi les notices filiales de l'histoire de M. Bidol; d'autre part, d'anciennes relations amicales et paroissiales m'avaient mis gracieusement en possession de l'Étude sur la baronnie et l'abbaye d'Aunay-sur-Odon, par M. Gaston le Hardy; j'appris dans cette Étude à me défier grandement de l'histoire de l'abbé Bidol; je pris connaissance de l'Inventaire en huit volumes in-folio des anciennes chartes du château, et aussi des rares papiers des archives, échappés au pillage des révolutionnaires et surtout des administrateurs ignorants qui les avaient suivis. Ainsi devait se rectifier la liste des seigneurs et la série de leurs actes; nous l'avons fait d'après les deux sources que nous indiquons : l'Etude de M. le Hardy avec les chartes qu'il publie et l'Inventaire de la bibliothèque du château. Il était utile en même temps de faire connaître les anciens usages féodaux, les usages des temps plus rapprochés; l'histoire des anciens impôts, des gabelles, celle des travaux publics, des routes; outre les deux sources indiquées, nous avons trouvé un concours encourageant et bienveillant aux Archives Départementales, à la Bibliothèque et à l'Hôtel de Ville de Bayeux et tout particulièrement par les bons soins de M. l'abbé Lemasle. Sur la vie des seigneurs, leurs actes publics, nous n'avons pas trouvé les renseignements aussi complets que nous l'eussions désiré, les mémoires de l'abbé de Choisy, de d'Argenson, de la Grande Mademoiselle ont donné des détails intéressants; les papiers de famille ont fourni le reste; enfin les Archives Nationales nous ont raconté les procès des deux frères La Cour-Balleroy, en 1794.

De quelle méthode nous sommes-nous inspirés ? De celle dont se recommande Monseigneur Baudrillart, dans la préface de son livre sur Philippe V.

«Dans cette méthode, écrit-il, les œuvres historiques perdent quelque chose des qualités brillantes et purement littéraires qui caractérisaient jadis les meilleures d'entre elles, elles y gagnent en revanche d'être plus solides et, si on l'osait dire, plus définitives. Le seul moyen de couper court aux aperçus légers, aux généralisations hâtives, aux jugements sans preuves qui obligent à refaire sans cesse les mêmes ouvrages, c'est de fournir aux lecteurs assez de matériaux pour qu'il puisse au besoin refaire lui-même l'édifice que l'auteur a construit. Mieux vaut, en effet, pour l'un et pour l'autre, chercher et trouver lentement, à travers la multiplicité des pièces et la complexité des faits, quelques parcelles de vérité vraie, que de se reposer dans l'agréable vraisemblance d'un système qui suscite d'abord quelques dupes et bientôt de redoutables contradicteurs.»

Ceux qui viendront après nous pourront trouver dans les archives publiques ou privées des renseignements pour compléter notre histoire. Nous désirons vous instruire et vous intéresser, et le plus fort intérêt viendra plus de l'autorité de notre parole que de la fantaisie de nos aperçus; puissions-nous en même temps contribuer pour notre petite part à l'histoire générale du pays. Que Dieu et Saint Martin bénissent notre désir de vous être utile.

Balleroy, 4 juillet 1910, fête de l'Ordination de Saint Martin, patron de Balleroy.

HISTOIRE DE BALLEROY

Racontée à ses Paroissiens par leur Curé

PREMIÈRE PARTIE

Description du pays. -- Lois, Usages, Coutumes

CHAPITRE I

DESCRIPTION DU BOURG

Vous vous êtes familiarisés avec les beautés de votre pays; vous ne paraissez nullement surpris, lorsque vous arrivez de Bayeux ou de Caen au Sapin, mais l'étranger qui vous visite pour la 1re fois et qui veut se faire de Balleroy une idée première ineffaçable, est tout émerveillé de l'unité de plan du château et du bourg: ce plan a été conçu par Mansard et exécuté par la famille de Choisy. Le Sapin est à l'intersection des routes de Caen et de Bayeux; primitivement il était au centre d'une petite place carrée, dessinée par des arbres et d'où partaient quatre avenues, dont la principale vers le sud-ouest conduisait au château. Du Sapin l'on voit une courte avenue de hêtres, quelques maisons de chaque côté, et, dans le fond, le château encadré d'arbres et derrière lui un écran formé par les collines verdoyantes de la Bazoque. En avançant, nous arrivons à la jonction des deux voies de tramways, de Bayeux à Caumont et la Besace, et de Balleroy à Grandcamp et Isigny par Littry et Trévières : le plan se dessine et se développe, les maisons sont alignées à une égale distance de 20 mètres du milieu de la route. Bientôt on descend la côte qui conduit au château ; cette déclinaison du terrain fait que le château n'a pas l'aspect protecteur sans doute, mais aussi dominateur des vieux châteaux féodaux, il semble qu'on a voulu avec une sage réserve indiquer que l'on prévoyait une vie plus intime entre le château et le bourg, vie toute d'intérêt, de bienveillance et de bienfaisance : vraiment le château et le bourg ont été faits l'un pour l'autre et si les châtelains jouissent de la belle avenue de maisons, qui préparent l'entrée de leur demeure, tous les habitants jouissent de la beauté de leur château. Enfin nous arrivons sur la place, que l'on appelait et que l'on appelle encore le Rond : du milieu de la place nous apparaît bien nettement le plan de Mansard : une croix dont l'arbre principal est formé par la rue du Sapin, avec l'arbre même du Sapin au pied et le château au sommet : la place forme le croisillon et les deux bras de la croix sont à droite la route de Littry et à gauche celle de Caumont. Y avait-il réellement une croix ou était-ce l'intersection des routes qu'on appelait la croix ou croisée du *rond* ? La route de Littry prend le nom de rue des Forges, parce que les de Choisy avaient établi des forges importantes dans la maison qui semble fermer cette rue ; dans le principe elle était plus large et bordée d'une avenue d'arbres, comme les deux autres rues principales, mais les empiétements des voisins du côté droit l'ont rétrécie de trois à quatre mètres et en ont changé sensiblement la direction, au fond de la rue et au-dessus de la maison de la forge on voit la forêt. La route de Caumont s'appelle la rue des Etangs, ce nom désignait deux étangs qui se trouvaient de chaque côté de la route au bas de la côte, il est respectable par son ancienneté, mais il paraît bien prétentieux, si l'on examine celui de ces étangs qui subsiste et qui paraît plutôt une mare, un bourbier. De la place, il nous est permis de comparer, malgré l'infinie différence, l'entrée de Balleroy à celle de Versailles, puisque c'est le même artiste qui a dessiné les deux et qu'il préludait par de petits travaux à des œuvres gigantesques et immortelles.

Comment les Choisy ont-ils pu exécuter ce plan et comment leurs successeurs ont-ils pu le conserver? La plupart de ces terrains faisaient partie du domaine non fieffé de la seigneurie; les Choisy achetèrent les autres, entre autres le fief Guilbert; puis ils firent construire les deux premières maisons du Nord et du Midi de la rue du Sapin, et inféodèrent les terrains, c'est-à-dire les vendirent moyennant une rente assez faible, perpétuelle et irraquitable, terme de l'époque, mais ils y mettaient la condition que les fieffataires bâtiraient sur l'alignement des deux premières maisons, enfin ils veillèrent soigneusement pour empêcher toute usurpation sur leur terrain en dehors de cet alignement. A la Révolution il y en eut qui prétendirent que cet alignement représentait un droit de vue ou droit féodal, et par conséquent un droit détruit par les lois révolutionnaires : par deux arrêtés, l'un du 8 prairial an X et l'autre du 27 frimaire an XI, le conseil de Préfecture déclara la dame d'Hervilly propriétaire des *terrains en pâture* et avenue, régnant le long de la grande route de Caen à Saint-Lo, dans la traversée de Balleroy. Pour l'ornement réciproque du bourg et du château, ajoute l'arrêté, la portion de la route, connue sous le nom de rue du Sapin, conservera sa longueur actuelle et largeur, sans que la dame d'Hervilly puisse y apporter de changement. — En 1840, le Tribunal civil de Bayeux, considérant les conditions de construction imposées par les seigneurs dans l'intérêt du développement du bourg, considérant que si les lois de 1790 et 1792 ont anéanti les privilèges de la puissance féodale, elles ont respecté le droit de propriété... donne acte aux parties de ce qu'il est reconnu que M. de Balleroy ne réclame aucun droit sur la place du Marché, déclare la commune propriétaire de la rue du Sapin, mais déclare ces terrains grevés de la servitude réclamée par M. de Balleroy, en conséquence la commune ne pourra changer les alignements établis par les contrats d'inféodation de 1650, de manière qu'il ne puisse être fait aucune construction qui évide la cotière de devant la maison bâtie pour servir de règle audit alignement. C'était la décision du bon sens et du sens artistique.

Dans l'angle supérieur formé par l'arbre de la croix et le bras gauche du croisillon se trouve l'Eglise, elle est à la fois au centre du bourg et près du château : la proximité du château fait croire à beaucoup de visiteurs, et vous-mêmes vous le répétez, que l'Eglise a d'abord été la chapelle du château ; elle était si près d'eux que les seigneurs n'avaient pas besoin de chapelle et il ne faut pas oublier les droits et privilèges que donnait le titre de fondateur de l'église paroissiale ; les seigneurs avaient abattu l'ancienne église paroissiale, sur laquelle l'abbaye d'Aunay avait reçu des seigneurs d'Aunay fondateurs, des droits de patronage et de temps en temps elle faisait valoir ces droits : le seigneur tenait à la faire taire. Placée au centre du bourg pour la plus grande facilité des paroissiens, l'église est cependant cachée par un bouquet d'arbres, et cette disposition est favorable au silence et au recueillement de la piété. Pour ceux qui aiment les symboles nous dirons que l'église est près des fidèles, mais le ravin, traversé par un ruisseau, qui la sépare de la place et du mouvement des affaires, nous montre qu'il y a un abîme entre l'Eglise et le monde. C'est la paix et la tranquillité, les seules habitations sont le presbytère, une maison de religieuses et une école libre.

A qui devons-nous cet ensemble de beautés ? A Mansard qui en conçut le plan, à Jean de Choisy qui l'exécuta. Avez-vous gardé le plus petit souvenir des noms de Mansard et de Choisy, même dans un nom de rue? Jean de Choisy a donné sa signature sur les pilastres du clocher et sur les pilastres de l'intérieur du chœur. Deux C entrelacés et sur eux est jeté un J ou I. Combien peuvent déchiffrer ce monogramme? Le nom de Mansard, donné à votre place, serait-il usurpé?

CHAPITRE II

DESCRIPTION DE LA CAMPAGNE

Balleroy, nous dit un de ses historiens, M. l'abbé Barette, a la forme d'un promontoire : c'est un plateau de 50 mètres d'altitude, entouré d'eau de trois côtés, au Midi, par le Rihou ou Vesbyre, à l'Ouest et au Nord, par la Drôme et la pente vers ces cours d'eau est tantôt doucement inclinée sur une longueur de 7 à 800 mètres et tantôt brusque, comme par des falaises. Visitons d'abord le plateau : au Nord-Est et à l'Est et au Sud-Est, il est uni aux territoires de Castillon et de Planquery, sans qu'aucun accident de terrain ou rien de physique puisse bien marquer la séparation, et cela est si vrai que dans le même corps de ferme un bâtiment peut être sur Balleroy et l'autre sur Planquery; ce sont en grande partie des herbages, clos de fossés et de haies d'ormes.

La partie cultivée est en grande partie dans le parc: Cette partie du Parc mérite d'être visitée : ceux qui préfèrent les grandes lignes régulières, y trouveront trois grandes avenues parallèles de hêtres, la plus rapprochée du château qu'on appelait autrefois l'avenue du Mail est la plus petite, elle a 800 mètres, la 3e se prolonge bien au delà du Parc, jusqu'à la route du Vernay, elle a 1800 mètres et le comte de Choisy projetait de la prolonger jusqu'au Vernay même. Ces trois avenues avec d'autres qui leur sont perpendiculaires forment de vastes parallélogrammes qui sont cultivés en prairies artificielles. La partie orientale du plateau renferme de nombreuses sources, intermittentes ou intercalaires, dit l'abbé Bidot, qui disparaissent promptement dans les grandes sécheresses; elles profitent des vallonnements formés par les révolutions terrestres pour se jeter dans la Drôme; un premier ruisseau, souvent à sec, passe près de la ferme de Courteille et sépare Balleroy de Castillon; un second ruisseau qu'en 1545 dans un acte de fieffe à Jean Serard, on appelle le dou de la Goutte, part à peu près de l'arrêt du tramway, non loin de la rue de Canchy, les anciens actes le signalent de nouveau près du lieu Gilles, aujourd'hui maison Courtemer, ils l'appellent la Goutte, ou rivière Vauguienne, Vaudienne; nous retrouvons ce nom pour une pièce près de l'ancienne Eglise; il longe, nous disent-ils, la rue Vaudienne, et ce cours d'eau peu important se jette près du bief du moulin construit en 1733; entre ces deux ruisseaux est le village de Courteilles et le coteau est traversé par la voie du tramway; on y peut admirer la vue de la forêt, du village de la Couture, du bois de Guerquesalle, et vers l'Est la vallée de la Drôme jusqu'à Noron. Vers la gare du Bourg et un peu au-dessus, les sources sont multipliées, il en part des filets d'eau, que les anciens dans leurs actes appelaient des douëts, des doux, *ductus aquæ*, et les administrations en ont fait des Douves; sous prétexte d'être plus français, ils ont fait une absurdité d'une expression très vraie et très imagée. Du lavoir ces doux traversent les étangs et les bosquets du château. Entre la Goutte et le Dou, se trouvait le renflement de terrain allant de l'Est à l'Ouest puis du Sud au Nord, sur lequel ont été bâties la rue du Sapin et la rue des Forges. En vous promenant par la rue de Gilles, au-dessus de la Goutte, vous êtes-vous retournés pour jouir du panorama formé par les avenues, la Bazoque,la forêt? Du bas de Balleroy, nous suivrons à notre choix la vraie rivière ou la fausse jusqu'à leur confluent à la Perrée; si nous suivons la vraie, nous verrons à notre gauche le côteau du Parc du château, avec ses bosquets et ses avenues et ses haies; si nous suivons la fausse rivière, nous aurons à notre droite la petite vallée qui sépare les deux rivières et la forêt; c'est à partir de la Perrée que notre promenade devient plus pittoresque; près de nous à droite le cours capricieux de la Drôme à gauche des coteaux qui s'élèvent rapidement et à pic à une hauteur de 50 mètres; sur leurs flancs sont des taillis, autrefois on les appelait cotils ou taillis de Vaucelles, nom qui rappelle aux latinistes les petites vallées que forment les méandres de la Drôme; comment expliquer ces révolutions du terrain? près du côteau de 50 mètres très abrupt une petite vallée, c'est comme la falaise rongée au pied par une rivière qui aurait dû être impuissante pour un tel travail, les pierres de schiste comme déchirées, est-ce un soulèvement volcanique, est-ce un affaissement? On peut réfléchir et méditer sur toutes ces beautés, sur leurs causes; on est là dans le silence et la solitude et autrefois, c'était le bruit et le mouvement des moulins et des fermes. Nous arrivons au confluent de la Drôme et du Rihou, c'est la limite de Balleroy et de Planquery. Ce mot de Rihou vous étonne, tant il est oublié, il vous paraît une invention de ma part. En 1148, Roger Bacon donnant aux Templiers la terre de Baugy et voulant en fixer les limites du côté de Balleroy, nous dit : *totam terram quæ est inter nemus et aquam de Rihous et nemus Balge, sicut aqua pariter Rihous dividit et via Bajocensis*, la terre entre le bois et l'eau de Rihous et le bois de Baugy, comme le partage est fait par l'eau de Rihous et la route de Bayeux, qui passait près de la ferme actuelle de Molandin, puis dans celle du Parc; Rihou rappelle son origine latine, Rihou, de Rivus, ruisseau. Pourquoi le Rihou s'est-il depuis appelé le Wei-sbire? Le mot vei ou vey indique un gué, qui aura été désigné du nom d'un voisin, Sebire! Il est certain que le passage près de la fontaine, s'appelait en 1525 l'eau du passeur; était-ce sur la route de Caumont? n'était-ce point plutôt entre les deux fermes, sur la route de Bayeux à Torigny? c'était sur le chemin du roi. La limite de Balleroy suit l'eau de Rihou, dans sa petite vallée étroite, enfermée entre les costils et les taillis de Rihou, comme disent nos vieux actes. La charte ajoute en dehors de cette limite 7 *acras terræ quæ sunt juxta landam ex parte Bajocensis*, sept acres dans la lande du côté de Bayeux et à côté 10 acres de terre et *feudum quintini sacerdotis quietum* et le fief du prêtre Quentin, quitte de tout, et de fait la limite de Balleroy quitte le ruisseau et vient près de l'avenue Quentin, à peu près au milieu entre la route de Caumont et celle de Caen, à l'endroit que l'on appelait autrefois le Champ Quentin et à 100 mètres environ de l'extrémité de l'avenue, la limite passe devant la maison Chuquet suivant l'ancien chemin Caumais. Comme nous l'avons dit, il n'y a plus de limite naturelle entre Balleroy et Planquery ou Castillon.

Celui qui voudrait connaître le sol et le sous-sol de Balleroy le peut facilement au confluent de la Drôme ou Dromme et du Veysbire : c'est là que se trouve la carrière actuellement exploitée par le château; il y a très peu d'argile, un premier sous-sol, de schiste très friable puis de gros blocs de schiste, dont le lit est presque vertical, ce qui indique un grand soulèvement ou un grand affaissement terrestre; il est probable qu'au-dessous on trouverait de l'ardoise et peut-être du charbon; d'ailleurs la carrière du Pavillon au bout de la deuxième avenue donnait à la fois de la pierre à bâtir et de l'ardoise; on y avait pris la pierre pour bâtir le château et l'église; derrière la ferme actuelle il y a également un pré où l'on exploitait aussi une carrière de pierre et d'ardoise dont on trouve encore les résidus, c'est le jardin le Rouget.

Nous avons parcouru tout ce périmètre de Balleroy en historiens, en géologues; si vous aimez l'arboriculture, vous serez surpris dans ces terrains pauvres de voir de magnifiques arbres, des frênes très élevés et très gros, vous verrez près de la carrière du Pavillon, un beau sapin, semblant défier tous les vents au haut d'un rocher de schiste sans terre végétale. Si vous aimez la pêche, entendez-vous avec le propriétaire, tendez votre ligne et selon les circonstances, taquinez la truite ou endormez-vous.

CHAPITRE III

DESCRIPTION DE L'ANCIEN BALLEROY VERS 1600

Peut-être les deux premiers chapitres vous ont-ils peu intéressés : je vous parlais de choses que vous connaissiez mieux que moi : vous les aviez admirées plus que moi et je voulais attirer votre attention sur les beautés que Dieu a faites pour vous et dont vous ne lui rendez pas assez de reconnaissance. Dans le chapitre présent je vous parlerai d'un pays très inconnu de vous et cependant certaines parties sont disparues depuis cent ans à peine : j'essaierai de vous retracer l'aspect de Balleroy, vers l'an 1600.

Le centre de la vie de Balleroy, comme de tout village autrefois, était le château et près de lui l'Eglise. Balleroy n'était pas une seigneurie assez importante pour être autorisée à avoir un château, elle n'avait qu'un manoir seigneurial, situé à la place du corps de logis de la ferme actuelle du Parc, autrefois appelée de Molandin. Il était sur la route de Torigny à Bayeux, cette route sortant du territoire de Planquery, passait près de la fontaine, à l'extrémité du pré de la fontaine, en traversant le Veysbire, ou l'eau du passeur, suivait le mur du château, entrait dans la cour actuelle de la ferme, tournait près du pressoir, puis entrait obliquement dans le pré actuel près du jardin, on en voit encore la direction, et tombait à l'angle de la petite place de l'Église, traversait cette place pour aboutir vers Tivoli, la rue des Douves, et de Vélochy, c'était le chemin du roi. Au-dessus de la fontaine le chemin de Bayeux était traversé par le chemin de Rihou, qui venait du confluent de la Drôme et du Rihou, passait sous le château et, en quittant la voie de Bayeux, faisait le tour d'une pièce, les Costils, donnée aux Trexot en 1527 par les Guilbert, et depuis appelée le pré de la forge, et arrivait aussi sur la place de l'Eglise.

En arrivant à cette place sur la droite était une grange et maison que Guillaume Guilbert vendit à Jean de Choisy en 1600, une haie séparait cette maison du presbytère, qui lui-même tenait au cimetière; à l'angle du cimetière un échalier permettait au seigneur de prendre directement la voie de Rihous pour rentrer à son manoir; à l'autre angle de la place était la grange encore existante. Devant l'Eglise la jonction des deux routes de Bayeux et du Molay, formait une petite place, la voie du Molay longeant le cimetière qu'elle séparait du champ Saint-Martin, d'une vergée, vendue en 1600 par M. de Lesnerac. Derrière l'église et au bas du coteau était la maison des Millet, propriétaires d'une source qui alimentait le puits de la place près du presbytère et même l'étang du seigneur et conduisait l'eau au château; François Millet vendit ce droit 100 livres en 1623.

Après le hamel de la place un des plus importants était celui de la vallée du Moulin, au Sud. On s'y rendait par la voie de Rihou que nous venons de voir aboutir sous le château et à la place de l'Eglise ou par la voie des Varets. La voie de Rihou encore existante suivait le coteau de Rihou, tantôt au milieu, tantôt au bas, on l'appelait aussi la rue du moulin ou de l'Église et après le confluent des deux rivières, elle gardait ces deux noms

La voie des Varets était au-dessus du côteau, vers la grande avenue; elle aussi venait aboutir à la ferme actuelle pour arriver à l'Eglise et à l'autre extrémité au haut des côtils des Vaucelles,nous ne savons comment elle aboutissait aux moulins.

Vers 1660 il y avait là différents parcs, parc Martin, parc Labbey, parc Ménage, c'était là qu'habitaient les Docquet, les Rouget, les Courtemer, les Lepage, chacun d'eux avait maison, cour, jardin potager, plant; à l'angle des côtils de Rihou et de Vaucelles était le pré de la Tannerie; c'était la petite propriété. La voie des Varets traversait la marette de Vaucelles, où il y avait une fontaine, entre la grande avenue et la seconde avenue actuelle près du haut des costils. Au bas des costils, les premières pièces de terre sur la Drôme étaient ce qu'on appelait la Commune, dont les possesseurs devaient la rente de bernage; elles étaient en culture; à côté se trouvait le pré des Plantières, près du territoire de la Bazoque et la delle de la Campagne. Le chemin suivi était le chemin de la commune, était-ce le même que celui de l'Église? Il y avait la delle de Dessous l'Hostel, la delle de la Crotte, ces terres appartenaient aux Chirée, aux Léonard, aux Courtemer; en 1586, Jean Chirée cédait à Courtemer une maison et une terre et cour, qui buttait sur le bieu du moulin et, en 1591, il en cédait une autre à Louis Léonard qui la remettait en 1601 à Jean de Choisy et les échanges se font nombreux par les mêmes et Girot Girard, Roger Le Page, les Guilbert à de Lesnerac et par celui-ci aux Choisy, delle des Estoquets, des Closets, des Fez et Coignets, des Ondelles, pré de la Solive, le pré des Isles; en 1601, Girot Girard cède la Vignassière et après, le Grand Bieu; Vincent Pérey, écuyer, cède le pré, ensuite nommé La Perrée, puis les Islets. En 1600, la ferme de la vallée du Moulin existait; ce moulin, que nous venons de voir, a eu une grande importance dans l'histoire de Balleroy, c'était le moulin banal dont la dîme revenait à l'abbaye d'Aunay; il y en eut d'autres: en 1643, Jean Serré consent que maître Jean Trexot, pour l'entretien de ses moulins, fasse en une prairie tenue de la Seigneurie du Coësel, tout ce qui serait nécessaire pour la pierrée des dits moulins et plus tard il y eut un moulin à papier, un moulin foulon. Le mot Coësel, lui-même, indique un moulin d'un genre spécial. Quelle vie et quel mouvement alors ! nous ne continuons pas notre énumération des terres et des cultures sur le bord de la Drôme et de la fausse rivière : les détails nous manquent comme sur les terres du Parc actuel.

Revenons au hamel de la place : nous avons vu deux routes partir de l'église, l'une au Nord, la rue de Bayeux, l'autre à l'Est,la rue du Molay ou de l'Église ;elles se rejoignaient à la gare actuelle; la rue de Bayeux passait devant le lieu Verdier: ce lieu Verdier était la maison, ménage et entretenant, de François Beudin, verdier du Bur le Roy ; il contenait 45 vergées et fut vendu par Gilles Eury, gendre de Beudin et également verdier, sur son terrain était l'emplacement du château; puis la rue de Bayeux passait devant le ténement Beauvalet, ou en 1600 le Marois, aujourd'hui maison Michaud, à ce moment il y avait plant, maisons, jardin, labour, tenant 16 vergées et suivies de 5 vergées jusqu'au chemin Caumais; puis venait la ferme de Vélochy : en 1527, Trexot échangeait avec les Guilbert 15 vergées de terre en ménage, masure, plant, jardin et terre labourable, qu'il avait achetées de Jean le Vélochy; en 1514, Thomas le Vélochy vendait à Taillepied 20 vergées de terre, rue de Balleroy, joignant le chemin du roi et plus tard ces 20 vergées revinrent au seigneur, nous ne voyons pas par quel contrat. La rue du Molay allait en ligne droite le long du Champ Saint-Martin, puis elle passait derrière Tivoli, laissant le parc de la Cavée, 3 vergées (c'était le vieux chemin actuel) et allant en ligne droite, arrivait au-dessus de la gare actuelle, mais au moment où elle entrait dans l'avenue Quentin actuelle, le chemin Caumais s'en séparait, suivant à peu près l'avenue actuelle ; à leur séparation, le chemin Caumais laissait à sa droite la grande pièce, l'ancien champ Quentin qui fut vendu en 1625 par Claude Quentin et qui contenait 43 vergées ; entre le champ Quentin et la route de Torigny à Bayeux ou le grand chemin du roi, appelée aujourd'hui route de la Bulletée, était le parc de la Bulletée,qui fut vendu par Gilles Eury, en même temps que le lieu Verdier et qui contenait 34 vergées, Eury tenait ce parc des Courtemer. Le chemin allait jusqu'à la route de Caen, ou chemin Chaussé, appelé aussi quelquefois le Chemin du roi. La route de Caen ne suivait pas la direction actuelle : au bout de l'avenue Quentin, elle allait vers Périgny, passait devant la maison le Tellier et aboutissait derrière le fief Guilbert où elle rejoignait la rue du Molay et la rue de Bayeux ; nous l'avons dit la partie à droite était en bois, les bois de la Londe Périgny et de la Chouquaye, mais en 1583, Davot cédait au seigneur 19 vergées delle des Courtes Pièces,ou des Cours,joignant la Bruyère et la rue Chauchey et en 1612, Nicolas Duvey en cédait 20 vergées, à côté se trouvait la fosse au har ou au hac, qui contenait 5 ou 6 vergées au moins. Ce village était habité par les Duvey, les Dillaye, les Chuquet ; puis venaient les pièces de la Bruyère et du Chaussey,c'était la seconde pièce de terre appelée la Commune qui devait la rente de bernage ; cette terre,de 30 vergées, était habitée par les Brasard, dont la maison était en hourdil, sur le chemin de la Bruyère. Derrière les maisons de la Bruyère était une source appelée l'étang Bras, près d'elle était le lieu Bras, qui existe encore et qui avait son chemin pour aboutir aux Doux à la jonction des rues du Molay et de Bayeux. Il y avait là beaucoup de petites pièces de terre comme l'indiquent les contrats et les aveux, mais il est souvent difficile de faire correspondre les noms anciens aux noms actuels.

Nous voici arrivés à la jonction des routes de Caen, Bayeux et le Molay, c'était le hamel du haut de Balleroy ou simplement de Balleroy. Les routes formaient une croix, près de ce carrefour était un chêne, le Quesne de la Croix, il serait possible qu'il y eût un calvaire mais ce mot de croix désigne peut-être seulement le carrefour; la route de Caen se continuait, puis celle de Bayeux et celle du Molay se séparaient de nouveau, celle-ci devenait la rue de Canchy, des Auges ou du moulin de Vaubadon. Entre la route de Caen et celle de Bayeux était l'aînesse du fief Guilbert, tenu en 1525 par Germain Quentin et ensuite par les Guilbert jusqu'aujourd'hui; l'aînesse en était une pièce de terre au haut de Balleroy, maison, cour et plant (1525) de 27 vergées près du Quesne de la Croix. En face à peu près, entre le chemin de Caen et celui du Molay était le fief Anquetil, dont Denis Davot fit l'aveu en 1603; les actes nous disent que l'aînesse en était au hamel de Balleroy ou haut de Balleroy. Plus loin sur le chemin de Canchy ou du Molay ou des Auges est le lieu Isaac, ainsi nommé à cause d'Isaac Raould, époux de Jeanne le Bourgeois, ou le Bourguaye, qui eut cette fieffe en 1686; en 1613, Alexandre Courtemer avait vendu à Eury, delle de Courteilles, joignant le terroir de Castillon, 12 vergées avec maison et 3 vergées en jardin, et Eury les cède en 1614 au seigneur.

Nous suivrons maintenant le dou ou douit ou douet de la Goutte et la rivière Vauguienne et le chemin de Caen; en 1600, de Lesnerac vendait 22 vergées delle de la Goutte, elles buttaient sur le chemin de l'Eglise et sur celui de Canchy, plus bas était le pré de la Goutte; vers Courteilles, Berguet et Eury faisaient des échanges delle de la Marette; les Marois en faisaient à gauche de la Goutte, vers le parc des Binots, et cédaient le droit de prendre de l'eau à la Goutte, de même pour le pré Boulon, et le Parc; Berguet vers Courteilles vendait à Eury sur la delle des Vignots, des Corvées, la Croutte, le pré Berguet et la vallée Hubot; il est fait aveu en 1460 par Robin Pivet, d'un ténement qui joint à la Vaudienne, du fief au Valois, qui joint à la voie à la Vaudienne et au chemin de Caen et un tenement sur le val du Moutier, joignant audit chemin de Caen (plus tard Labbey est dit sieur du Moutier; est-ce à cause de cette vallée?) Vers 1540, nous trouvons Jean Serard, Robert Serard, établis au lieu Serard, maisons à l'entrée de Courteilles: vers 1600 ils vendent sur les delles des Corvées, de la Goutte; du Quesnot, de la Palière ou vallée Hubot, de-dessus la Goutte; au-dessous d'eux sur la Goutte touchant à la Vauguienne est le lieu Gilles : les Gilles habitaient anciennement ce lieu, l'un d'eux au moins s'était fait protestant; les Barbey héritèrent des Gilles et une demoiselle Le Barbey épousa un Courtemer; ils vendirent en 1611 leur part de la vallée Hubot; le lieu Gilles tenait au parc Colas; dans l'angle de la rue de Gilles et de la rue des Forges était le parc des Fris. Plus bas était le hamel Marois, en 1600 Jean Gouët y vend un terrain delle des foyes, joignant la rue Vaugienne; une autre delle des foyes joignait d'un bout les cotils de la Plâtrière (vers la Perrée).

Il reste bien des détails inconnus ou peu précis : le Balleroy de 1600 ressemblait-il extérieurement à celui de 1900. Distinguons le terrain du parc et le terrain que nous appellerions terrain de ville, la différence est totale. Pour le terrain campagne la différence n'est pas grande à certains points de vue : les bois de Courteilles et de la Chouquaye ont été mis en culture; pour l'observateur trouve-t-on plus de grande culture ou de petite culture, dans l'examen que nous avons pu faire, nous croyons que les mêmes divisions de territoire existent, que les noms des propriétaires ont seuls changé. Sans doute avant 1500 en dehors du domaine seigneurial, nous avons vu les Vélochy posséder de grands domaines ; les Quentin, qui s'associent aux Trexot de Balleroy, puis les Guilbert, les Beauvalet, les Duvey, les Davot, font des échanges avec le seigneur pour lui permettre de constituer son domaine, après eux à la fin du XVIe siècle ce sont les Courtemer, les Serard, les Chirée, les Lesnerac ont fait une apparition à Balleroy, ils étaient sieurs de Mesniville, conseillers au présidial de Caen ; l'un d'eux avait épousé Jeanne de la Cour, fille de Blaise, seigneur de Vaudorne, de la famille des seigneurs actuels ; en 1600, et probablement longtemps après, nous voyons les grands domaines du champ Quentin, du lieu Verdier, de la Bulletée, mais à côté d'eux il restait beaucoup de petits propriétaires et de petites propriétés, qui subsistèrent jusqu'à la Révolution et encore de nos jours ; les Choisy, nous le verrons, firent de nouveaux partages des propriétés, mais changèrent la nature de la propriété, qu'ils remplacèrent par la fieffe soit pour les terres anciennes, soit pour les terres qu'ils firent défricher à la Chouquaye et à Courteilles. Quelle était la culture? Un rapport que nous lisons dans les registres municipaux du 25 pluviôse an XIII, dit que Balleroy récoltait du froment, de l'avoine, du sarrasin, puis on laissait la terre se reposer deux ans,de sorte qu'il n'y avait en culture tous les ans que 600 vergées; à la fin du XVIIIe siècle un dixième des terres avait été converti en herbages; ainsi rien que sur les terres du seigneur un assensement de 125 livres avait été consenti pour la dîme des terrains en herbages, ce qui peut représenter une centaine de vergées; la culture du seigle avait diminué, l'utilisation de la chaux favorisant la culture du froment; on cultivait aussi l'orge, l'avoine, les pois, la vesce, les petites fèves, le sarrasin et cela depuis des siècles, nous y reviendrons. Les propriétés étaient plantées comme aujourd'hui; dans les aveux, les fieffes, les ventes nous voyons souvent les mots maison, cour, jardin, plant, et si dans leurs ventes les Choisy demandent de planter des pommiers ou des poiriers, introduisent-ils un usage nouveau ou maintiennent-ils un usage ancien?

Les partages des propriétés étaient les mêmes qu'aujourd'hui dans la campagne de Balleroy, fossés ou haies; nous verrons les Choisy l'exiger et plus anciennement les mots cour, clos, closets, prés, l'indiquent : le mot parc indiquerait peut-être plus souvent une clôture de murs ou de palissades.

CHAPITRE IV

NOM DU VILLAGE. — BALLEROY N'EST PAS BURLEROY

Le nom de notre bourg, le plus ancien que nous trouvions, est Barlarreium; selon la prononciation des populations romanes, qui ne ressemblait pas à la prononciation française, la syllabe accentuée effaçait les autres et il est arrivé que dans les mots venant du latin on a supprimé la syllabe qui suit l'accent, et celle qui précède la syllabe accentuée est devenue muette, ce qui a donné Barlerei, et la liquide, appelant une autre liquide, a donné Ballerei, dont on a fait roi, comme de regis, latin, on a fait roy. Que signifie ce nom de Balleroy? Les plus savants comme les plus hardis étymologistes n'ont pas osé me donner d'explication; tous paraissent recommander une grande prudence; c'est la seule réponse que nous ayons obtenue.

Il y a lieu de bien distinguer Balleroy de Burleroy et on me permettra d'insister sur Burleroy, parce que nous verrons à un moment donné l'histoire de Balleroy et celle de Burleroy unies. La carte d'Etat-Major appelle Burleroy l'emplacement d'un ancien château, près de l'Eglise de Noron : cet endroit était appelé Bur ou Burum dans les anciennes chartes, et il n'a été appelé Bur le Roy ou Burum Regis que longtemps après la conquête de la Normandie par Philippe Auguste sur Jean Sans-Terre en 1204; il semble qu'au XIVe siècle il désignait la partie non aliénée du domaine royal. Un compte de 1184 par Hamon le Bouteiller, établit bien la distinction de Bur et de Balleroy; (Rôles Normands, t. XVI, p. 110 et 111). *Hamo Pincerna reddit compotum de X libris, de redditu V porcariarum et III vaccariarum de foresta de Monte Fichet* (Montfiquet)... *In capella s^ti Nicolai de lambruscanda et in II caminis reparandis apud Burum... de censis et reguardis* (regards ou rentes) *Nove ville prope pontem de Balere.*

Le château de Bur avait été construit peut-être par Richard I, duc de Normandie au Xe siècle; en 1002, Richard II chassait dans le bois du Vernay, buisson de la forêt de Bur, quand Guillaume, comte d'Hyesmes, puis comte d'Eu, fils naturel de Richard I vint se jeter à ses pieds (v. Essai historique sur le château de Bur, par M. de Toustain, Caen, le Gost Clérisse, 1865), en récompense il lui donna Lesceline, fille de Turquetil, qui fonda l'abbaye de Saint-Pierre-sur-Dives; en 1169 Henri II y tint sa cour; il y eut une réunion des légats du Pape et d'évêques pour tenter une réconciliation entre Henri II et Thomas de Cantorbéry, Thomas Becket; cette tentative est racontée dans une lettre d'un ami à Thomas de Cantorbéry (v. de Toustain), les évêques de Bordeaux, Rouen, Le Mans, Bayeux, Avranches, Evreux, Séez et Arnoul de Lisieux s'y trouvaient et la réconciliation momentanée se fit. En 1170 Henri se trouvait encore à Bur, quand il se plaignit d'avoir nourri des lâches dont pas un seul ne voudrait venger ses injures; à mots couverts, il semblait désirer la disparition de Thomas Becket et 4 seigneurs, Guillaume de Traci, Hugues de Morville, Richard le Breton et Réginald fils d'Ours, tuent l'évêque de Cantorbéry. Richard du Hommet, connétable de

Normandie, seigneur d'Aunay et de Balleroy est envoyé après eux; est-ce pour les punir? est-ce pour les seconder? en tout cas il arrive après le meurtre, et son rôle n'est pas net. Il semble bien que Thomas Becket était venu à Bur, pendant qu'il était chancelier et c'est à cette période que se rapporte une légende racontée de plusieurs paroisses, dont il est patron, comme Montfiquet : ayant vu Gilbert de Montfiquet construire une église, il lui demande quel en sera le patron? Le 1er saint qui sera canonisé, répondit le seigneur. — En 1170 Henri le jeune vint passer les fêtes de Noël à Bur; Robert du Mont (Saint-Michel) raconte sur ce jour une anecdote intéressante : Guillaume de Saint Jean, sénéchal de Normandie, et Guillaume, fils d'Haymon, sénéchal de Bretagne, mangeaient dans la même chambre que les chevaliers du nom de Guillaume, il s'en trouva 110, sans compter ceux qui étaient à la table du roi.—En 1175 c'est à Bur que se fit la réconciliation de Henri II et de son fils Henri Court Mantel. Les rôles Normands nous apprennent qu'il y avait deux chapelles, l'une de Saint-Nicolas, l'autre de Sainte-Catherine, t. XV, p. 10, 1180. *Duabus capellanis de duabus capellis de Buro*, 18 *lib.* 5 *sol. de libero statu. Neel* (Nigellus) *reddit compotum de* 25 *lib. de remissione de mille quercubus, quas Willelmus filius Joannis emit ad edeficia regis de Buro*, ce sont des comptes pour des commandes de vin d'Angers pour Bur, des oies (*gantarum*) d'Angleterre, 60 pour Argentan et 60 pour Bur, pour 349 palissades *perticis pali*, pour clore le parc de Bur (73 liv. 101), (t. XV, p. 81) pour les bâtiments, les portes, les palissades (*palitio*), les haies, les boxes (*bokestallis*). C'est de Bur que sont datées beaucoup de chartes.

En 1185 Henri II signe à Bur la charte qui confirme la

fondation de l'abbaye de Longues et elle est attestée par Henri, évêque de Bayeux, Guillaume de Tournebu, évêque de Coutances, Pierre, abbé de Saint-Étienne de Caen, Martin, abbé de Cerisy, Guillaume du Hommet, connétable, Guillaume fils de Raoul, sénéchal, Hugues de Cerisy, Hamon le Bouteiller. En 1189, Richard Cœur de Lion partit de Bur à Noël pour signer un traité avec Philippe Auguste; son frère Jean Sans-Terre y célébra aussi les fêtes de Noël 1199 et il s'y trouvait également le 15 octobre 1209. Bur en 1204 devint la résidence des officiers préposés à la garde de la forêt de Bur ou Grande Forêt, elle avait 14 buissons (1° le Vernay, 2° le Tronquay, 3° Mauregard ou Mougard, 4° le Parc, 5° Montaubœuf, 6° Guilleberville, 7° Garquesalle, 8° Mallefillastre, 9° Courteille, 10° Grosselande, 11° le Breuil, 12° les Biards 13° les sept Droits et 14° la Grande Forêt).

En 1461, Jean de Loucelles est verdier de Bur le Roy, il est payé 2 sols par jour et 100 sols pour sa robe; Alain de la Londe forestier du parc de Bur le Roy avait 12 d. par jour; Jean du Vivier, forestier du Vernay 6 d. parisis; Antoine du Halley, forestier du Tronquay 8 d.; le sergent du tiers et danger 6 d.; les sergents du buisson de Courteilles, Montaubeuf, Mauregard, Guilleberville, chacun 4 d.; au 1er sergent du Vernay, 18 d.; au 2e et 3e, au 1er et 2e de la grande forest, au 1er sergent du Breuil, chacun 6 d., (le blé valait 15 à 18 d. le bois.), à Laurent de Cussy, greffier 10 d. par an; il y avait un procureur du roi et un greffier (lettres de l'abbé de la Rue à M. de la Cour Balleroy 1808).

En 1255 le roi *accorde octo denarios ts te singulis diebus capellanos desservienti in capella Sancta Catharina in manerio nostro Buri pro victu*, 40 *solidos pro roba et* 20 *solidos pro luminario.* En 1345, le roi Jean donne à

Pierre Hébert deux charetées de bois par semaine ès forêt de Bur-le-Roy. Il donne en 1354 aux prieur et frères de l'hotel Dieu de Caen pour les dédommager de leurs pertes lors de la prise de Caen par les Anglais 1346, une somme de 16 l. à prendre sur les marchands de la forêt de Burleroy. Richard Cœur de Lion dans une charte pour l'abbaye de Saint-Etienne confirme la donation d'une maison au bourg l'abbé à Caen dans la rue de Bur, *in vico de Buris*, or cette voie se retrouve à Rots sous le nom d'ancien chemin de Balleroy au cadastre et ce chemin aboutissait directement à Bur-le-Roy : la partie du bois cédée à l'abbaye de Mondaye longe le chemin de Bur-le-roi.

Enfin le 23 février 1657, le roi vend à M. de Choisy par échange les bois du Tronquay, du Vernay et du Parc scitués en la maîtrise particulière des eaux et forêts de la vicomté de Bayeux et en 1704 les fiefs du Vernay, le Tronquay et le Parc sont unis au fief de Balleroy pour former un marquisat. Qu'était le Parc? Quand il s'agit de l'administration, on ne parle jamais que du Vernay et du Tronquay, comme si le bois du Parc n'avait pas de territoire distinct. Le parc est au moins l'emplacement de l'ancien buisson du Parc, dans le bois du Vernay.

Le 16 août 1665, Jacques Eury, seigneur et patron de Noron et du pré l'Archer, verdier du Bur le Roy, cède à Mre J. Paul de Choisy tous et tels droits qu'il pouvait prétendre aux bois du Vernay, le Tronquay, le Parc et Courteille à cause de sa charge de verdier, tant de chauffage, porcage, garde volage et vide cocage (perdrix) etc., consentant que lcd. seigneur puisse réunir à sesd. fieffes lesd. droits, en contre échange led. seigneur a cédé deux portions de terre du *bois du Parc*, joignant un pré dud. sr verdier, nommé le pré de Ste Catherine et une autre portion que le prédécesseur dud. sieur Eury avait enfermée et jointe à une pièce sur la rivière de Drôme, y compris le fossé entre lad. portion nouvellement deffrichée et la pièce du Mougard *dépendant du bois du Parc*... et il a cédé une autre portion du *bois du Parc*. En contréchange led. sieur verdier a cédé une portion de bois taillis relevant du roy vers le bas Hamel au Tronquay, suit l'arpentage d'une portion du bois du Parc 10 v. 1/4. En 1783 Dame Marie Jeanne Eury d'Amfréville donne aveu de 3 portions de terre à Noron, la première de 31 perches 1/2; la 2e de 23 perches, la 3e jointe à l'herbage du Parc de 2 verg. 39 p. 3/4. En outre elle déclare tenir 13 vergées jointes aux pièces nommées le petit Parc et l'Essert et touchant sa pièce nommée le Grand Parc. Aujourd'hui l'herbage du Parc appartient à Mme de S. Sauveur.

CHAPITRE IV (*bis*)

LE FIEF DE BALLEROY OU LA SEIGNEURIE. — SA NATURE

Ce chapitre est difficile : les questions relatives à la féodalité sont en opposition complète avec nos idées et nos usages et elles ont eu à toutes les époques et selon les provinces une grande imprécision et une grande variabilité. Aujourd'hui, la distinction est très nette entre les droits du souverain ou suzerain et ceux du propriétaire, la commune fait un tout compact, dans son territoire et son administration, bien distinct de la commune voisine; les communes voisines forment un tout compact dans un canton distinct des cantons voisins. Sous la féodalité, il n'en est pas ainsi : la dépendance n'est pas d'un individu à un individu, le fief est une terre qui dépend d'une autre terre et dont peuvent dépendre d'autres terres, celui qui la possède en est le souverain et le propriétaire; souverain, il peut y faire des lois, y déclarer la guerre, y prélever des impôts et cependant, il dépend de son suzerain; pour en être protégé, il s'est recommandé à lui, l'autre a promis de le protéger, mais le vassal devra le service militaire et après certaines fautes de forfaiture on peut lui enlever son fief, à la fois la souveraineté et la propriété, car il n'est pas entièrement maître et cependant l'hérédité assure la transmission dans la famille. Le fief lui-même, vassal ou suzerain, est divisé en terres roturières ou censives ; ces groupes s'appellent tènements, terres tenues nuement ou vavassoreries, occupées par un individu qui avait partagé à d'autres qu'on appelait ses puisnés, dont il était l'aîné ; souvent ces vavassoreries prenaient le nom de fiefs roturiers, ces censives pouvaient aussi être héréditaires et devenaient presque des propriétés, sauf un droit de relief en cas d'héritage, et en cas de vente le seigneur conservait le droit de réméré à titre de retrait féodal. Comme c'était la terre qui dépendait de la terre, il pouvait se faire qu'un suzerain fût vassal de son vassal : ex., le roi de France pour une terre du Vexin était vassal de l'abbé de St-Denis ; et de même qu'un seigneur pouvait être, au point de vue roturier, obligé de prêter aveu à un autre seigneur : ainsi le seigneur de Planquery rendait aveu au seigneur de Balleroy pour la terre ou pré d'Asnières ; le seigneur de Balleroy, en 1541, tenait de la seigneurie de Planquery, les prés de la Pissoure, entre la rivière de Drôme et le bord de Courteille.

L'étendue de la terre ou fief, ne correspondait pas avec l'étendue de la paroisse ou commune : à la Bazoque, il y avait trois fiefs nobles : à Balleroy, Courteille, la Chouquaye et la Londe Périgny relevaient du roi, le fief noble de Balleroy comprenait le reste de la paroisse et aussi le fief Baratte sur Vaubadon et le ténement roturier Denis le Canu à Cormolain.

Entre les fiefs dépendant du même suzerain il n'y avait aucun voisinage de continuité : Balleroy et Aunay relevaient de Condé ; la Bazoque, Planquery, Castillon, Vaubadon et Montfiquet avaient d'autres suzerains.

J'attire donc encore votre attention sur ce point : comme c'était la terre qui relevait de la terre, deux fiefs pouvaient avoir le même possesseur, ainsi Balleroy et

Aunay eurent longtemps le même seigneur, ils étaient unis avec Beauquay pour faire un fief de chevalier et tous deux relevaient de la châtellenie de Condé, et comme le seigneur ne pouvait souvent occuper les deux fiefs, il avait un locataire fermier dans l'un des deux; ainsi pendant longtemps les Trexot habitèrent le manoir seigneurial, ils se firent traiter en seigneurs et, prétendant avoir des titres de noblesse, nous le verrons, ils prirent le titre de Balleroy, même avant d'avoir acheté la seigneurie.

Pour connaître la nature du fief de Balleroy, ses droits et ses devoirs, nous citerons des aveux.

Quelle était l'aînesse du fief? En 1505, Phaignon Quentin fait aveu d'un fief tenement ou vavassorie du fief du domaine, contenant 13 verg. ½, duquel il tenait l'aînesse, qui était une pièce de terre, de 6 vergées et demie, joignant sur le chemin de la Fontaine, hamel de Molandin; il doit 4 s. 14 b. de from. 2 quelines et 20 œufs.

En 1506, Jean Duvey fait sa déclarat. au seigneur de Balleroy, comme puisné du fief ou vavassorie Richard de Balleroy.

En 1526, Jean le Vélochy fait aveu comme branchier de la vavassorie Richard de Balleroy.

Le 19 juillet 1540. Déclaration donnée aux assises de Baieux par Jean Trexot, du fief de Balleroy assis en la viconté de Baieux, consistant en domaine fieffé et non fieffé, terre, prés et portion de bois, place de moulin et de colombier, rentes en deniers, grains, œufs, oiseaux, devoirs et services en quoi les hoes (hommes) de lad. sgrie sont sujets. Duquel fief est tenu un autre fief nommé le fief de la Bigne, ledit fief de Balleroy tenu pour quart de fief de Chevalier sous le ressort et la seigneurie et baronnie de Condé sur Noireau, à laquelle led. fief de Balleroi et les hommes sont tenus à 52 boisseaux d'avoine mesure du lieu, par Bernage. A cause dudit fief lors de la convocation du ban le seigneur d'icelui fournissait *la tierce partie d'un archer.*

15 mai 1542. Aveu par Jean Trexot... sur le domaine non fieffé il y a manoir et maison, cour, puis, jardins, colombier volant, étang, rivière, garenne, moulins, herbages, prés, bois et haute futaie et terres labourables. Les hommes tenant led. domaine fieffé sont sujets à foi hommage comparence de pleds et juridiction à simple gage pleige, rentes en deniers, grains, œufs, oiseaux esteurs, éperviers, reliefs, 13emes et aides coutumières, gâteau de mariage, corvées de charrue devant Noël et après, service de prévôté receveur, et de faire charier et tasser au fenil du manoir ou autre lieu sur la seigneurie le foin du pré et en chacun an une journée d'aoust,banalité des moulins, le tournant desquels lesdits vassaux sont tenus charier en le prenant entre Vire et Orne, les vaux de Souleuvre et la mer,sujétion de curer par les bordiers de la sgrie les étables, charger le fumier au banel et le mener aux champs, même sont sujets, lorsqu'il plait audit seigneur ou ses substituts aller tous les jours chercher les provisions dud. seigneur et autres choses par lui requises soit à cheval ou à pied en leur paiant 1 d. (denier) pour chaque jour de pied et 2 d. par jour lorsqu'ils vont à cheval, doivent porter les bleds de la seigneurie et mener les bêtes grasses vendre au marché de Baieux ou d'Aulnay à la volonté du sgr. Led. sgr a droit à cause de lad. sgrie de présenter *au bénéfice* dud. lieu et de prendre dans les bois des forêts du roi pour son ordre et aménagement avec droiture, de pasnage et herbage franchement en icelles forêts. Sont lesd. vassaux sujets à leurs dépens d'aller chercher un arbre à Noël pour le treffouët dud. seigneur. Sont aussi sujets souffrir la visite qui se fait par le sénéchal dud. sgr ou son lieutenant. Doivent comparoir et répondre des malfaits, s'ils en font en la rivière.

Dès 1497 le fief noble de la Bigne est reconnu relever de Balleroy et Jean du Haussey paie le 13e de l'acquest au seigneur de Balleroy.

Duquel fief dépend le fief terre et seigneurie de la Bigne,

lequel s'étend en la paroisse de Cormolain, manoir, maison, moulin nommé de Quiquengorgne, hommes sujets en foi hommage et autres droits de fief noble. A cause duquel fief de la Bigne il est dû à celui de Balleroy un épervier et 20 sous de rente censive, reliefs, 13emes, aides coutumières, etc. Item dépend le membre ou partie de fief, nommé le fief Baratte en la paroisse de Vabadon et Montfiquet,auquel fief il y a domaine fieffé et non fieffé, hommes, sujets en reliefs, treizièmes et aides coutumières, service de Prévoté receveur, gâteau de mariage, service de faner et rentes en deniers, grains, œufs, oiseaux, obéissance de simple juridiction et autres droits de fief noble.

A cause dudit fief de Balleroy est dû au sgr de Condé, reliefs, 13emes aides coutumières, à raison d'un quart de fief de chevalier... et 52 boisseaux d'avoine, mesure de Briquessard, à la N. D. de Mars portés aud. lieu de Condé.

L'acte de vente du fief de Balleroy le 14 avril 1521 est ainsi conçu : Jean des Essars, seigneur d'Aulnay et Balleroy cède et transporte en fieffe à Jean Trexot, chanoine de Bayeux, le fief et seigneurie de Balleroy, appartenances et dépendances, droits et dignités, jurisdiction, gage pleige, cour et usage, hommes, hommages, rentes en grains, deniers, œufs, oiseaux, terres labourables et non labourables, prés, bois, moulin et place de moulin, meutte sèche et verte, sujction et réparation des bieux et écluses, train de meules... à la charge de paier au 1er aout un épervier ou 10 sous pour toutes rentes et charges, excepté les droits et devoirs seigneuriaux avec foi et hommage, que led. preneur et ses hoirs seraient tenus faire audit seigneur à cause de la seigneurie d'Aulnay, de laquelle lad. seigneurie de Balleroy était tenue par un quart de fief de chevalier.

Cet acte fut audiencé en la paroisse de Balleroy. Les seigneurs voulant garder la suzeraineté de Balleroy et rendant aveu au seigneur de Condé de la seigneurie et baronnie d'Aulnay, disaient que le fief de Balleroy relevait de ladite baronnie, comme Jean des Essards avait dit en 1520 que le fief de la Bigne relevait de la baronnie, ce qui semblerait contraire aux aveux ci-dessus ; et comme conséquence de cette séparation, le 2 mai 1517, Louis de Rohan dit que ce nouveau fief de Balleroy relevait de sa châtellenie de Condé par un huitième de fief.

Malgré tout, un changement était fait : par cette vente le fief et seigneurie de Balleroy était démembré de la baronnie d'Aulnay.

En 1602, Jean de Cabazac fait aveu au seigneur de Balleroy du fief de la Bigne.

Un autre changement se fit encore en 1648 : le droit de haute justice était un des principaux droits du seigneur suzerain de Condé-sur-Noireau ; Jean de Choisy l'acheta avec d'autres fiefs et ces fiefs réunis relevèrent par un plein fief de Haubert de la châtellenie de Condé.

En 1663, aveu est rendu par Messire Jean-Paul de Choisy, chevalier,... pour le fief de Balleroy relevant de la châtellenie de Condé par un quart de fief avec droit de présenter et nommer à la cure et bénéfice dudit lieu... duquel fief relève le fief de la Bigne... une vavassorerie roturière en lad. psse de Cormolain nommée vavassorerie de Denis le Canu, qui doit 8 s. et une poule de rente.

Et plus tard, quand Louis XIV, après avoir donné en échange au seigneur de Balleroy les deux fiefs du Tronquay et du Vernay, voulut réunir tous ces fiefs en un marquisat, en décembre 1704, pour que le marquis *pût en jouir comme un* seul fief ne faisant qu'un préciput, il ajoutait : et ce faisant le consentement du sieur de Matignon, à la charge que ledit fief de Balleroy releverait comme il faisait dud. s^r de Matignon, derogeant S. M. à ce qu'à défaut hoirs mâles et femelles, nés en loyal mariage, elle puisse, ni les autres rois en vertu de l'ordonnance de 1566 prétendre lad. terre être unie au domaine du roi, mais seulement à défaut d'hoirs lad. terre retournerait au même état qu'avant lad. érection.— Le 10 mai 1704, Messire Jacques Gohyon, sire de Matignon, comte de Thorigni, sgr chatelain de Condé sur Noireau avait consenti.... à condition de continuer de rendre aveu dud. fief de Balleroy à la châtellenie de Condé.

Vous voyez que le pouvoir du suzerain, même quand c'était le roi, était limité et combien étaient indestructibles les relations des fiefs. Il en fut ainsi jusqu'à la Révolution.

DÉPENDANCES DU FIEF. — HORS DE BALLEROY ET PLUS TARD A BALLEROY

L'Inventaire en cite trois: 1° le fief noble de la Bigne ou de Cormolain, composé de domaine fieffé et non fieffé, moulin banal, vassaux, hommes et hommages : pour ce fief il est dû 22 sols tournois de rente, reliefs, 13e etc.; 2° une extension sur Vaubadon, le fief Baratte dont la tenure est mêlée avec celle de la seigneurie de Vaubadon; 3° une extension sur Cormolain, le fief Denis le Canu, ténement roturier.

1° Le fief noble de la Bigne, aveu de 1688. Ce fief consiste en 5 masures et 13 fiefs, situés en plusieurs dellages, masures du Ruel, Rault, Suzanne, haie Guéroult. Le 23 mars 1497, il fut vendu par Robert de Manneville, seigneur de Geffosse au profit de Marie de la Luthumière, veuve de Jean de Haussey, écuier pour 1100 l. tournois et 10 s. à charge d'acquitter 22 s. de rente à qui de droit; le seigneur de Balleroy donne quittance du 13e de cette vente; en 1545, Roulland Trexot fait don de son droit de garde noble à la charge pour le neveu de Guillaume de Haussey de payer annuellement 10 s. pendant la garde (minorité). En 1602, le fief de la Bigne appartient à Jean de Cabasac, petit-fils de Pierre de Haussey; en 1643, aveu est rendu par Michel de Cabasac, en 1688 par demoiselle Anne de Haussey, épouse de Lambert Osber, écuier, sieur du Moulin; en 1740, aveu des héritiers de Jacques Osbert, qui sont J. B. Guéroult, écuier, sieur de Prémont, Charles Hébert, écuier, sieur de la Vacquerie, Philippe le Boucher, écuier, sieur du douel, Guil. Bernard, sieur de la Blancapière.

2° Le fief Baratte est une extension du fief de Balleroy sur Vaubadon. A cause des prétentions du seigneur de Vaubadon, le sieur d'Argouges, on a recueilli les titres de propriété; dès 1409, Richard Vimont donne à Jean de Semilly, seigneur d'Aunay et Balleroy, un chapeau de roses vermeilles sur ses héritages; en 1455, fieffe de Jean de Semilly au profit de Martin Galop, d'une terre ou fief Baratte paroisse de Vaubadon; en 1456, transaction entre les chapelains de N. D. de Bayeux et Messire Jean de Semilly, chevalier, baron d'Aulnay et seigneur du fief Baratte au sujet de 10 s. et 12 b. de froment de rente. — En 1484, fieffe par messire Jean de Semilly, seigneur d'Aulnay et Balleroy pour une terre assise en la paroisse de Vaubadon, au fief Baratte, pour 13s. 1 gueline à Noël, 10 œufs à Pasques, 3 éteus (eteurs, vautours) blancs à la Saint-Jean. — 1582, une sentence des pleds meubles de Bayeux entre le seigneur de Balleroy et du fief Baratte et Jean le Page, condamne celui-ci à 7 s. 6. d. de rente dus au fief Baratte. — 1582, plusieurs particuliers possédant des fonds sous le fief Baratte font aveu au seigneur de Balleroy, seigneur dudit fief de 40 combles de boisseaux d'avoine de rente seigneuriale. — 1761 fieffe le pré de Porte, mouvant de la seigneurie de Balleroy, à cause du fief Baratte; il joint d'un côté le chemin de Balleroy à Vaubadon et de l'autre le bieu du moulin. En 1773 on en règle les limites pour éviter toute contestation ; il part du pont de Balleroy jusqu'à la pièce de terre en herbage des héritiers Caillot, non compris la ferme de Vaux et il longe la voie tendant au moulin foulon et à la rivière de Drôme.

A partir de 1657, une dépendance du fief de Balleroy, à Balleroy même est le fief de Courteille. Ce fief comprenait 69 arpents; il valait 28 l. par arpent avec les 2 sous pour livre et outre le prix d'adjudication il fallait payer 6 deniers par arpent de rente aux mains du receveur des domaines; le 13 septembre 1657, J. Paul de Choisy, recevait quittance de 1932 l. pour le prix principal, 6 l. pour le denier à Dieu et 2 fois 96 l. 22 s. pour le sou pour livre. En 1658, un procès-verbal du grand maître des eaux et forêts déclare que le bois contient 75 arpents, il faut donc payer 168 l. de plus, les 6 deniers par arpent; en 1675 on découvre qu'il a été taxé pour 63 arpents de taillis et 3 arpents de futaie et qu'il n'y a que 50 arpents de taillis. Le 2 février 1663, J. P. de Choisy déclare tenir le fief des Portes par un 1/4 de fief de haubert, lors ci-devant appelé bois de Courteilles, consistant en 75 arpents de bois relevant du roi à cause de la vicomté de Bayeux, duquel fief, il est dû à la recette du domaine de Bayeux 37 s. 6 d. de rente annuelle à raison de 6 d. par arpent.

Les voisins avaient des droits sur ces bois : ainsi Me Pierre Courtemer avait droit de pannages et pâturages, pour défricher il lui faut une compensation. En 1699, une sentence de la maîtrise de Bayeux maintient un riverain du bois de Courteille dans la possession de ses droits de pannage et pâturage, moyennant qu'il paiera par chaque bête chevaline, 3 den.; par chaque bête aumalle, une demye obole; par chaque bête à laine 1 den. et par chaque bête porcine, 2 den. tournois. En 1551, le lieutenant particulier de Bayeux reconnaît à Etienne Courtemer, prêtre, et en 1578 à Pierre Courtemer, prêtre, le droit d'enlever les bois qui sont sur les fossés de ses héritages sous le bóis des Courteilles, pourvu qu'en ce le roy n'y ait aucun droit.

CHAPITRE V

LE FIEF ET SEIGNEURIE DE BALLEROY
SES DEVOIRS ET SES DROITS

A ses sujets le seigneur devait la protection et la bonne administration. A l'égard de son suzerain il avait des devoirs en échange de la protection qu'il en recevait : c'étaient d'abord la foi et l'hommage, suivis de l'investiture, qui étaient le principe de ces devoirs, c'étaient des obligations morales, fidélité, respect; c'étaient les services, le service militaire, l'ost ou chevauchée; nous avons vu dans les aveux qu'à cause du fief de Balleroy, lors de la convocation du ban, soit en temps de guerre soit pour la monstre ou revue, en temps de paix, le seigneur d'icelui fief fournissait la tierce partie d'un archer; le second service ordinaire était celui de cour, pour ses conseils, et celui de plaid, pour la justice; enfin les aides, il y en avait d'accidentelles comme pour payer la rançon du suzerain s'il était prisonnier, quand il mariait sa fille, armait son fils chevalier, partait pour la croisade, à chaque mutation de fief par décès, droit de relief ou par vente, droit de rachat; le suzerain avait le droit de confiscation pour forfaiture, le droit de reprendre le fief, faute d'hoirs, ou de garder les revenus du vassal mineur, c'était le droit de garde noble; il y avait des aides ordinaires et généraux pour la communauté : led. fief de

Balleroi et les hommes, dit la déclaration de 1540 « sont tenus à 52 boisseaux d'avoine, mesure du lieu par bernage; l'aveu de 1542 nous dit que ces boisseaux devront être portés à Condé à la Notre-Dame de Mars (25 mars) et que la mesure du lieu est la mesure de Briquesart » (aujourd'hui hameau de Livry et autrefois sergenterie). Dans un compte fait en 1785 il est dit que la mesure de Briquesard est 10 pots 2/3 pour le boisseau, ce qui fait les 2/3 du boisseau de Bayeux, lequel est de 16 pots.

Les paroissiens payèrent chacun leur part de ces 52 boisseaux de rente de bernage, et le seigneur était l'un des principaux; mais en 1617 les paroissiens de Balleroy consentent que François Millet, Jacques Dillaye et Jacques le Marois possèdent eux et leurs hoirs deux pièces de terres en commune, assises en la paroisse de Balleroy, l'une nommée le Costil de Vaucelles de 20 vergées, joignant le terroir de Planquery, le seigneur de Balleroy, Gilles de Mantaillis, les Courtemer, l'autre pièce, nommée la Bruyère et le Chaussay contenant 30 vergées joignant le chemin Caumais, les représentants Duvey, à la charge d'acquitter à la seigneurie et haute justice de Condé-sur-Noireau 53 b. (oisseaux) d'avoine de rente, mesure de Briquesard, nommée rente de bernage, dû à lad. seigneurie sur les hommes et tenants de la seigneurie de Balleroy. Lorsque Jean de Choisy eut acheté le droit de justice, c'était à lui que la rente était payée ou au moins due, car nous voyons par les comptes de 1786 à 93, que Michel Chirée, Michel Bernier, Thomas Chuquet et Laurens Paloë étaient en retard de près de dix ans.

Droit de justice. — Le premier droit du seigneur sur les habitants du fief était le droit de justice; c'est si vrai que le mot justice désignait la souveraineté. Il me semble que le fief de Balleroy n'avait que le droit de basse justice à l'égard des roturiers pour ses droits, pour les délits dont l'amende n'excédait pas 10 sous ou les actions personnelles au civil jusqu'à 60 sols; comparence de pleds et juridiction à simple gage pleige, ou encore pour le fief Baratte, obéissance de simple juridiction, disent les aveux de 1542. La haute justice, qui connaissait de toutes les affaires civiles et criminelles, même de celles qui regardaient les nobles, sauf les cas royaux, et pouvait même condamner à mort, appartenait à la seigneurie de Condé; c'était là qu'étaient les fourches patibulaires ou la potence et le pilori.

Il était difficile aux habitants de Balleroy, disaient dans leur attestation en 1648 les officiers du bailliage et ceux de l'Election de Bayeux, il leur était difficile d'aller plaider à Condé,«d'une distance de 10 à 12 lieues et dont les chemins étaient impraticables, où ils étaient exposés à chaque instant». Jean de Choisy prit ses mesures pour acheter ce droit de haute justice.

Le 20 août 1637 le fondé de procuration de Messire Louis Pellevey, chevalier, comte de Flers, seigneur chastellain de Condé, vendit à Mre Jean de Choisy, sgr de Balleroy, plusieurs terres en un tenant, plantées en bois taillis nommés les bois de Montaigu, situés ès paroisse Ste Honorine de Brion, et 400 l. de rente à prendre sur la coutume du marché; «52 boiss. de petite avoine à prendre sur les hommes de la sgrie de Balleroy, la sergenterie héréditale de Cahagnes, Coulvain et Balleroy, dépendante de la haute justice de Condé : en ce compris le tabellionage dud. Cahagnes et Balleroy»; pour le prix de 18116 l., se réservant le droit de réméré pendant 12 ans. Les fiefs de Créhan et Thury auparavant tenus et mouvants de

Condé devaient être réunis et incorporés au corps de la terre et sgrie de Balleroy, pour être rendus par un seul aveu et relever ensemble par un plein fief de haubert de la chatellenie de Condé, à cet effet que les hommes et tenants desdits fiefs iraient plaider en première instance devant le sénéchal de la sgrie de Balleroy en l'absence du bailli de Condé aud. Balleroy ou autre juge qui sera établi par le chastellain de Condé.

Le 10 décembre 1648, Messire Pierre Pellevey vendit le fief terre et sgrie de Tracy, nommée la baronnie de Tracy, compris les fiefs de Cerisy, Buret, Crehan et Thury, en la paroisse de Tracy Bocage, vicomté de Caen, siège d'Evrecy et en la paroisse de Cahagnes, dont le chef est en la sgrie de Tracy, consistant en fief noble... moyennant 11622 l. dont 7833 représentés par la remise au vendeur des bois et terre de Condé et 400 l. de rente à prendre sur la coutume de Condé, le tout faisant partie des objets vendus aud. sgr de Choisy par le frère aîné dud. sgr vendeur, alors sgr de Condé.

Le 30 juin 1649 des lettres patentes données à Paris ordonnaient au Parlement d'homologuer le contrat du 10 décembre 1648; elles furent enregistrées le 15 avril 1655. Le 21 août 1654 un arrêt du Parlement rendu entre M. de Choisy et M. le Prince de Guéméné, sgr de Condé, opposant contre le contrat du 10 déc. 1648 appointe les parties; l'arrêt du 15 avril 1655 ordonne que led. contrat sera exécuté suivant sa forme et teneur et qu'en conséquence led. sgr haut justicier de Condé nommerait un lieutenant de son bailli gradué et resséant à Balleroy pour connaître des différends tant civils que criminels en première instance... lequel tiendrait sa juridiction le mardy de chaque semaine.

Dans les lettres patentes du 30 juin 1649 il est dit que

les appels des jugements rendus à Balleroy seraient portés directement au Parlement.

Le 29 avril 1651. Vente au profit de messire Jean de Choisy du droit de justice et juridiction, droits seigneuriaux tant casuels que fieffes et ordinaire droit de fouage et monéage et garde à prendre sur les hommes et vassaux de Balleroy et tout ce qui appartenait aud. chatelain de Condé, pour la justice être exercée sous le nom des seigneurs de Balleroy, droit d'y établir juges et officiers gardes des sceaux, greffiers, sergents, tabellions et autres ministères de justice et en prendre les droits consentant que la sergenterie de Cahagnes et tabellionnage dud. fief de Cahagnes soit et demeure réunis à justice de Balleroy en ce qui regarde le siège de Balleroi, le tout sous le bon plaisir du Roy. — moyennant 6.000 livres et 400 livres.

Le roi érigeant le Vernay et le Tronquay en deux fiefs de haubert,les vendait à Jean de Choisy pour en jouir en toute justice; celui-ci fit exercer la justice de ces deux fiefs par le juge de Balleroy et dans l'auditoire de ce lieu. — En 1702, M de la Cour se rendit adjudicataire de a haute moïenne et basse justice dans l'étendue de la Bazoque ainsi que du droit de fouage et monéage, moyennant 400 liv. et 40 liv. pour les 2 sols par livre : il paie au roi en 1703 pour ce même contrat 533 liv. 61 s 8 d., et 53 liv. 6 d. pour les 2 sous. — En 1704, il achcta la haute justice de Juaye, Arganchy et Noron jusqu'en 1778, et cette justice fut exercée par les officiers de Balleroy. Le 27 février 1776,devant la justice de Balleroy,Rousselin et Guéroult furent condamnés solidairement à 100 liv. pour chasse avec armes à feu.

Une des fonctions des officiers de la haute justice était d'exercer la police dans le bourg; le 13 septembre 1735 le bailli haut justicier civil et criminel condamne

Jean Désert, maréchal dans la grande rue«de retirer de devant sa porte et devant les hales plusieurs fumiers et terres, ce qu'il serait tenu faire dans le jour, faisant injonction aux habitants du bourg de tenir les rues nettes et de n'y mettre aucun fumier»; le 8 mai 1753 le bailli condamne un boulanger en 100 s. d'amende et aux dépens, ses pains saisis, déclarés confisqués au profit des pauvres, et ce, pour avoir vendu à faux poids et avoir donné du pain, dont la cuisson n'était pas suffisante. — Vers 1780 la police « n'était point du tout observée, dit un mémoire du temps; le pays n'y est point taxé, en sorte que les boulangers y vendent leur pain au prix qu'ils veulent, les bouchers jettent dans les rues le sang de leurs boucheries; le sieur Le Brisois, substitut du procureur du Roi à Bayeux est procureur fiscal de la haute justice de Balleroy et il demeure à Bayeux et ne vient que très rarement à Balleroy, 7 fois en 1776 et 5 fois en 1777; il n'est point licencié aux lois »; un procureur fiscal domicilié à Balleroy contiendrait une populace effrénée qui se moque des lois, mettrait les habitants dans une sécurité dont ils sont privés et ferait cesser les vols de nuit.

Divers offices. — Une haute justice supposait plusieurs officiers : le juge, le lieutenant, le procureur fiscal, le sergent huissier, chargé des poursuites judiciaires, le greffier et le notaire, tabellion ou notaire-tabellion.

Lieutenant. Le 20 décembre 1648, Jean de Cabasac, écuier, sénéchal de la sgrie de Balleroy est nommé en l'office de lieutenant du Baillif de Condé pour résider à Balleroy, pour juger les causes en première instance, dont les appels ressortiraient au parlement entre les vassaux de la terre de Balleroy et autres fiefs assis en la terre de Cahagnes. Les habitants donnèrent procuration pour poursuivre au Parlement l'homologation de ce contrat très utile aux vassaux attendu l'éloignement de Condé. Nous avons vu l'avis conforme des officiers du bailliage et ceux de l'élection de Bayeux. — Le 3 janvier 1663 Jean de Cabazac remit à M. de Guitry, sgr de Condé l'office de lieutenant au siège de Balleroy. — En 1667 le sénéchal est Ollivier de Baudre, esc. sieur de la Poterie. — Le 14 février 1669, M. Christophe Galimard, avocat au Parlement, est nommé par Jean-Paul de Choisy en l'office de lieutenant pour l'absence du baillif de Condé en la justice de Balleroy, en celui de sénéchal de Balleroy, sénéchal des bois et forêts de Balleroy. — En 1762 Jacques Pain, esc. s[r] du Bosq, conseiller du roi, bailli haut justicier de Balleroy et sénéchal. — En 1783, Nicolas-Romain le Rouge de Préfontaine s'intitulait avocat au Parlement, sénéchal du marquisat de Balleroy, bailly haut justicier civil et criminel et juge des maîtrises et du Vernay et du Tronquay; en 1776 il est appelé juge gruyer.

Procureur fiscal. Nous avons parlé de le Brysois, en 1683 c'était Lelièvre.

Sergent et huissier. En 1698, Mathieu Labbey; en 1691, Pierre Colleville, il épousa en 1691 Françoise Leprovost, il a 30 ans; en 1762, Louis Langlois; en 1776, Jacques Hamel, sergent à garde du seigneur; en 1774, Goubot, sergent.

De 1763 à 1771, le s[r] Delaunay du Fondray, propriétaire des offices de priseur, vendeur, prétendit empêcher les sergents de Balleroy de faire les prisées et ventes de meubles dans l'étendue de la haute justice de Balleroy; le seigneur prit fait et cause pour ses sergents.

En 1768 et 1783, Vautier, huissier; en 1776 est chargé de la distribution des biens de la succession Gaugain, huissier au bailliage de Bayeux; à ce moment le seigneur de Balleroy réclame les arrérages de cinq années d'une rente 15 l. 19 s. 9 d. et 1 chapon, soit 77 l. 8 s. 9 d., il reçut 33 l. 19 s. 6 d.; il réclamait aussi 400 l. pour fermage de la sergenterie de Balleroy dont Gaugain avait joui verbalement à raison de 30 l. par an; il n'en reçut rien. — Le sergent recevait les réclamations pour dettes. Par ministère de sergent, Jacques Colleville, domestique d'Hergas, meunier, réclame 4 mois de gages à raison de 100 l. pour une année de service; Jeanne Colleville réclame 14 l. 10 s. pour 4 mois de service comme servante. Guillaume Grandtean réclame 18 l. 8 s pour 3 mois 2 jours de service, à raison de 75 l. par an.

En 1774, la sergenterie était affermée à Goubot, 30 livres; en 1780 à Goubot 30 livres et à Vautier 30 livres; en 1787, c'étaient Vautier Michel et Gilles Gaugain.

Greffier. En 1774 mourut Jean Roncelin, greffier de la haute justice de Balleroy, ancien régisseur du seigneur, époux de Charlotte Emilie Guilmin de la Beslière; les créanciers étaient nombreux, sa femme réclamait son contrat de 1650 l. plus 750 l., ses habits, linges, hardes, son deuil et la nourriture de 40 jours; Martin le Renard, 7 l. 23 s. pour les cierges pour le service de Balleroy, ses frais pris en privilège; Marie Dubois, 30 l. pour une année de service et peine corporelle en qualité de servante domestique; Dudouet, docteur en médecine à Bayeux, 36 l.; Amelin, menuisier à Bayeux, 54 l. 3 s., savoir 28 l. 9 s. pour le cercueil, inhumation et luminaire et 25 l. 16 s. pour loyer de chambre, dont 36 s. pour la garde après le décès; ces sommes furent réclamées chez Goubot, sergent. — En 1690, Pierre Colleville greffier.

En 1774, le greffe était affermé 50 l.; en 1780, Antoine payait 25 l. et Désert, 25 l.

Tabellions-notaires. En 1668, Michel le Gendre et Ollivier de Lengalle; 1684, Nicolas Michel; 1700, Pierre Colleville; en 1665, Gassion; 1717, Bertrand; 1730, Pierre Langlois, tabellion, et Larue, notaire royal; 1740, Robert Veniard ou Vimard, tabellion en la haute justice de Balleroy, et Pierre Lefrançois, notaire royal; 1749, Pierre Colleville, notaire royal et exerçait le tabellionage de la haute justice dud. lieu; 1776, Jean Désert.

Le notaire pouvait intervenir en conciliation; le 18 mars 1785 devant Jean Désert, notaire royal, furent présents les frères Fontaine de Cormolain, pour éviter un procès, pour avoir été trouvés peschant de nuit avec un fillet, nommé trameil, le 17 mars dans la rivière de Drome, le long des fiefs et seigneuries de Balleroy et avec lequel filet ils avaient pris différents poissons gros et petits; ils s'engagent à porter solidairement 200 l. à Joachim de la Vicomterie, régisseur dud. seigneur, demeurant en son chasteau, plus confiscation et frais des présentes.

A côté du tabellion il y avait le notaire royal; en 1729-1730 le seigneur de Balleroy, comme propriétaire du tabellionage de Balleroy, fit opposition aux lettres de provision de notaire royal en la vicomté de Bayeux pour résider à Balleroy et aux paroisses de Castillon, Montfiquet, la Bazoque, Planquery, Foulognes et Ste Honorine, prétendant qu'il ne devait point y avoir de notaire royal à Balleroy, la haute justice appartenant au sgr dud. lieu et qu'il devrait être raié des rôles des notariats la paroisse de Balleroy. Un arrêt du conseil du 11 juillet 1730, maintint le nommé la Rue dans l'office de notaire royal en la vicomté de Bayeux pour le siège de Balleroy et paroisses en dépendantes, sans préjudice du droit de tabellionage du sieur marquis de Balleroy dans la sgrie et justice de Balleroy.

De 1745 à 1752, il y eut de nouvelles contestations entre le seigneur et le tabellion de Balleroy d'une part et le notaire royal d'autre part, au sujet du droit de faire les inventaires et répertoires, que prétendait le notaire royal à l'exclusion du tabellion. On ne voit pas la suite de l'affaire; nous ne la comprenons même pas beaucoup, puisque Pierre Colleville était à la fois notaire royal et tabellion, ce qui était le meilleur moyen d'éviter la confusion et les difficultés.

L'arrêt de 1655 dictait que le lieutenant du bailli tiendrait sa juridiction, le mardi; il y avait une maison de la juridiction d'abord à droite de la chaussée, puis à gauche, en 1730 environ, où elle existe encore, c'est là, je suppose, que se tenaient les audiences. Au-dessous étaient les prisons avec leurs portes fortement ferrées à 3 verroux, leurs petites fenêtres avec de forts barreaux et surtout la cellule qui ne recevait qu'un tout petit jour. On peut encore les voir. — Le 10 février il arriva une assez singulière aventure au geôlier de la prison : Pierre d'Amour, écuier et Simon d'Amour, aussi écuier, sieur Dupré, avaient chassé dans les bois du Tronquay et du Vernay : le sénéchal de Balleroy les avait condamnés; ils trouvèrent moyen de faire constituer prisonnier le concierge geôlier de Balleroy; exploit et signification furent faits au geôlier de Bayeux aux fins d'élargissement dud. André Aubert le 13 octobre 1693 et en même temps il prit acte de son voyage à Rouen, où il stipulait pour M. de Choisy; enfin la sentence de la Table de Marbre de Rouen contre les sieurs d'Amour, prisonniers à Balleroy, confirma la sentence du sénéchal de Balleroy avec l'amende et les dépens.

En 1773 le tabellionage était affermé 74 l.

Monéage. — Le 16 avril 1651, en même temps que le

droit de justice, Jean de Choisy achetait le droit de fouage et monéage à prendre sur les hommes de Balleroy; ce droit était de douze deniers ou 1 sou par feu, de trois ans en trois ans. Le 20 juillet 1614, les habitants adjugèrent la recette au rabais à Alexandre Courtemer pour 5 sous.

Redevances et censives. — Nous ne pouvons faire un état général de ces redevances en nature ou en argent, nous n'avons retrouvé aucun exemplaire des gages plèges; nous donnerons seulement quelques détails. Le fief Anquetil, (probablement maison James Lalande) qui comprenait 33 pièces, faisant 33 acres 1 vergée 17 perches, devait 19 sous de censive, 13 deniers de rente, 25 boisseaux 1/3 d'orge, 4 bois. de froment, 4 gelines (poules) et 40 œufs. Il est bon de remarquer que ces rentes, fixées depuis plusieurs siècles, n'avaient point changé, quoique l'argent eût changé de valeur. Ces fiefs avaient subi la loi des partages de la propriété et chacun devait sa quote part; on arrivait à des subdivisions singulières : cette part des mineurs James, 1 boisseau de froment, mesure de la seigneurie; ce qui fut payé de 1786 à 1793; pour le pré d'Asnières il était dû 2/3 de boisseau d'orge, 1 poulle et 10 œufs, rien ne fut payé de 1774 à 1791. — Au tènement Courtemer, Jacques Dudouet doit au jour Saint-Michel de chacun an la moitié d'un sol 4 deniers en argent, 3 quarterons neuf pots et la 5e partie d'un b. (oisseau) de from., 2 bois. et 1/2, 2/3 et 1/16 d'orge, 2 b. 3/4 d'avoine, 2/3 d'une gueline à Noël et 7 œufs à pasques; l'autre moitié est due par Salles et la Joye, revenant lad. moitié de rentes à 12 pots et 1/10 de pot de from. (soit 51/80), un boisseau 9 pots et demi et un tiers de pot d'orge (1 bois 7/32), un bois. 6 pots d'avoine, 8 deniers en argent; le 1/3 d'une poule et 3 œufs 1/2 revenant les rentes en grain à la mesure de Bayeux — rien de payé de

1787 à 1792. — Dans l'aveu fait par M. de Lignerolles, la veuve Fleury et le Page doivent 18 den. 2/3; 2 bois. de from. et 2 bois. 5/16 d'orge, 2 b. d'avoine, mesure de Briquesard, à Noël 1/3 de poule, 3 œufs 1/3 à Pasques, faisant les 2/3 des rentes contenues en l'aveu de 1740 par Marin Courtemer, revenant lesd. 2/3 de rente en grains à la mesure de Bayeux (16 pots le b.) à 1 bois. 1/3 de from. un bois. 14 pots 2/9 de pot d'orge, 1 bois. et 1/3 d'avoine; à payer de 1777 à 1792.—Le tenement Beauvalet (maison Farcy) de 72 verg. doit à la seigneurie 7 s. 2 d. de cens pour gate mazure, (gate mazure, fait de laisser une maison inhabitée,) 10 s., 9 b. 1/4 ron de from, 14 bois. d'avoine, 5 gelines 1/2 à Pasques, 55 œufs à la S. Jean Baptiste.

A un moment donné le seigneur lui-même avait racheté beaucoup de ces terres de fief et les avait fieffées de nouveau, mais plus cher ; ainsi, en 1774, la fieffe Ecolasse 30 perches pour 15 l., la fieffe Isaac Raould, chemin des Auges, 6 verg. 5 per. 15 l. 6 s. 3 d. et 1/16 de chapon; au parc Colas, fieffe Richard, 1 verg. 34 per. 1/2., 13 l. 6 d., 2 chapons, joignant Jean Fleury, rue de Gilles; Antoine Lebœuf, 35 per. 18 pieds, 6 l. 4 s. 6. d. 1 chapon; au lieu Gilles, Antoine Barbey, dont la fille épouse Ch. Courtemer, 60 l. 2 chapons, 1 poule ; pré de la Goutte, à Olivier Samson, 32 perches, 14 bois. avoine comble; 7 perches, 3 bois. 1/2 avoine.

En 1775, il était dû en rentes pour Balleroy :

Argent	1714 l.	17 s.	5 d.
Froment 12 b. 1/3 à 4 l. 18 s. 9 d. le b.	60 l.	17 s.	11 d.
Orge, 13 b. 5/12 à 2 l. 101	33	10	10
Avoine comble 595 b. 5/12 à 1 l. 13 s. 6 d.	997	6	3
Chapons gras 72 9/14 à 1 l. 3 s. 6 d.	85	7	
Poules de cour 89 13/24 à 10 s.	44	15	5
	2936 l.	14 s.	10 d.

A Montfiquet, il était dû de l'avoine comble et de l'avoine ratée, des chapons gras et des chapons maigres, les uns à 1 l. 3 s. 6 d. et les autres à 15 s., des poules de cour à 10 s. et des poules et suite (avec leurs poulets) à 14 s. — En 1528, Thomas Chirée fait aveu d'un fief ou vavassorie de 7 acres, le chemin du moulin passant à travers; il doit 66 boisseaux de froment, 8 d'avoine, moitié comble moitié rez; 12 s. 6 d. à carême prenant ; à Noël, 2 gelines, à Pâques, 20 œufs, 2 videcoqs (perdrix). En 1550, le fief Duvey, de 22 acres, doit 4 boisseaux de froment, 4 d'orge, 4 d'avoine, 10 s. ts de rente 7 s. 6 d.; à Noël, 5 quelines et chapons, à Pâques, 5 œufs, 2 esteurs.

Souvent la redevance était en avoine petite. En 1756, Jacques Michel, au Tronquay, avait fourni de l'avoine fournie de mauvaise graine et qui n'était pas suffisante; ils devaient de la petite avoine, mais pas d'une aussi mauvaise qualité, ils disaient leur avoine plus que suffisante, puisque le procès-verbal la portait à 24 s. le bois. Le fermier général du marquisat disait que les denrées ayant augmenté, le seigneur en devait profiter, comme il supporterait la diminution, n'étant pas libre de percevoir tout en argent. D'ailleurs l'avoine refusée n'avait point été récoltée sur le terrain, ils l'avaient achetée avec affectation. — Lesd. Michel furent condamnés à en livrer d'autre et le Parlement en appel les condamna à 12 l. d'amende.

Je signalerai comme rente particulière, sur le fief Baratte à Vaubadon, la constitution, en 1409, par Richard Vimont, au profit de Jean de Semilly, d'un chapeau de roses vermeilles de rente à prendre au jour de la Pentecôte.— En 1484, sur une terre au fief Baratte, 13 s. 1 gueline à Noël, 10 œufs à Paques, 3 *éleus* (oiseaux, esteurs) blancs à la St Jean; d'après un aveu de 1470, il doit

2 deniers d'offrande pour St Jean Baptiste portés en l'Eglise dud. lieu au siège du Seigneur.

Comme on l'a vu pour le procès du Tronquay, les rentes en grains ou animaux pouvaient se payer en argent ou en nature; on a vu aussi qu'il y avait bien des retards dans les paiements; en 1729, Douétil est condamné à payer 9 années d'arrérages de 29 b. 1/2 3/16 d'avoine de rente; le seigneur est envoyé en possession de 2 pièces de terre à Courteille; en 1752, d'après les comptes de J. Ch. Augustin de la Cour, attendu la cherté générale qui n'a pas permis d'exiger aussi exactement les restant dûs qui au 1er janvier 1752 étaient de 31618 l. 9 s. 10 d. se sont trouvés monter au 1er janvier 1753 à 35556 l. 18 s. 5 d. En 1763, sur la fieffe il y avait 12 ans de retard, le seigneur demande le remboursement ou le renvoi en possession.

Reliefs, treizièmes et aides coutumières, gâteau de mariage. — Le droit de relief, ou droit de lods et vente était le 20e du prix de vente, nous l'avons déjà rencontré pour plusieurs ventes, c'était le sou pour livre. Les 13es étaient un droit sur les successions, je crois qu'en général ils n'étaient pas le 13e des successions ou 7 pour 100; en 1777, les 13es, foires et coutume rapportaient 915 l. et en 1766 on nous dit que les 13es pour Balleroy ont donné année commune 112 l. 5 s., soit 215 l. prix supérieur et 41 l. 13 s. 9 d. prix inférieur.

Dans le contrat du fief Guilbert, il est dit regard de mariage, c'était le cadeau que l'on devait faire, quand le seigneur mariait sa fille.

Corvées seigneuriales. — Il suffit de se reporter page 38, à l'aveu fait en 1542 par Jean Trexot; une des premières est le service de prévôté receveuse; c'était l'obligation pour chacun des hommes à son tour de percevoir les rentes féodales reconnues en gages plege, et il était élu à la suite du gage plege, où chacun devait faire reconnaissance et déclaration, aveu de ses obligations et rendre foy et hommage; c'était la comparence de plés et jurisdiction à simple gage plège. — Ils doivent faner, charier et tasser le foin. Je joindrai à l'aveu de 1542 un aveu fait par un vassal en 1470, il s'engage à aider de sa *colte part* à faner le foin, du pré bosquet, *hors le mois d'aoûl*, à faire deux journées d'nn homme par chacun an *hors le mois d'août* et au lieu du curage des bieux; aider à nettoyer la granche, tasser les gerbes et le foin la 6e partie, mener les namps de Balleroy à Aulnay, aider à couper le tréfouel de Noël (d'autres s'engagent à l'amener), une journée à épandre les compôts et *doit avoir ses dépens*, une journée d'un scieur (de blé) en août et doit avoir ses dépens; il semble que celui-ci n'avait pas de chevaux. — Dans son contrat de 1525, Germain Quentin aîné du fief Guilbert, doit les prières de charue et d'arche (herse) une fois devant Noël et l'autre après; s'il lie et délie, *doit avoir ses dépens* et 4 deniers pour chacune liée de charue et 2 d. pour chacune liée d'arche. — Au ténement Beauvalet, on indique une journée de scie à son tour. — 1416, Jean du Vivier, 1470, Jean Courtemer, 1471, Jacques Guilbert dans leurs aveux reconnaissent être sujets aider à couper le tréfouel de Noël d'une charette. — Dans un aveu de Paul de Choisy en 1663, il est spécifié que les trois arbres du trefouanel de Noël seront pris entre le chemin chaussé et la paroisse de Balleroy ; quand les seigneurs ou leurs épouses résident à Balleroy, les vassaux s'engagent à aller quérir au marché voisin toutes leurs provisions nécessaires en tel lieu qu'ils puissent aller entre le soleil levant et soleil couchant et pour ce ils avaient un denier quand ils allaient à pied et deux deniers quand ils allaient à cheval. Les prix toutefois avaient dû changer avec le temps et les seigneurs avaient tenu compte de la dépréciation de la monnaie ; dans les comptes de Mme de Choisy en 1671, à l'homme qui a porté des lettres à Baieux et en a rapporté d'autres et des denrées, 6 sous ; à un homme envoyé au devant de M. l'Evêque de Bayeux et Monsieur Chamillard, 5 sous ; à celui qui est alé à Beaumont pour Madame, 10 s..

Ces corvées, comme on le voit, n'avaient rien d'arbitraire ni d'excessif ; elles prévoyaient bien des ménagements et aussi le dédommagement nécessaire, et encore on s'en rapportait à leur miséricorde. Les hommes étaient corvéables à merci. c'est-à-dire en comptant sur la miséricorde ou la pitié du maître, *ad misericordiam domini*, non en livrant les hommes à l'entière discrétion du maître, sauf les exceptions qu'entraînait la brutalité.

Moulins banaux. — Dès l'année 1100, et souvent depuis, les seigneurs d'Aulnay donnaient à l'abbaye la dîme du moulin ; nous sommes persuadés que ce moulin était sur la Drôme, près des carrières du Pavillon, le chemin, sans bout, indique la place du moulin. Nous avons dit aussi qu'il y avait encore d'autres moulins ; étaient-ils tous bannaux ? Nous ne le savons. Quand, au XVIIIe siècle, le village de la Vallée du Moulin ne fut plus habité, un moulin à blé fut construit au bas de la rue des Forges, et un moulin foulon, en aval de la rivière, presque à la limite de Balleroy. En nous reportant à l'aveu de 1542, nous voyons que le domaine non fieffé comprenait les moulins, et dans tous les contrats il est imposé aux vassaux expressément d'aller moudre aux moulins de la seigneurie, c'est la banalité des moulins ; de plus, d'après l'aveu de 1663, répétant les précédents aveux, les vassaux sont obligés à charier les meules ou merain desdits moulins, avec droit de vente et sèche moute; ils devaient les prendre entre Vire et Orne, les vaux de Souleuvre et la mer; enfin ils devaient curer les bieux et tenir les chaussées en état. — Le 4 octobre 1785 une ordonnance de la haute justice de Balleroy donnait acte au seigneur de la remise qu'il avait faite du droit de banalité et autres sujétions y relatives; il avait profité du mariage de son fils et de la réception de sa belle-fille et il avait eu raison : ces droits étaient très légitimes dans le début, le seigneur avait construit et entretenu le moulin, il était juste qu'il en fût rétribué, mais il y avait si longtemps, et les idées d'indépendance avaient fait de tels progrès qu'on ne comprenait plus cette obligation d'aller moudre aux moulins du seigneur, avec les sujétions que nous allons voir.

Le 17 juin 1664, le sénéchal renvoyait à huitaine l'adjudication des moulins qui jusqu'à ce jour n'avait été portée qu'à 220 l.; en 1773, le moulin bannal (nouveau) était loué 1500, en 1786, 1900 et le moulin foulon 300.

Le 20 juillet 1600, les vassaux de la sgrie de Balleroy appelés ont consenti à payer chacun leur part du charoi d'une meule de l'un des moulins, lequel avait été banni à 20 écus, duquel prix lesd. vassaux paieront chacun leur part au prorata de leurs terres.

La banalité du moulin entraînait la plupart du temps la banalité du four.

Banalité. — 19 août 1666, ordonnance portant mandement pour saisir dans les maisons des vassaux les farines et pain, faits du bled, qui aurait été moulu en d'autre moulin que ceux de la sgrie. — Une autre fois le meunier se plaignait que les vassaux eussent fait moudre ailleurs le blé dont ils faisaient leurs pains, n'ayant point été récolté sur la seigneurie. — La veuve Hervieu, meunière du moulin Bacon, prenait le blé des vassaux de Balleroy; le seigneur fit saisir ses chevaux avec leur charge de farine; la sentence du 17 janvier 1761 déclara les farines bien saisies et les chevaux furent rendus, avec défense de récidiver et de chasser ses chevaux dans l'étendue de la banalité des moulins de Balleroy. — En 1761 le sénéchal défend à Baucher, meunier, de boullanger et cuire du pain pour débiter au public, ainsi que de nourrir des cochons et volailles dans lesd. moulins, lui faisant provisoirement deffense de laisser divaguer dans lesd. moulins ses cochons et volailles, à peine de confiscation et amendes, faisant défense aux nommés Hervieu et Boulogne d'employer en pain autres farines que celles qui pourront être moulues aux moulins bannaux de Balleroy. —N'oublions que, d'après les aveux, les vassaux sont sujets souffrir la visite qui se fait par le sénéchal du seigneur ou son lieutenant.— (En 1769, Louis Hervieu, boulanger, prétend que les vassaux de Balleroy sujets à la banalité sont dans l'usage de païer 2 sous quand ils portent le blé au moulin et 2 s. 6 d. quand le meunier vient le chercher, il reconnaît par transaction en 1791, que c'est faux). — En 1761 il y a procès pour le poids de la farine comparé au poid du bled, le meunier prétend qu'il y a du déchet.

Halles, Marchés. — Par lettres patentes données à Monceaux en septembre 1634, Jean de Choisy obtint l'érection de deux foires par an le 1er mardi de mai et le 1er mardi d'octobre et d'un marché tous les mardis de chaque semaine pour y être entretenus et continués à perpétuité, permettant au Sgr de Balleroy, des lieux et places, et d'y faire bâtir des halles, étaux et autres choses, sans que pour ce, ils puissent prétendre aucune franchise ni que la dite création puisse préjudicier aux droits du roi ni les diminuer, et pourveu qu'à trois lieues à la ronde il n'y ait auxd. jours autres foires et marchés. — Publié à l'auditoire du roy, à Bayeux, le 2 octobre 1634.

Dans l'aveu de 1663 il est dit : le seigneur a droit de marché coutumier le mardi et 2 foires avec police et juridiction sur les marchands et marchandises, aunage et mesurage. Le 12 février 1759, une sentence fut rendue au siège de Tinchebray entre différents marchands de Balleroy, merciers, ferronniers, chandeliers, bouchers et les nommés Girard et le Comte, jaugeurs réformateurs en la haute justice de Condé. Ces derniers furent condamnés d'avoir dans le bourg un bureau ouvert pendant le jour du 3e marché de janvier, avril, juillet et octobre, pour que les aubergistes, marchands et trafiquants y puissent aller payer les droits qui leur sont dûs pour leurs poids et mesures. Leur enjoignant d'avoir dans un endroit apparent de leur bureau la pancarte de leurs droits.

En 1773, la coutume des foires et marchés est affermée 508 l.

Chasse et pêche. — En 1120 le roi Louis le Jeune donna l'abbaye de Cerisy le droit de pêche et juridiction sur la Drôme. En 1252, d'après les titres du livre Noir de l'abbaye de Cerisy, Guillaume de Semilly, sgr d'Aulnay et de Balleroy acquit des abbés et religieux de Cerisy la rivière de Drôme à eux appartenant au droit du roy depuis le pont de Balleroy jusqu'au bieu appelé l'étang Bacon, ou vivier Bacon, ou terre de Roger Bacon, pour par lui y faire ce qu'il aviserait et y rendre pleine justice d'un bord et de l'autre de lad. rivière et y avoir revenus et profits. — Le 15 juin 1461, main levée est accordée par le grand'maître réformateur des eaux et forêts, à Jean de Semilly de la rivière de Drôme, comme lui appartenant et ayant le droit d'y faire justice et visite à l'endroit de sa seigneurie. Et ce d'après les informations faites par led. réformateur. — Le 30 octobre 1525, une sentence des assises de Baïeux accorde mandement à Jean Trexot, seigneur de Balleroy, auquel appartient le droit de pêche, pour faire assigner des témoins contre quelques délinquants et pêcheurs. De 1740 à 1748, il y eut procès entre le seigneur de Balleroy et celui de Planquery ; par transaction il fut convenu que le seigneur de Balleroy n'exercerait son droit que depuis le Veysbire.

D'après l'aveu de J. P. de Choisy en 1663, il a droit de prendre et faire tendre aux grosses bécasses sur les bois du Vernay, le Tronquay et le Parc, dont il était propriétaire, et permettre d'y tendre, duquel droit plusieurs se rendent fermiers. Item a droit de faire une fois l'an la chasse et huée à toutes bêtes sauvages, où plusieurs hommes bordiers (vassaux inférieurs) desd. bois sont obligés d'assister, lorsque lesd. chasses sont tenues, lesquels sont semblablement sujets de porter les ahans des bêtes fauves, comme aussi plusieurs autres personnes tenant fiefs nobles et ce moyennant certain droit d'herbage, panage, de bois mort et mort bois à prendre en iceux.

Droits dans la forêt de Cerisy. — Aux aveux de 1542, il est dit que le sgr a droit à cause de sa sgrie de prendre dans les bois des forêts du roi pour son ardre et aménagement avec droiture de passage et herbage franchement en icelles forêts. — En 1663, le seigneur Jean-Paul de Choisy a droit pour lui et ses hommes de franc panage, herbages et paturage en ladite forêt et d'y prendre tous morts bois, le vert en gisant et le sec en étant, la terre et la pierre pour bâtir et tous bois pour aménagement avec droit de chauffage pour led. seigneur, qui est délivré annuellement en lad. forêt outre trois arbres nommé le tréfouauel (prononcer en patois tréfouô ou tréfoies) de Noël.

En 1565, ces droits furent contestés à Jacques Trexot, sgr de Balleroy; il devait en justifier. Le 15 mai 1565, Martin Hamel, garde de la forêt des Biards, fit un procès à Jean Vallée, serviteur de Jacques Trexot, sgr de Balleroy, trouvé en la forest, chargé d'une longue branche qu'il avait dit avoir coupé par ordre de son maître pour faire un ratelier. Une sentence des eaux et forêts demanda au seigneur de justifier de ses titres; Jacques Trexot déclara qu'ils avaient été perdus, lacérés et brûlés du temps des guerres civiles tant à Bayeux où il avait sa maison prébendalle comme chanoine qu'à Balleroy; on assigne des témoins, le maître particulier des forêts reçoit une commission pour vérifier ces droits, en particulier le droit de franc panage pour les porcs et herbage pour les autres bestiaux. Les officiers de la forêt déposèrent eux-mêmes qu'ils avaient vu les titres et qu'en mars 1562 lorsque les gens de guerre de l'amiral avaient pris la ville de Bayeux, ils tuèrent plusieurs ecclésiastiques et brûlèrent leurs livres, papiers et écritures, particulièrement dans la maison du sieur Trexot, seigneur de Balleroy, chanoine de Bayeux en la prébende de Monts, lad. maison près le cimetière St Sauveur, au coin de la rue qui n'a point de bout. Une sentence de la maîtrise de Bayeux, le 6 octobre 1584, lui permit d'user de ses droits et libertés.— Le 4 janv. 1603, une ordonnance du maître réformateur des eaux et forêts adjugeait à Messire Jean de Choisy pour sa chauffe 2 hêtres tournés en empirance et pourriture et quant au droit d'aménagement le renvoie à la chambre de réformation. — Les lettres patentes de juillet 1612 lui donnaient le droit d'avoir et prendre dans la forêt des Biards bois tant pour sa chauffe que pour bâtir et réparer; droit de pannage et paturage.

Le droit de pannage et paturage n'était pas toujours franc: dans les aveux de Paul de Choisy, en 1663, il lui est reconnu le droit de prendre sur toutes les bêtes paturantes dans les bois et landages du Vernay et maresq desd. paroisses d'Arganchy, St Amador et Juaye, 12 deniers par chaque bête à corne paturante auxd. lieux; lequel droit est appelé varrage et pour ce lesd. hommes sont tenus de passer leurs bêtes aux pleds, appelés pleds du pas; les habitants de Trungy qui avaient ces droits de pannage et paturage dans les bois du Vernay paiaient 10 d. pour une vache, 6 d. pour un veau, un aumeau, 6 d. pour une bête chevaline, 1 d. pour une brebis; en 1524, ces droits sont adjugés 15 l. 10 s. — Pour le bois nécessaire pour la construction, il est réglé en 1692 que procès-verbal serait dressé de l'état des bâtiments de la capelle et maisons du Prieuré de St Gourgon pour être fait délivrance au prieur de tout le bois nécessaire pour la rédiffication et réparations d'iceux; en 1607, il est marqué que le bois donné à Jean Meslin, du fief Hamon, de Campigny, pour son ordre et aménagement doit être marqué par le maître verdier ainsi que les 3 arbres du tréfouel de Noël. Ces trois arbres étaient deux hêtres et un chêne.

Les vassaux du seigneur avaient aussi leurs droits et libertés dans la forêt : il semble que ce n'était pas un droit de commune, mais un droit seigneurial. — Quant aux habitants du bourg, les droits seigneuriaux ne sont pas les mêmes (ex-fieffe Madelaine et Lelièvre, 27 août 1657); ils jouiront des mêmes exemptions de provost et autres subjections dont jouissent les autres qui bâtissent le long desd. routes sur les places à eux fieffées comme aussi ils demeurent sujets aux services et subjections des moulins, reliefs, XIIIes et aydes coustumières (en 1670, maître Pierre Lelièvre était sieur de la Margillière.)

CHAPITRE VI

LA PAROISSE

La Paroisse avait le même territoire que la Commune, c'était le territoire actuel. Le lieu de réunion était l'Église pour la paroisse et même souvent la nef était le lieu de réunion de la Commune; le souvenir de l'Église évoquait le souvenir de tous les événements heureux et malheureux de la vie des individus, des familles et de la paroisse; aussi l'amour du clocher a-t-il toujours été le symbole de l'amour de la paroisse.

Nous parlerons donc d'abord de l'Église. Son patron a toujours été Saint Martin de Tours, que plus de 150 paroisses du diocèse de Bayeux avaient choisi comme protecteur; aux XVIIe et XVIIIe siècles, pendant la prospérité des forges, on choisit un second patron, Saint Eloi.

Aucun souvenir, à ma connaissance, ne se rattache à l'ancienne église, il m'a été bien difficile d'en retrouver l'emplacement, que j'ai signalé dans la description de l'ancien Balleroy. Elle était devenue trop petite depuis la construction de Balleroy et surtout d'après les prévisions du seigneur pour le futur développement de Balleroy (Archives du Calvados, E. fam. Michel, registre). Pierre Michel, metaier de M. de Choisy dans la ferme de la Vallée et surnommé M. de la Vallée, nous renseigne sur la construction de la nouvelle Église et, il y a peu d'années encore, il y avait à Balleroy la famille Michel, dit la Vallée.

En l'an 1651, au mois d'avril, dès le commencement dudit mois il fut commenché à faire la trasse pour faire une église neufve è Balleroy à cause que l'autre estoit trop petite et y fut la première pierre assise le mercredi 19e jour du mois d'apvril audit an, qui y fut mise par Mr de Berniés, le pénitencier de la grande église de Bayeux (chanoine de Castillon) qui y vint bénir la place aconpaigné de plusieurs autres de la grande église, ledit mercredi 19e jour d'apvril 1651 où il fut fait un grand service avec prédication, où il y avait grande quantité de monde, tant gens d'Eglise que autres.

Demoiselle Marie de Baudre en son vivant femme et espouse de Jean de Cabazac, sr des Londes, décédée le mercredi 12 juillet 1651 et fut ensépulturée le lendemain jeudi à midi dans une des chappelles de l'Église, commencée à faire dans le cimetière de Balleroy, où il y avait grand quantité de peuple tant d'église que autres. — Le samedi jour et feste de S. Simon et S. Jude, 28 octobre 1651, nasquit un fils pour mon frère Mathieu et Catherine Gassion, sa femme, entre 9 et 10 h. du soir, qui estoit leur premier enfant et fut baptisé en l'Église nouvellement bastie à Balleroy, qui n'estoit du tout parachévée de faire, baptisé par le curé, nommé Nicolas par Nicolas de Cabazac et Magdelaine, fille de Me Joachim Courtemer, dudi lieu de Balleroy (cet enfant devint tabellion). — L'an 1653 mon frère Marin et mon frère Mathieu partirent avec notre harnoys pour aller à Caen quérir une cloche qui fut achaptée à l'Église S. Pierre de Caen à 12 sous la livre du métail qui pesait 1059 livres, plus le jouguet et la ferreure et autres frais, en tout coustait la somme de 696 livres, prins à la place; lad. cloche pour mettre à l'Église de Balleroy; et arrivèrent avec lad.

cloche le samedi viron une heure et demye du soleil sur le soir. — Le mercredi 8 apvril 1654 notre harnois et 3 autres partirent pour aller à Caen quérir les images pour mettre à l'Église de Balleroy. En 1683, le 8 juillet, le 4 décembre porté une charetée de bois au fondeur de cloches; une autre le 5 avril 1684; y avait-il une cloche cassée?

Au reste nous ne trouvons dans les papiers du château aucun renseignement sur la construction de l'Église, ses ouvriers, et de tels renseignements eussent été très intéressants. Un rapport du 19 thermidor an XII (Archives municipales) voulant ajouter à Balleroy la Couture, Canchy, Perigny et la maison de Baugy, dit que l'Église est assez grande : car la nef a 17 mètres 22 de longueur sur 5 m. 85, les chapelles 5 m. 85 sur 5 m. 20, la chapelle parallèle à la sacristie a 3 mètres et la tribune a 5 m. 85 sur 5 m.

L'église en forme de croix archiépiscopale a quatre chapelles; les 2 chapelles du transept sont dédiées à la Sainte Vierge et à Saint Martin, celle de droite, pendant le XVIIe et le XVIIIe siècle, fut dédiée à Saint Eloi; la petite chapelle, derrière celle de la Sainte Vierge, était la chapelle du seigneur-patron; à la Révolution on l'appelait chapelle de la Mellerie, je ne sais pourquoi, et la petite chapelle en face avait toujours servi de sacristie. Sur le milieu du transept s'élève le dôme, qui soutient le clocher. Le chœur se ferme en hémicycle; primitivement, dit-on, il y avait un rétable, comme au Vernay; il aurait été mutilé, puis remplacé par un tableau de l'Annonciation. L'autel et la gloire qui le surmonte ont été placés en 1825 par les soins de M. l'abbé Moulland. Les deux petits rétables de saint Martin et saint Eloi qui sont aujourd'hui sur la grande porte de la tribune étaient alors de chaque côté de l'autel.

Le chœur et l'église sont d'une architecture sobre et sévère et même froide : dans le chœur quatre fenêtres séparées par des pilastres qui se rejoignent à une arête de pierre bleue de Fontenay sans sculpture; au point de jonction il y a deux culs de lampe, l'un donnant les armoiries de la Cour-Balleroy, qui ont pris la place de celles des Choisy-Balleroy, et l'autre est un pendentif de feuilles d'acanthe, où se rejoignent également les deux pilastres qui forment l'abside et qui encadrent le tableau-rétable. Chaque pilastre a un chapiteau corinthien, une corniche et un entablement; sur la corniche, encadré de feuilles d'olivier est le monogramme du fondateur I ou J et deux C entrelacés IC (voir page 13). Les quatre piliers de la tour se rejoignent sous le dôme par des pierres bleues de Fontenay, qui marquent le dessin. Dans toutes les chapelles et la tribune les architectes signalent les arêtes des voûtes et les entrées de ces chapelles qui, par leur disposition, permettent à un plus grand nombre de voir à l'autel.

L'église mérite d'être visitée même après le château; elle est remarquable par l'unité de son plan, parfaitement conservé, le grand soin de sa construction, le choix de ses matériaux et,si elle est d'un style sévère,elle forme cependant un ensemble qui plaît. Vers 1750,le développement du collège obligea,pour assurer l'assistance aux offices,de construire la tribune, c'était une nécessité, ce ne fut pas affaire de goût.La construction de la sacristie fut mieux comprise, elle semble bien rentrer dans le plan primitif de l'église; elle est due aux générosités des fidèles et à la direction sage et zélée de M. Moulland et de M. Villeroy, maire. Parmi les travaux les plus importants faits à l'église, nous signalerons celui qui fut entrepris en 1891 par M. l'abbé Morel : en faisant gratter le badigeon et la peinture accumulés sur les murs et en remettant à vif l'appareil architectural, ces travaux rendirent à l'église son cachet primitif; l'année suivante, un don généreux de Mme la comtesse de Balleroy permit de commencer l'ameublement de l'église par les boiseries du chœur dans le style du XVIIe siècle. Pendant la Révolution, l'Église cessa d'appartenir au culte catholique. Elle fut mise à la disposition de la nation, le 2 novembre 1789; le 28 janvier 1791, l'abbé Littré, son curé catholique, refusa de prêter le serment; son ancien vicaire, l'abbé Poutrel, prêta le serment à la Constitution civile du clergé et, le 5 juin, en devint le curé constitutionnel ou schismatique, mais le 3 germinal an II, lui-même fut réduit à dire la messe dans son presbytère et l'église devint le temple de la Raison. Dès le 9 nivôse an II (Arch. Dép., L., registre du comité de surveillance de Balleroy), les citoyens ayant pris connaissance que dans l'église il existait sur les croix et autres endroits des fleurs de lys, invitent la municipalité à faire ôter les marques royalistes : la croix, dont il est ici parlé, fut enlevée et, de longues années après, elle fut rendue à l'Église et sert de croix de procession. On parlait d'envoyer l'argenterie à la Convention et le citoyen Vimard était accusé d'en avoir fait la motion, même avant que le Décret fût venu; on parlait même de fermer l'église le Dimanche suivant, de faire un nouveau catéchisme de Bayeux. Que se passa-t-il entre le 16 nivôse et 3 germinal? C'était le jour où devait se faire la feste de l'inoguration du temple de la raison; on avait dépouillé l'Église de tout signe de fanatisme; l'argenterie avait été portée à Bayeux; sur les murs on avait placé les images, estampes, tableaux, busques (ce sont les expressions des témoins dans le procès des troubles du 3 germinal) de Marat, Lepelletier S. Fargeau, Voltaire, Rousseau, la Liberté, plusieurs tableaux républicains, comme celui de l'Assemblée.

Sous le dôme était la tribune; c'était là que se réunissaient les frères de la société populaire. Pour les fêtes de l'inauguration ils s'étaient associé la municipalité et le comité de surveillance. Nous n'avons point trouvé de détails sur les réunions du Temple de la Raison. L'église devint bientôt le temple décadaire; toutes les fêtes nationales s'y tenaient sous la direction de la municipalité. Le culte catholique y fut de nouveau célébré avec le Concordat.

A qui incombaient les réparations à faire à l'Eglise? Celles du chœur et du chancel incombaient au gros décimateur; les autres, celles de la nef, du clocher et des cloches incombaient au commun des paroissiens et l'entretien du mobilier était la part du trésor ou fabrique.

Le 8 octobre 1778 à M. Esmangart,intendant (C. 1331), Supplient humblement Jacques Geslin, François Philippine et Toussaint Lefebvre,s[r] Deslongchamps, députés de la paroisse de Balleroy, nommés par délibération des habitants d'icelle du 1er août 1777 aux fins de faire faire les réparations nécessaires à la couverture du clocher, nef, chapelle et sacristie, ils se chargeaient de fournir le bois et ce fut adjugé au couvreur Jacques Rouillard, de Foulognes,1620 livres; les députés ont acheté en plus 30 livres de plomb, 81 livres 10 s. pour chaux, latte, voiture, la réparation des 3 croix est de 18 livres, le bois pour la charpente de la sacristie a couté 59 liv. et les proclamations de 9 livres, soit en tout 1777 liv. 10 sous, qui doit être imposé sur les propriétaires et possédant fonds; les députés demandent l'autorisation d'imposer.

Le 2 décembre 1714, assemblée des paroissiens (Registres municipaux) pour le sujet de la cloche cassée... ils sont d'accord de faire refondre lad. cloche cassée ainsi que la grosse qui sera descendue et cassée pour des deux en faire trois en ton et d'accord, à laquelle fin ils se serviront de l'argent qui peut être présentement aux mains du s^r curé dud. lieu et de celui que l'on pourra cueillir et en cas de besoin de ce qui peut estre au trésor et donnent pouvoir au s^r curé et trésorier de faire marché avec le fondeur et en cas qu'il se trouvât quelque malfaiteur qui voulût troubler le fondeur dans son travail, il sera pris et appréhendé et chastié par justice suyvant qu'il appartiendra. Le dimanche 23e jour de décembre 1714, les trois cloches de l'Eglise de Saint-Martin de Balleroy fondues par Me Guillaume Joueton, marchand fondeur de la paroisse de St-Nicolas de Caen, ont été bénies par Me Jean Le Barbier, ptre curé dud. lieu. Les 3 cloches eurent pour parrains Messire Jacques de la Cour, sgr et patron de Balleroy, messire Augustin de la Cour, marquis de Balleroy, colonel de dragons, messire Louis de la Cour, chevalier de Malte, lieutenant dans le régiment du roy, et pour marraine, noble dame Magdeleine Charlotte Emilie Lefebvre de Caumartin et elles furent nommées, la grosse, Magdeleine, la 2e, Charlotte, la troisième Emilie; les parrains et marraine s'étaient fait représenter. Lesquelles trois cloches pèsent environ 1900. Présence de Barey, vicaire, et Eudelin, custos. — Les cloches se fondaient dans le cimetière et le délai nécessaire pour la fonte était bien court. — En 1781, la grosse cloche au moins était remplacée par Adélaïde, nommée par très haut et très puissant seigneur Charles-Augustin, comte de Balleroy, marquis de la Cour, et par très haute et très puissante dame Adélaïde-Elisabeth-Sophie de

Lépineau, son épouse, et bénite par modeste personne J. B. Lemoigne, curé de Balleroy. Elle pesait 1600 livres et fut remplacée, en 1886, par Claudine, qui pèse 1085 kilos et sur laquelle, en souvenir de l'ancienne, on grava le nom d'Adélaïde; elle eut pour parrain M. le marquis Jacques de Balleroy et Mme la comtesse Albert de Balleroy; on lui adjoignit Antoinette-Hyacinthe-Amandine, nommée par Armand Sevestre et Hyacinthe Villeroy, femme Desprairies, qui pèse 737 kil., et Catherine-Victorine, nommée par Catherine Hiéblot, femme Guilbert, et Victor Massinot, ancien curé de Balleroy, qui pèse 546 kil. Que devinrent les deux autres cloches ? furent-elles aussi remplacées en 1781 ? virent-elles les premiers troubles du 3 germinal an II ? On le supposerait, puisque des témoins disent qu'on avait sonné les cloches. En tout cas, elles subirent le sort des autres cloches, elles furent fondues pour le service de la nation.

En 1766, on plaça au-dessus du beffroi l'horloge avec carillon que nous avons encore; elle porte cette inscription : Messire Jacques-Claude-Augustin de la Cour, marquis de Balleroy, seigneur de Balleroy, le Vernay, le Tronquay, Montfiquet et d'autres lieux, lieutenant général des armées du roy, 1766. Mtre J. B. Lemouengue, Prestre, curé de ce lieu.

Il nous est difficile de savoir quel était le mobilier de l'église avant la constitution civile, une pétition de la municipalité, le 5 janvier 1793, s'appuie sur ce motif que notre église a toujours manqué de devant d'autel, n'ayant aucun revenu à la fabrique (1). En 1791, les ordres religieux et les communautés furent supprimés, leurs chapelles fermées; les ornements et l'argenterie furent

(1) *Arch. dép.*, 59, Mobilier ; District de Bayeux.

déposés au chartrier du chapitre de Bayeux, puis distribués aux municipalités des églises pauvres. Le 17 juin 1791, la municipalité reçoit du directoire du district 3 chapes de damas cramoisi avec galon faux argent, la chasuble et l'étole, de plus une chasuble et une étole en damas vert, une chasuble noire, provenant de St-Vigor, enfin une chasuble violette et une blanche provenant de Mondaye. Le 21 juin on reçoit des vases sacrés provenant des Augustins, un soleil en vermeil garni de pierres, un ciboire en argent avec le voile qui le couvre; ils sont prêtés jusqu'à ce que le directoire en envoie; de même, le 21 août, on reçoit une custode en argent à titre de prêt; c'est que dans la nuit du 17 au 18 juin, des voleurs ont enlevé dans le tabernacle les vases sacrés. Le 7 octobre, la municipalité fait une pétition au directoire du Calvados : n'ayant ni argent ni trésor, la commune demande un calice avec *pateine*, un soleil, un ciboire, une custode, on leur en a donné, mais la municipalité est surprise qu'on leur réclame 57 livres le marc pour l'argent et 72 livres pour l'argent doré, ils ne peuvent payer, puisque l'argenterie a été volée et que les frais du culte sont à la charge de la nation. Déjà l'on compte avant tout sur la nation ou l'Etat. Le vieux soleil d'argent doré pesait 5 marcs 4 onces 4 gros. Le curé Poutrel reconnaît avoir reçu, le 16 septembre 1792, 3 chapes noires et 1 violette; le 13 août, la municipalité avait demandé un Christ de cuivre argenté comme les chandeliers; le 20 novembre, on reconnaissait un prêt de 9 chasubles et 2 tuniques provenant des religieuses Bénédictines de Bayeux, 3 aubes en toile avec dentelle claire, chasuble et deux tuniques noires. Le 15 août, puis le 11 décembre, on demandait une chasuble et 2 tuniques blanches, une chasuble et 2 tuniques noires, 4 devants d'autel et un tapis pour couvrir les marches d'autel et un autre pour placer sur le lutrin et des linges; le 5 janvier 1793, une nouvelle pétition demande des devants d'autel, convenables à la *dessence* du culte, un blanc, un *verd* et un noir; le 17 avril ils reçoivent 2 devants d'autel et un tapis. La dépouille des ordres religieux enrichissait les églises paroissiales, on pensait à la *dessence* du culte, on se réjouissait probablement; dès le 12 floréal an II, soit le 12 mai 1794, on envoyait au directoire les ornements, linges, cuivre et plombs provenant de la cidevant église, le surplus ayant été envoyé à la Convention. Le 2 pluviôse an III (21 janvier 1795) le citoyen Boursier, de Bal sur Drôme, versait à la Convention 1 calice, 1 encensoir, 1 navette, pesant 6 marcs 5 onces 2 gros en vermeil, un calice, une patène, un soleil en vermeil, 8 marcs, des ornements d'église, tissus d'or. Il ne restait que 2 petites boettes qui servaient à renfermer des huilles, 5 onces. En l'an III également on vendit le mobilier de l'église de Balleroy.

1 confessionnal, 12 mauvais bancs.	21 l.
1 d° 25 bancs, 1 caisse de bannière.	21 l. 10
2 stalles, 2 escabots, 1 luthrin, 1 contrétable, 2 petits autels, un lambry, 1 petit coffre les débris de la chaire.	13 l.
11 bancs ou bancelles.	3 l. 10 s.
Total	59 livres.

Beaucoup de ces objets durent être rendus au Concordat; dans l'inventaire qui fut fait le 7 ventôse an XI (25 février 1802) par le cit. Bournel, adjoint, en présence du cit. Poutrel, ministre du culte, desservant lad. Église, on trouve 2 chasubles, 1 bénitié en cuivre, 3 *soulannes* rouges pour les enfants de cœur, 4 prossessionnaux, 4 émortuaires, 1 petite armoire, un vieux tabernacle, un siège à confesser, un dais avec 4 batons de *suporl*, 4 rideaux d'indienne servant à voiler les hôtels avec leurs verges de fer, un devant d'autel en tapisserie, un ciboire en fer blanc, six bouquets en papier peint, une croix de bois dorée, un lutrin avec 2 grands livres, 1 banc du trésor sans porte, un coffre du trésor fermant à 3 clefs, des bancs, etc., sans valeur, 2 confessionnaux, 27 grands bancs dans la nef. Dans la tour une cloche avec son battant. (Arch. de la Fabrique). — Le 23 germinal an IX le cit. Poutrel, ministre du culte, avait demandé à la municipalité un morceau de lambry ayant servi au banc du c devant seigneur pour en faire une *chère* dans l'Église ; cet objet de peu de conséquence lui a été accordé, c'est encore la chaire actuelle ; il est possible que l'on ait alors retrouvé le baldaquin de l'ancienne chaire.

M. l'abbé Moulland donna à Balleroy la statue de saint Nicolas de Bayeux, et elle y devint la statue de saint Martin, et plus tard il mit dans ses mains la crosse de M. Bisson, 3e évêque constitutionnel du Calvados. La statue et la crosse sont aujourd'hui classées parmi les monuments historiques.

Je ne terminerai pas cet article sur l'Eglise, sans dire un mot des sépultures faites dans l'église. Dans l'ancienne église nous avons les noms de maistre Nicolas du Veu ou du Vey, prêtre, inhumé dans la nef en 1626, maistre Etienne le Bret, bourgeois de Paris, demeurant en la maison de M. de Choisy, inhumé en 1632 dans le *coueur*, aux jouxte et preu de la porte du chancel, maistre Guillaume de la Roche, maistre charpentier de la ville de Paris, inhumé en 1635 dans le bas de la nef. Le chœur était réservé aux patrons de l'église ; en 1697 le lieu de la sépulture de Jean Paul de Choisy est dans l'aile du chœur située à l'opposite de la sacristie du costé de l'arrivée du château (?); le dimanche 11 mai 1749 haute et puissante dame Charlotte Madeleine Emilie Lefebvre de Caumartin, veuve de... Jacques de la Cour est inhumée dans le chœur du côté de l'Evangile, enfin haut et puissant seigneur Jacques Claude Augustin de la Cour... est inhumé dans le chœur de l'église du côté du midy. En 1745, son fils Louis de la Cour est inhumé dans l'église; les curés Me de Baudre, Jean le Barbier, les vicaires Charles Bellée vis à vis l'autel saint Martin, André Vautier devant l'autel de la Vierge, Magdelainne Lucas, femme de Olivier de Leugalle, 1672, damoiselle Marie Cheuval, veuve de feu Guilliaume de la Ville (1691), Me Pierre de la Ville, maître de la grosse forge (1694), damlle Anne d'Argouges, veuve de Germain, vis à vis de l'autel de la Vierge (1697), Pierre Labbey, sr du Moutié 1692, Marie Courtemer 1697, Denise Germain, femme de Me Jean Niobé fondeur de la grosse forge dans la chapelle de saint Eloi, contre le mur de l'église, 1698, et damlle Suzanne de Méhérenc 2e femme de Jean Niobé sieur des Jardins (1699) devant l'autel de saint Eloi, Jeanne de Couvert (1674) Jean de Cabazac 1675 et Jeanne de Cabazac en 1676, Charles de Méhérenc 1686, Nicolas Lelièvre, sr de la Prévotière 1683 et Judith de Percy, sa veuve, 1687, Lemaistre, Néel, Aufrie, Doquet, Totain, environ 50. Nous n'avons aucune indication sur les raisons qui pouvaient motiver la sépulture dans les églises. Il pouvait y avoir danger pour la santé publique, un décret de 1777 les interdit.

Autour de l'Eglise, de l'ancienne comme de la nouvelle était le cimetière. En 1782 (C. 1631) le cimetière étant trop petit et dans l'enceinte du village, les habitants présentèrent à l'intendant une requête pour acquérir le terrain pour un cimetière : M. de Balleroy devait payer sa contribution de gré à gré et il faisait remise à la communauté du droit d'indemnité qui lui serait dû par l'acquisition (le 13e, je suppose), mais il fallait imposer les autres habitants. Le cimetière devait être de 50 perches de 22 pieds. Avant d'autoriser, l'Intendant fait remarquer que pour la translation du cimetière on n'a point présenté l'agrément de l'évêque diocésain. Me J. B. Lemoigne, curé depuis 35 ans, décédé d'hier, fut un des derniers inhumés dans l'ancien cimetière, proche la Croix (entre la porte de l'église et la grille du cimetière) 20 juillet 1782; Louis Bidot, meunier, a été le premier inhumé dans le cimetière nouveau de ce lieu (9 juin 1783). Un nouvel agrandissement devint nécessaire en **1860**.

LE PATRON ET LE GROS DÉCIMATEUR

Dans l'organisation paroissiale le Patron et e Décimateur étaient deux personnages considérables; souvent ces deux titres étaient réunis sur la même tête; quelquefois ils ne l'étaient pas. Balleroy a vu ces deux régimes. Au XIe siècle le seigneur d'Aunay est patron et décimateur, de quel droit? est-ce par un droit de conquête et d'usurpation remontant à Charles Martel avec les bénéfices ou précaires? si Charlemagne a rendu la dîme obligatoire, ce n'était pas pour enrichir le seigneur mais il en faisait trois parts, pour l'Eglise, les pauvres et les prêtres. Le seigneur d'Aunay donne ces droits à l'abbaye; avec les Trexot, au XVIe siècle, l'abbaye perd peu à peu son droit de présentation à la cure et le seigneur de Balleroy devient seigneur patron; enfin l'abbaye renonce à son droit de dîme et le curé devient gros décimateur, il reçoit désormais les grosses dîmes, c'est-à-dire les dîmes sur les blés, mais de tout temps il avait perçu les dîmes vertes et les menues dîmes.

Les premières pièces que nous donnerons établissent les droits de l'abbaye d'Aunay à la fois sur le patronage et le droit de présentation à la cure et sur les dîmes.

Il semble que Richard de Bayeux avait donné à l'abbaye de Savigni le moulin, les bois et l'église de Balleroy; comment ces dons se retrouvent-ils entre les mains des seigneurs d'Aunay, qui à leur tour les donnent à l'abbaye d'Aunay?

Ce don est mentionné en 1776 dans une charte de Richard du Hommet (Histoire d'Aunay, par M. Gaston le Hardy, avec les chartes) renouvelant le don de Jourdain de Sai et de Lucie dame des monts de Lenque, il donne l'église de Balleroy avec sa dîme et la dîme de son moulin; «moi Richard du Hommet et mon épouse (Agnès de Beaumont, le Richard) et mes fils Guillaume, Enguerrand et Jourdain, nous les concédons libres et quittes de tout droit à Notre Seigneur et à Notre Dame et aux frères qui servent Dieu en lad. abbaye... nous nous tenons pour contents et bien récompensés, si nous méritons d'être frères associés et participants aux prières, aux messes et aux autres services spirituels».— En 1204, Guillaume de Semilly renouvelle ce don de son aïeul Jourdain de Say et Luce, de ses grands parents Richard et Agnès, d'Enguerrand son père et Guillaume du Hommet (qui était en même temps le père de Cécile de Semilly, mère de Guillaume de Semilly).— En 1261, Henri de Semilly donne « *dedi, concessi et confirmavi Abbati et monachis de Alneto totam et integro decimam molendini mei de Ballereio, percipiendam annuatim in mense septembris, per manum molendinarii qui dictum molendinum tenebit sive per firmam mobilem, sive per feodum; si dictum molendinum fuerit in manu mea, in quo molendino monachi pro sua decima habenda, ad dictum terminum suam justiciam plenariam sine contradictione aliqua poterunt exercere. Et ad fabricam et reparationem dicti molendi nihil omnino mittere tenebuntur.* J'ai donné, concédé et confirmé par ce papier, muni de mon sceau, à l'abbé et aux moines d'Aulnay la dîme entière

Plan du Bourg de Balleroy

CAEN. — IMP. DONIN

et intégrale de mon moulin de Balleroy, à percevoir tous les ans au mois de septembre des mains du meunier qui tiendra ce moulin à ferme ou en fief, de mes mains ou de celles de mes héritiers; si ce moulin est entre mes mains, ils y pourront exercer *leur justice plénière* (s'y faire payer) sans contradiction audit terme, dans le moulin même pour avoir leur dîme. Ils ne seront tenus à aucune reconstruction et réparation. Je confirme les donations de mon père Guillaume de Semilly et de mon grand'père Guillaume de Semilly. Les moines l'auront en pure et perpétuelle aumône, quitte de tout absolument sans réclamation, contradiction ou molestation. Je l'ai fait pour le salut de mon âme, de mes ancêtres et de mes héritiers. Fait l'an du Seigneur 1261, mois de février.— En 1323 jugement entre l'abbé et le baron d'Aunay, Guillaume de Semilly... le 3e descort, sur ceu que lesdits religieus requéraient semblablement estre ressaisis de sexante souls de rente o leur justice, à cause de la dyesme du moulin audit escuier de Balerré, desquels choses ledit escuier les avoit à tort dessaisis si comme ils disoient, et de ceu, portoient ensement brief de dessaisine envers luy... Sachent tous, devant nous baillif de Costentin que... pour tant comme touche au tiers article des devant diz sexante soulz de rente, o la justice à cause du moulin de Balerré devant dit, ledit chevalier Jehan Paynel semblablement prononcha que c'estoit le droit des diz religieus; et à ceu fut présent le dit escuier qui obligea soy et ses hers à payer les diz sexante doulz de rente en septembre as dits religieus et à lour successeurs, bien et en pais, tant pour le temps passé que pour cil a venir pour lour justice. — Et il fit incorporer à ce jugement la lettre précédente.

1391. Denombrement de ce que tiennent les religieux d'Aunay sous la vicomté et chastellenie de Condé en pure et perpétuelle omosne... Nous avons es paroisses d'Auney et de Bauqui et de Balleroy plusieurs hommes tenant de nous à court et usage et plege, comme bas justiciers et vallent les choses des susdictes de six à sept vins livres (120 à 140 livres) de rente ou environ.

1413. Abandon à Jehan de Semilly des rentes sur le moulin de Balleroy Jean VI... comme il soit de droit ancien que nous eussons et prenissons par chacun an soixante souls tournois de rente sur un moulin assis en la parroisse de Balleroy, appartenant à monsieur Jehan de Semilly, chevalier, seigneur d'Aunoy et de ladite paroisse de Balleroy... desquelles rentes plusieurs arrérages nous estoient deubs, parce que ledit moulin estoit tombé en non valloir et de la somme de soixante souls dessus dite nous eussions relâché audit Mons. Jehan la somme de XX s. tournois à cause de ladicte ruine.... Savoir faisons que nous tous, d'un commun assentiment et volenté, considérant les choses dessus dites avons deschargé et deschargeons le dict chevalier et ses hoirs de ladicte somme de XL s. qu'il nous estoit tenu faire par chacun an à cause du dict moulin de Balcíray et dict est promest. — A ce moment on était en pleine guerre de Cent Ans, les moines n'étaient tenus à rien et ils abandonnent leurs droits.

1450. Requete de l'abbé au baron d'Aunay. Premièrement nous avons droit de prendre plusieurs rentes montantes jusques à la somme de cent six livres ou environ en la paroisse de Balleroy des dons faits par nos fondeurs ou augmenteurs, vos prédécesseurs et autres, desquelles rentes nous avons jouy... jusques à vous qui avez reçu nos dites rentes depuis le temps que vous vensittes à tenir ladite terre de Balleroy, desquelles rentes nous faire délivrance et lesser jouir nous avons plusieurs fois requis et vous avons baillé les doubles de nos chartres des dons desdites rentes, et nous promettant plusieurs fois nous faire délivrance comme notre vray fondateur: ce que ne nous avez fait. Par quoy notre monastère est deffondé... Item vous congnoissez que votre fieuf, terre et seigneurye de Balleroy fut vendue ou engagée par Guillaume de Semilly votre oncle, à qui Dieu pardoinct, ou par autres, à un nommé Le Cloustier, pour laquelle terre dégager vers la fin du temps du desgaige de ladite terre vinct votre oncle par devers M. l'abbé Perrain et luy vendit le fieuf terre et seigneurie de Beauchêne et en attendant la mort de ceux qui l'avaient déjà, nous bailla lad.

terre de Balleroy pour jouir en usufruit... à votre arrivée nous vous rendismes votre terre de Balleroy sans avoir reçu les 150 livres... plaise à votre Sieurye nous mettre à délivrance pleine nosdites rentes de Balleroy ainsy que plusieurs fois nous l'avez promis et nous lessez jouir des dysmes cy dessus déclarées.

1481. Aveu de l'abbé d'Aulney : avons ès paroisses d'Aulney, Beauquey et Balleroy un membre de fief auquel i a plusieurs hommes tenans a simple gaige plege, comme bas justiciers, de noble et puissant seigneur Monsieur dudit lieu de Condé, à la ressort et haute justice, à cause desquelles teneures nous avons droit de *présentation aux églises* de Beauquay et Balleroy toutes les fois que le cas s'offre.

Comment concilier ces aveux avec ceux du seigneur de Balleroy et sa conduite dès 1529 ? Un aveu de Guy des Essarts en 1559 déclare le fief de la Bigne, qui relevait de celui de Balleroy, et le fief de Balleroy, qui me fait un espervier de rente le 1er jour d'aoust ou 10 sols. Il devait y avoir bien du désordre dans tous ces droits de l'abbaye d'Aunay. Guy des Essarts s'était fait protestant et pillard.

Quel a été le patron temporel et collateur de la Cure?

D. Raucourt, dans son Historia Secreta Alnetatensis Abbatiæ (v. Hist. d'Aunay, par M. le Hardy, p. 234), nous signale parmi les paroisses dont l'abbaye d'Aunay avait le patronage et les revenus... II° Balleroy, dont le patronage avait été perdu par l'incurie ou la fraude des commendataires et de leurs agents. — Or le premier abbé commendataire fut Olivier de Saint-Julien en 1532 et, dans l'aveu du 15 mai 1542, Jean Trexot dit que led. seigneur de Balleroy a droit à cause de sa sgrie de présenter au bénéfice dud. lieu.

Dès 1529 le seigneur temporel présentait : Le jour

d'avant les nones de mars 1529 il y a un rescrit d'Antoine (Antoine Duprat) card. de St Anastase, archev. de Sens, Primat des Gaules et de Germanie, év. d'Albi, chancelier du Pape, légat a latere en France, par lequel il appert que Jean Trexot, nommé curé en lad. cure (qui était un patronage laïque) par Jean Trexot, seigneur temporel de Balleroy à cause dud. lieu, sur la résignation de Jean Quentin, dernier curé, ledit Jean Trexot n'étant alors que sous diacre, âgé de 18 ans, est confirmé et établi en lad. cure lui accordant à cet effet toutes dispenses nécessaires et lui permettant de posséder led. bénéfice et tous autres à charge d'âmes, et même posséder avec ce bénéfice, celui de chanoine de Bayeux en la prébende de Castilly et la chapelle de l'hôtel (*sic*) Saint-Georges en l'église de Coutances, le relevant de toute excommunication, interdits et censure à ce sujet. — Il prend possession le 26 mars 1530.

De 1550 à 1552 le conflit s'accentue entre les patrons présentateurs. Il y eut plusieurs sentences du conservateur des privilèges de l'Université de Caen entre les prétendants à la cure; c'étaient Jacques Trexot, nommé par le seigneur (son frère) sur la résignation de Jean Trexot, dernier pourvu (le même frère); Jacques du Buisson, écolier, se prétendant nommé par les religieux d'Aunay, et Etienne Courtemer, nommé par le roi, comme ledit bénéfice étant en litige, du Buisson ne s'étant pas présenté fut condamné par défaut : Courtemer et Trexot sont renvoyés à produire leurs pièces. — Le 4 avril 1588, Bernard de Maignen, vicaire général de Baieux, le siège vacant, nomme au bénéfice-cure de Balleroy Nicolas Dubey ou Duvey sur la présentation de Me Roulland Trexot, sgr de Balleroy, lad. cure étant vacante par le décès de Jacques Trexot, dernier et paisible possesseur de la cure; le 13 janvier 1594 une sentence du lieutenant général de Baieux eut à trancher le litige entre Me Nicolas Duvey et Jacques le Beau, prétendant être présenté par l'abbé d'Aulnay; Jacques le Beau se désista et Duvey fut institué; c'est encore le seigneur de Balleroy, qui en 1625, présente Etienne Fouques et, en 1646, Marin Pichard.

Après la mort de Marin Pichard, l'abbé d'Aunay et le seigneur de Balleroy présentent chacun leur candidat. (Reg. 237, f° 56 des Insinuations. Bibl. du chapitre).Le 17 octobre collation par François de Nesmond à Me Charles de Baudre de l'Église de Balleroy *cujus vacatione advenienti nom° et pres° ad nobilissimum Dnum Paulum de Choisy equitem dominum loci Balleroy*, dont la nomination appartient à Paul de Choisy, seigneur du lieu; le 20 octobre 1669, collation est donnée par Mgr de Nesmond à Jacques Féron de la cure de Saint-Martin de Balleroy, sur la présentation de l'abbé d'Aunay, *cujus nominatio et præsentatio per venerabilem abbatem monasterii de Alneto... pretenditur*; et le 22 octobre à 7 h. du matin, Laurent Blouet met Charles Debaudre en possession *per ingressum majoris portæ pred. eccles. aquæ benedictæ sumptionem, tactum fontium baptismalium, pulsum campanarum, tactum et osculum majoris altaris, sacrarii libri, missalis et omnium ornamentorum dictæ ecclesiæ in presentibus mag° Pinel presbitero, mag° Nicolao de Cabazac scutifero presb°, Noel Thomas Docquet, Francisco Dilée, Philippo Eudelin, Johannæ filiæ Natalis Richard, Carolo Letulle et multis aliis*, par l'entrée de la grande porte, par la prise de l'eau bénite, l'attouchement des fonts baptismaux, le son des cloches, l'attouchement et le baiser du maître autel, de la sacristie, (ou du tabernacle), du livre missel et de tous les ornements...... présence de Me Pinel prestre, Me Nicolas de Cabazac, écuyer, prtre, Noel Thomas Doquet, François Dilée, Philippe Eudelin, Jeanne fille de Noël Richard, Charles Letulle et beaucoup d'autres. Un procès fut engagé et les droits de Paul de Choisi, qui avait entièrement construit l'église, furent reconnus. Le 23 octobre le même Laurent Blouet, ptre vic. de Cormolain pour l'absence de Me Gilles Verge, curé de N. D. du Quesnay, doyen rural de Thorigny, « se transporte viron sur les 4 heures après midy au cimetière dud. lieu de Balleroy et ayant trouvé les portes de l'église fermées après l'interpellation par moy faite à Messre Jean Pinel, ptre trouvé au collège dud. lieu Balleroy de me mettre lesd. clefs de lad. église entre les mains, ce dont il est refusant disant n'en estre saisi, ai mis en possession par l'attouchement de la principalle croix placée au cimetière, de la grande et petite porte de lad. église et circuit d'icelle avec le reste des cérémonies en tel cas accoustumées... en vertu de l'ordre à moy envoyé par Me Jean Lamy, grand vicaire de Mgr de Bayeux, en dapte du 22, présence de Nicolas Menard custos de Cormolain, Julien Dubour, mercier, demeurt à St Symphorien de Bayeux et de 3 autres personnes, lesquelles n'ont voulu signer ni dire leurs noms.

Quant au décimateur, c'était donc l'abbaye d'Aunay; probablement sous l'influence des décrets royaux qui obligeaient les gros décimateurs à donner aux curés la portion congrue de 200 livres, l'abbaye d'Aunay, au lieu de donner une somme d'argent, préféra abandonner une partie de la dîme avec les charges afférentes; en 1609 (Arch. Dép. H. fonds d'Aunay; extrait sommaire par Dom Raucourt) le curé de Balleroy reconnaît que les 2/3 des grosses dixmes de sa paroisse dépendent de l'abbaye d'Aunay; en 1644, en 1676 dans un bail que nous citons plus loin aux revenus des décimateurs, l'abbé n'a que les 2/3 de la dixme; dans sa déclaration du 6 janvier 1691, Laurent Rogier, curé de Balleroy, dit que l'abbé d'Aunay, du temps du défunt curé, abandonna la dîme comme ne valant pas payer la pension du curé. En 1791, l'abbé Littré déclare percevoir toute la dîme, nous le verrons plus tard.

Curés. — 1316. Robert Pelletier (Registre de l'officialité de Cerisy, 30e vol. des Antiquaires), Jean et Robert, fils de Richier de Baupt et de Lucie, sont absous devant l'official, *presentibus Mago Pasturel, rectore eccl. Sti Quintini, Roberto Pellipario, rectore ecclesiæ de Ballereyo.* — 1455, Martin Galop fieffe par Jean de Semilly, seigneur de Balleroy, au profit de Martin Galop, curé de Balleroy, d'une pièce de terre en la paroisse de Vaubadon, au fief Baratte à charge de payer audit seigneur 7 s. 6 d. de rente au terme de carême prenant, avec foi et hommage, reliefs, etc.

Jean Quentin était de la famille Quentin, une des plus influentes et des plus anciennes de Balleroy; il résigna la cure en 1529 en faveur de Jean Trexot — nous avons tous ses titres dès l'âge de 18 ans à l'article précédent, — il était présenté par le seigneur temporel de Balleroy, son oncle, également chanoine de Bayeux et de Coutances. Lui-même, devenu seigneur à la mort de son père en 1549, résigna la cure et présenta son frère (1).

(1) Dans la fondation de Baugy on cite le fief du prêtre Quentin; nous retrouvons le champ Quentin de 43 vergées, le jardin Quentin, même le parc Quentin sur les bords de la rivière, aux costils de Rihou, 3 vergées; en 1625, Claude Quentin a 2400 l. de propriétés; en 1611, parmi les vendeurs on signale François Quentin, fils et héritier d'Antoine Quentin et de Yolette de Balleroy; les de Balleroy, de ce moment, désignent les Trexot.

Jacques Trexot, qui fut nommé après bien des démêlés qui durèrent deux ans, de 1550 à 1552, fut lui-même seigneur de Balleroy en 1566; il mourut en 1588. Je lis dans l'Inventaire que Jean et Jacques furent chanoines de Bayeux; l'un fut chanoine de Castilly en 1529; et en 1562 nous voyons Jacques Trexot chanoine de Monts, au coin de la rue qui n'a pas de bout, lors des pillages des protestants.

Le 4 avril 1588, Nicolas Duvey, présenté par Roulland Trexot, fut nommé par Bernard de Maignen au bénéfice-cure de Balleroy, vacant par le décès de Jacques Trexot, dernier et paisible possesseur de la cure. Nicolas Duvey et son frère avaient une maison et des terres à Courteilles.

Le 8 mars 1625, M. de Choisy présente Etienne Fouques, Nicolas Duvey avait donné sa démission; l'Evêque de Bayeux lui donna collation de la cure le 19 mars et il prit possession le 25. Il avait une situation au-dessus de la moyenne. L'an 1633 Foucques, fils François, mon nepveu, a esté espousé avec Charlotte de Leugallé.

En 1646, Marin Pichard est nommé et le 16 février il prend possession.— Sa sœur Françoise épousa Etienne Docquet et Marie épousa Louis Docquet, des plus riches familles de Balleroy.

En 1669, Charles de Baudre ou Debaudre; il était fils de Pierre Debaudre, écuier, à Montfiquet, frère de Henri de Baudre, esc., qui mourut à Trévières, de Clément de Baudre, esc. et de Maistre Michel de Baudre, curé de Montfiquet; était-il parent d'Olivier de Baudre, escuier, licencié en droit, sénéchal de Balleroy?

1690. Me Jean Dolbet fut desservant déportuaire; le droit de déport était le droit qu'avait l'Evêque de toucher les revenus de la cure pendant la vacance; il nommait un desservant provisoire, à qui il affermait ces revenus.

1691. Me Laurent Gabriel Rogier, était originaire de Saint-Julien de Caen où il fut enterré en 1707; son père était Michel Rogier, advocat, bourgeois de Caen; un de ses frères, Michel Rogier fut vicaire de Balleroy en 1695 et sa sœur, damoiselle Françoise Marthe Rogier, épousa en 1699 Guillaume le Balleur, sieur de la Coudraye bourgeois de Tinchebray.

Il eut pour successeur en 1708 Jean Le Barbier qui était également d'une famille bourgeoise de Saint-Patrice de Bayeux; sa sœur épousait Me Luc de la Faverie, marchand bourgeois de Saint-Lo; en 1724, l'archidiacre Noël a trouvé tout en très bon état; le 20 juillet 1744 il en est de même, les instructions se font, dit l'archidiacre, conformément aux statuts, le sr curé nous a paru content de ses paroissiens pour leur devoir pascal; il mourut en 1746, après avoir été curé 37 ans, à l'âge de 65 ans.

En 1746, le seigneur présente Me Gabriel Hébert, qui remercie.

En 1747, Me Jean Baptiste le Moine; le 19 juillet 1782 M. l'abbé Littré, prêtre du diocèse d'Avranche, présenté à la cure de Fresné le Crotteur par le grand prieur de Fécamp le 2 septembre 1778 et le 27 août 1782 à celle de Balleroy par le comte de Balleroy : la collation lui en fut donnée le 2 septembre 1778 (Reg. 291 de la Bibliothèque du Chap. et Reg. 294); son installation eut lieu le 4 octobre en présence de M. Poutrel desservant led. bénéfice, Jacques-Jean Beaufils, vicaire de Balleroy, Pierre Geslin, chapelain de M. le comte de Balleroy; Philippe Littré résigna la cure de Fresné le Crotteur, le 16 octobre, en faveur de Me Pierre Geslin, de Balleroy; celui-ci avait reçu la tonsure à Lisieux le 25 septembre 1774, nommé maître ès arts le 26 juin 1778, ordonné prêtre le 20 septembre 1777 par l'évêque de Bayeux, à Saint-Vigor-le-Grand.

Dans l'histoire de la Révolution, nous racontons l'installation de l'abbé Poutrel que nous ne considérons pas comme vrai et légitime curé de Balleroy; ceux qui l'avaient élu le laissèrent facilement de côté et le reprirent à leur gré. Le 29 ventôse an XI, 27 mars 1803, installation du citoyen Michel Moulland curé de Balleroy. Le 27 floréal an XI on délibère sur l'entretien de l'église et du presbytère; quant à l'ameublement de la maison curiale, le conseil voit avec plaisir que le curé destiné à cette commune est au-dessus du besoin de cette fourniture. Nous consacrons un article entier à M. l'abbé Moulland.

Je ne retrouve la suite des vicaires que dans l'abbé Barrette, et je n'en puis garantir l'exactitude:

Pinel Jean, vicaire 1664
Letulle 1673
Vautier, desservant 1688 et 1689
Lunel, Pierre, vicaire 1689
James, desservant 1689
Dolbel Jean 1690
Rogier Michel, vicaire 1695
Aveline Charles, vicaire 1707
Gouesmel, vicaire 1731–1733
Leboursier, vicaire 1733
Renouf Jean, vicaire, mort curé de la Haye 1733-1736
Docquet Louis, prêtre 1735
Eustache François, vicaire. 1736–1750

Chauvin Simon, vicaire 1750
Bellée Jean, vicaire 1762
Vautier, vicaire 1765
Delamarre, vicaire 1767
Lemoigne, vicaire 1768
Poisson, vicaire 1769
Lecoiffier, vicaire 1770
Tillard, vicaire 1780
Mabire, desservant 1780
Poutrel, vicaire, curé, puis curé de Vernay, Bricquente
Beaufils, vicaire 1780–1793
Bitot, vicaire 1791
Chuquet, prêtre.
Néel de la Perrelle, vicaire.

Presbytère. — Le 6 février 1626, sentence du siège de Condé entre Etienne Fouques curé de Balleroy et Nicollas Duvey, ancien curé, au sujet des réparations du presbitaire et Eglise dud. lieu étant à la charge dud. le sieur Duvey, lesquelles, après avoir été visitées, ont été bannies au rabais et adjugées à Alexandre Courtemer, moyennant 500 l. — Le 26 mars 1608 il y eut un accord entre le seigneur de Balleroy et le sieur curé au sujet d'une haie faisant séparation du jardin du presbitaire d'avec l'héritage que le seigneur avait acquis de Guillaume Guilbert. Le curé fait aveu d'une pièce d'une ½ acre joignant le seigneur et la maison du presbitaire, et le chemin de l'église, pourquoi il obéit païer annuellement 5 s. de rente censive.

Jusqu'en 1650 environ, le presbytère était à côté de l'Eglise, à Molandin (Arch. des Hospices de Bayeux). Dans sa déclaration de 1691, M. Laurent Rogier dit que le presbitaire et son petit jardin, qui jouxtent le cimetière, sont tenus de M. de Choisy de temps primordial. Le 24 mars 1699 fut présent Philippe de Mehereng escuyer, sieur de Belfontaine, porteur de procuration de Messire François Timoléon de Choisy, prestre, prieur de S. Lo de Rouen et de S. Benoît du Sault, doyen de l'Eglise de Bayeux, lequel reconnut avoir baillié en fieffe à fin d'héritage à Me Laurent Roger, prestre curé de Balleroy, acceptant pour lui et ses successeurs curés, c'est à scavoir une portion de terre tant en prey que costils et carrières assis à Balleroy, aux jouxte d'un côté la chaussée ou chemin partant du Chateau pour aller au coin du marché et d'autre côsté le cimetière de ce lieu et Nicolas James, chacun en partye, et d'autre butte sur Louis Eudelin et Jean Beaunoir et d'autre en pointe au chemin de l'Eglise de ce lieu, et fut la présente fieffe faite sur le prix et somme de 12 livres tournois de rente foncière et d'autant qu'il est deub aux obits et trésor de lad. église de Balleroy 60 sols de rente par led. seigneur de Choisy, il en sera fait déduction sur lesd. 12 livres, quoy faisant led. sieur curé ne payera à l'advenir que 9 livres de rente payable au château Balleroy... et demeureront les arbres plantés en avenue sur led. héritage en propriété aud. seigneur sans que led. preneur les puisse émonder ny endommager.

Le 15 juillet 1748 échange par leq. le sieur le Moigne curé de Balleroy, cède au seigneur dud. lieu le pré de dessous la chaussée vers le midi, joignant de toute part lad. chaussée du château et des Etangs, le cimetière, Gabriel James, Eudelin et les héritiers Beaunoir. En contr'échange led. seigneur a cédé aud. sieur curé,comme curé dud. lieu, la fieffe de Pierre Néel, joignant le jardin du presbytère, le seigneur, Michel Guilbert, le chemin de Caumont et les Etangs, le seigneur se réservant la propriété des maisons étant sur le bord du chemin de Caumont et 1 perche ½ de profondeur dans lad. fieffe à prendre au pied du mur le long du chemin de Caumont depuis led. étang jusqu'à la fieffe dud. Michel Guilbert.... il a été convenu que led. sieur curé paierait 36 l. de rente aud. sieur Néel, jusqu'à ce que led. seigneur se soit mis en possession des maisons et terres retenues le long du chemin de Caumont.—En 1662 cette fieffe de 2 vergées ½ 3 perches au moins (ailleurs il est dit 2 vergées 17 perches) de terre plantée en pommiers,sur quoi il y avait 2 combles de maisons, avait était faite à Pierre Néel moyennant 29 l. de rente foncière et seigneuriale et les droits seigneuries. —En 1748 le seigneur acheta cette fieffe moyennant 30 l. et en même temps (1662) on lui vendait la 1re place sur le bord de l'étang, sur la chaussée, 4 perches de face sur 12 pour 7 l. 4 s. et 14 b. d'avoine, mesure de Baïeux, comble; et la 2e place 4 perches de face sur 12 ½ 4 pieds ½ pour 7 l. 12 s. 3 d. et 15 bx. (1 quart d'avoine comble).

Vente du Presbytère. — Le 8 thermidor an IV, le citoyen Michel Poutrel déclare se soumettre à la loi du 28 ventôse pour acheter l'emplacement du presbytère et nomme le citoyen Deby comme expert : il paiera en mandats territoriaux ou promesse de mandats, il consigne 900 livres pour les trois-quarts de la vente présumée, prix dérisoire à cause du peu de valeur des mandats territoriaux (Arch. du Calv.).

Le 23 vendémiaire an V, Thomine de Montfiquet pour l'administration et Deby pour le citoyen Poutrel font l'expertise : il y a une superficie de 39 perches de 22 pieds à la perche, on l'estime à 55 l. en revenu annuel et 990 livres en capital et le commissaire du pouvoir exécutif croit l'estimation à sa vraye valeur, vu le délabrement desd. objets. En 1793 l'impôt était de 16 l. 5 s. 10 d. Déjà Poutrel avait acheté l'herbage de 2 vergées 26 perches 1/4.

Enfin la vente se fit le 17 nivôse an VI.

En 1825 la commune racheta l'ancien presbytère, mais 5 ans après, cédant au désintéressement peut-être exagéré de M. Moulland, qui pouvait être nuisible à ses successeurs, elle revendit l'ancienne grange de dîme et l'ancien pressoir, devenu logement du vicaire, et aussi le pré, aujourd'hui propriété de M. le baron Gérard.

REVENUS ECCLÉSIASTIQUES

Le premier et le plus considérable de tous les revenus ecclésiastiques était la dîme : il était très légitime, puisqu'il était fondé sur le devoir qu'ont les fidèles de subvenir à l'entretien de l'Eglise, du Clergé et des Pauvres; il était très juste, puisqu'il ne réclamait de chacun que selon ses revenus et selon les revenus mêmes de l'année, le clergé souffrant avec les fidèles des années malheureuses et jouissant avec eux des années d'abondance. Il fut le plus impopulaire non pas tant peut-être parce qu'il supposait une inquisition, facile d'ailleurs, sur les revenus et qu'il y avait souvent conflit entre des exigences peut-être exagérées d'une part et beaucoup d'avarice d'autre part, que parce que les produits de la dîme allaient enrichir des monastères qui paraissaient trop souvent étrangers à la paroisse, si bien que l'autorité royale dut leur rappeler le devoir de contribuer à l'entretien des Eglises et leur fixer la portion congrue des curés et vicaires. Cette cause d'impopularité cessa au XVIIe siècle, puisque l'abbaye abandonna aux curés un tiers, puis la totalité de la dîme. Il ne faut pas juger de toutes les dîmes par celles de Balleroy, qui étaient d'un très faible revenu. Les dîmes se divisaient en grosses dîmes, c'étaient dans notre pays les dîmes sur les céréales, blé, seigle, orge, avoine, sarrazin(?) les menues dîmes et dîmes vertes sur les pois, fèves, vesces, moutons, veaux, sarrazins (?) et foin. Dans quelle proportion? 1 gerbe sur 11 ou 12 ou 13? je ne sais; la dîme sur les brebis était d'une toison sur 11, 12 ou 13; (I, 116) les grosses dîmes étaient pour le décimateur et les menues dîmes pour le curé.

A l'issue de la messe paroissiale on signifie un arrêt obtenu par l'abbé d'Aulnay qui ordonne qu'il serait enjoint aux propriétaires, sujets à dixme, d'aprofiter lesd. dixmes par comptes dont ils seront croyables par serment. Alors le fermier de la dîme ou un homme aux gages du décimateur allait compter les gerbes, généralement la gerbe de la dîme était la gerbe supérieure du tréseau (treizième), il la bâtonnait, puis la dîmait et la portait à la grange de la dîme. On pouvait se libérer de ces ennuis par des abonnements ou assensements. Ainsi le 18 décembre 1781 (I, 117) il y a un assensement entre le seigneur et le curé pour la dixme de 3 portions de terre converties en herbage; le seigneur s'engage à payer annuellement 126 l.; le 4 décembre 1783 par un autre assensement le seigneur, pour 7 portions de terre assises dans le Parc, qu'il veut convertir en herbage, paiera 29 bois. ½ de froment et 23 b. 3/16 d'orge et 18 b. 1/16 d'avoine; en 1784 il paie net 251 l.

Les 2 pièces suivantes nous montreront les deux méthodes qu'employaient les décimateurs, soit qu'ils missent la dîme à ferme soit qu'ils l'exploitassent eux-mêmes. Toutefois il faut remarquer que dans son compte M. l'abbé Littré ne fait pas la distinction des grosses dîmes qu'il percevait comme décimateur et des menues dîmes qu'il percevait comme curé.

Bail de la grosse dîme en 1676. — J'ay soubssigné Charles du Four, abbé commandataire de l'abbaye d'Aulnay, confesse avoir baillé à titre de ferme pour le temps et espace de six années consécutives au jour de Sainct Jean Baptiste prochain... à Estienne Docquet, desservant en la parroisse de Balleroy, lequel reconnait avoir prins aud. titre et pour led. temps, c'est assavoir les deux tiers de la grosse dixme de lad. paroisse de Balleroy, dépendant de lad. abbaye d'Aulnay à la charge d'en garder led. possesseur bien et deuement pendant led. temps et entretenir le cœur ou chanceau de l'Église dud. lieu en couverture vollante et vittre pour les deux tiers seulement et pour autant que je suis obligé à condition aussi que led. preneur sera obligé de conduire et faire juger les procès qui pourront estre meus pendant le temps de son bail à cause de lad. dixme et les poursuivre à ses frais jusque à appel au parlement de Rouen par ce que il en aura les émoluments et une délivrance à la fin dud. bail toutes les sentences et autres procédures à ses frais et payra aussi par titre de *muaison* au sieur commandeur de Baugy Corval le nombre de soixante et douze boisseaux de commune avoine mesure de Bayeux, moitié comble moitié raise et me représentera les acquis de lad. rente ou muaison pareillement à la fin du présent bail et généralement m'acquittera de toutes autres charges qui pourraient estre deues à raison de lad. dixme, outre lesquelles charges il paiera pour le prix du présent bail la somme de 60 livres par chacun an qui me sera payée au terme de Pasques... lequel paiement se fera en lad. abbaye d'Aulnay soit à moi ou à mes préposés et s'il est deu quelque rente à lad. abbaye en lad. paroisse de Balleroy, ainsi que autrefois il en a esté deu, led. preneur en recevra à son profit durant le pût bail à condition que à la fin dud bail il m'en baillera déclaration et se soumet led. preneur de donner bonne et suffisante caution s'il en est besoin toutes fois et quantes, comme aussi de me délivrer le pût bail en forme exécutoire à ses despens et s'est obligé par corps et biens à tout ce que dessus, fait en l'abbaye d'Aulnay le 28 may 1676.

En 1676, le fermier des deux tiers de la dîme devait donc payer 60 livres à l'abbé d'Aunay et 72 boisseaux d'avoine au commandeur de Baugy par titre de muaison et entretenir le chœur de l'église.

Mémoire du produit de toute la dixme du Bénéfice-Cure de Balleroy, récolte de l'année 1790, que moi Philippe Littré titulaire dud. Bénéfice ai l'honneur de présenter au désir des décrets de la Constitution civile du Clergé à Messieurs les Administrateurs du Directoire du District de Bayeux, aussi bien que les frais nécessaires pour cette récolte après l'avoir fait vérifier par Messieurs les Municipaux de notre paroisse de Balleroy (1).

1° 4 agneaux que j'ai vendu au fermier . . . 24 l.

(1) *Arch. départ.* LV, Cultes, traitements.

2° 11 mauvaises toisons de brebis à 50 s. chaque. 27 l. 10 s.

3° 13 bottes de foin à 20 l. le cent . . . 2 l. 10 s.

4° 30 gerbes de seigle ont produit 4 boisseaux, le batteur payé aussi en seigle à 50 s. le b. et 26 bottes de paille à 20 l. le cent donn. . . . . 15 l.

5° 1000 gerbes de froment, plus mauvaises que bonnes, ont produit 16 boisseaux au cent, sur quoi le bateur outre la nourriture a eu pour paiement le seizième boisseau de chaques grains, c'est pourquoi il n'est resté pour moi que 15 boisseaux par cent, dont le total est 150 boisseaux de froment à 4 l. 4 s. l'un portant l'autre, quoique j'en aye vendu plus de 30 b. à 4 l., ce qui donne la somme de . . . . 630 l.

Ces mil gerbes n'ont donné que 600 de pailles vendables avec les 4 par cent à 20 l. le cent et 200 de gleus à 30 l. le cent, ce qui donne le total en paille de . . . . 180 l.

6° 400 gerbes d'orge, 16 boiss. au cent, le 16e boisseau pour le bateur reste pour moi 60 boiss. à 2 l. le b. . . . . 120 l.

Ces 400 petites gerbes n'ont donné que 300 bottes à 10 l. le cent. . . . . 30 l.

7° 400 gerbes d'avoine, mangés de la vermine ont produit 70 boiss., le bateur payé en sus en grain à 2 l. le boiss. . . . . 140 l.

Et 300 de paille à 14 l. le cent. . . . . . 42 l.

8° 280 gerbes de petits pois ont produit 24 b., sur quoi un b. et demi donné au bateur, vingt deux b. et demi vendu 55 s. (non 55 l.) le boisseau 61 l. 17 s.

200 de paille que je n'ai pu vendre, estimée 5 l. le cent. . . . . 10 l.

9° 18 gerbes de gros pois ont donné un boisseau et demi, le bateur payé, à 4 l. le b. . . . . . 6 l.

10° 40 gerbes de vesce ont produit 4 b. à 50 s. le b. 10 l.

11° 40 gerbes de petites fèves ont produit 4 b. à 50 s. le b. . . . . 10 l.

Les pailles des 3 art. ci dessus ne sont point vendues, estimées . . . . 5 l.

12° J'ai eu en sarazin, le bateur payé en essence, 70 b. à 54 s. . . . . 189 l.

13° 12 b. de pommes à 3 l. le b. . . . . . . 36 l.

14° Le chanvre que j'ai eu en dixme était si peu de choses et si mauvais qu'on me l'a estimé six l. et personne ne veut le tayer, je n'en ferai rien, néanmoins comptons . . . . 6 l.

15° Pour l'assencement des terres que M. de Balleroy a converties en herbage, j'ai reçu au taux de l'appreux (?) de Noël . . . . 136 l.

Total. . . . . . . 1680 l.

Les offissiez municipaux, assemblés en l'absence du maire ont trouvé assez conforme à la vérité le 9 avril 1791. Signé C. Philippine, Gelin, G. Bidot, C. Jehanne, Thouroude.

Mémoire de frais et dépenses absolument nécessaires pour la récolte de la dixme du bénéfice-cure de la paroisse de Balleroy année 1790, tant pour batonner, voiturer les grains que pour les battre, également que de ce j'ai dépensé pour nourrir et payer M. Poutrel, mon vicaire et ce qui doit me revenir pour mon traitement de curé, savoir :

1° Jacques Jacqueline de Balleroy et Olivier Grout de Montfiquet ont passé chacun 40 jours à dixmer et tasser les grains de la dixme du presbytère de Balleroy à 1 l. par jour, ... 80 l.
v. leur quittance devant Mr Desert.

2° J'ai payé à Jacques Gallot, voiturier de Balleroy la somme de 124 l. 10 s. pour avoir voituré à la grange du presbytère de Balleroy tous les grains, sarazins, pommes et chanvre de la dixme, récolte 1790, comme il le reconnait par sa quittance sous seing privé, du 7 mars 1791. . 124 l. 6 s.

3° J'ai payé à Jacques Jacqueline, batteur en grange la somme de 101 l. pour frais de nourriture pendant la récolte du sarazin qu'il a dixmé, battu, vanné, provenant de la dixme année 1790, également que pour battre tous les grains de ladite dixme, à quoi il a passé 5 mois, comme il le reconnaît par sa quittance . . . . 101 l.

4° Pour le traitement que le département du Calvados m'a accordé à moi curé de Balleroy, à raison de la population de la paroisse. . . . 1500 l.

5° Pour nourriture et logement de M. Poutrel mon vicaire estimée 300 livres et 110 livres en argent pour honoraire . . . . 410 l.

Total. . . . . 2215 l. 6 s.

J'ai en outre payé 41 livres 9 sols 3 deniers en taille et suittes, comme l'atteste la quitance du collecteur et cinquante livres du 1er tiers de contribution patriotique et de plus on me menace des vingtièmes pour la même année 1790.

Nous offissiers municipaux, certifions que le sr curé atteste la vérité.

Revenus de la cure et des obits. — Un des moyens de les connaître est l'adjudication du déport ou revenu de la 1re année de vacance de la cure (Pièce appartenant à M. l'abbé Le Mâle). Adjudication faite le 17 août 1782, à la requête de J. D. de Cheylus et de l'abbé de la Cour, prêtre, chanoine et archidiacre de Veys, du déport ou annattes soit en dixmes, rentes, pensions, obits, fondations ou autrement, à payer les 2/3 aux mains de Mgr l'Evêque et l'autre tiers à mond. sr archidiacre; le 7 août le déport fut proclamé au nom de l'abbé Henry, du dioc. de Paris, à la somme de 12 livres.

Revenus de la cure et des obits. — En 1574 et 1608 on trouve à l'Inventaire mention de deux baux faits par Jacques Trexot à Jean et Pierre Courtemer, des revenus du bénéfice de Balleroy moyennant l'un de 35 l. par an et l'autre de 30 l.; il y eut des procédures au sujet des réparations du presbytère que le Curé prétendait être à la charge dud. Courtemer.

16 janvier 1691 un arrêt ordonnait de déclarer les biens de main morte. Laurent Rogier, curé de Balleroy, pour satisfaire à la déclaration du Roy de bailler déclaration des biens et revenus de la cure : Déclare qu'ils consistent en la dixme qui a esté abandonnée par le sieur abbé d'Aunay du temps du défunt curé comme ne vallant pas payer la pension (la pension ou portion congrue devait être de 200 livres, Louis XIV l'éleva, en 1696, à 300 livres) et que depuis qu'il est pourvu de lad. cure, il n'a pu trouver de fermier pour la prendre à ferme. Quant aux obits il n'y a aucuns héritages non plus qu'au propre, mais seulement quelques petites parties de rentes à charge de faire des services où il n'y a pas 5 sous par basse messe et 10 sous par service, dont une bonne partie a été à moitié pour payer les droits d'amortissement, dont il est chargé de fournir (voir page 99 : déclaration de M. Littré en 1790).

Rentes foncières des obits :

16 sous	dus par	Pierre le Marois	du 12 mars 1685.	
64 s.	—	Millet	1628	dont 5 sous au trésor
20 s.	—	Courtemer	1639	
70 s.	—	Dillaye	1672	10 s.
115 s.	—	Courtemer	1673	
40 s.	—	Mathurin Brosset	1673	6 s.
60 s.	—	Marie Caussé	1673	
60 s.	—	Courtemer	1672	11 s. 4 d.
50 s.	—	Olivier Courtemer	1673	6 s.
60 s.	—	Eury	1652	

Rentes hypothèques.

7 l. de rente (denier 14) sur Jean de Cabazac par Jeanne Lemoyne, 1675.

23 s. 6 d. sur Richard par le Marois, 1682, 31 s. au trésor.

60 s. sur Martin Chire par Rich. Courtemer, 1672, 4 s.

71 s. 4 d. sur Jacques le Beuf, par Nicolle, 1673.

64 s. sur Jacques le Beuf, par Millet, 1630.

70 s. sur Thomas Docquet par Eury esc. (1648) 1673, 10 s.

Soit 27 l. 15 s. de rentes foncières et 21 l. 4 s. 10 d. de rentes hypothèques.

Nous retrouvons ces rentes dans un tableau fait vers 1780, avec leurs charges :

1° Richard Courtemer le 28 décembre 1622 a fondé une rente de 1 l. 13 s. 4 d. avec charge de 5 obits de Requiem à nottes avec matines à 3 leçons et libera sur sa sépulture à chacun des obits, 14 aoust, 10 novembre et les vendredis de Quatre-Temps. En 1754 cette rente fut reconnue par les héritiers Le Tulle (je ne la trouve point dans le tableau de 1691).

2° Jean Marois, le 14 juillet 1628 fonde 16 s. pour une messe de Requiem le 21 novembre et une de la Sainte Vierge le 24 mars, annoncées au prône, et à la fin desd. messes dire un libera avec le de profundis sur sa tombe. En 1754 la rente est reconnue par Gabriel Le Beuf.

3° Le 28 octobre 1630, Jean Millet et sa femme fondent une rente de 3 l. 4 s. pour 4 obits avec office par an, les 31 octobre, 1er février, jour du décès dud. Millet et le jour du décès de Collette le Hot, sa femme. — En 1754, elle fut reconnue par Thomas et Nicolas Chuquet.

4° Henry Courtemer, le 20 septembre 1639 fonde une rente de 1 l. pour deux services par an, le jour d'après la feste de la Toussaint et le lendemain de la Saint Jean-Baptiste. — En 1754 elle est reconnue par les Belhache de Vaubadon.

5° Mathurin Brosset et Anne Duval sa femme, le 8 août 1643 fondent une rente de 2 l. pour un service à haute notte avec matine le 25 juin et un autre le 8 juin. — Reconnue en 1754 par la veuve et les enfants le Bourgeois.

6° Gilles Eury, Ecuier, sr de Noron, verdier du Bur-le-Roy, le 23 mars 1648 fonde une rente de 3 l. 10 sous pour un obit de 3 messes à nottes avec matines à trois leçons et suffrages, le 29 aoust pour François Beudin,et un libera ur le tombeau dud. et 3 messes, la veille de l'Annonciation, le mardy des Quatre-Temps de septembre et le jour S. François en octobre; en 1754 reconnue par Thomas Docquet.

7° Le 19 juillet, Colette Le Marrois fonde une rente de 1l. 10 s. pour 2 messes en notte de l'office de Requiem, avec matines et libera sur son tombeau, le 26 avril et le lendemain du jour S. Nicolas, septembre. Le 30 juillet 1719 les paroissiens, sur l'avis donné par 3 dimanches consécutifs, assemblés touchant que Jacque Richard dud. lieu est dans le dessein d'amortir une partye de 23 sols de rente hypothèque dont il est redevable aux obits et trésor de l'église et après avoir sur ce conféré ensemble et vu que personne ne s'est voulu charger dud. remboursement, consenti que M. le Curé en recouvre l'amortissement, passer tout acte à ce nécessaire, lequel argent il employera à la décoration de l'église.

8° Le 28 juin 1672, Joachim Courtemer et Marie Moreau sa femme fondent une rente de 3 l. 11 s. 4 d. pour 2 obits chantés, avec matines, libera, le 15 avril et le 2 octobre, jour de leur décès; elle était payée en 1691 par Jacques le Bœuf et reconnue en 1754 par Pierre Le Bœuf.

9° Le 12 janvier 1672 François Dillaye fonde une rente 3 l. 10 s. pour trois messes à nottes avec recommandation les 4 et 26 octobre et 12 novembre;elle est reconnue en 1765 et 1767 par Louis Delaunay.

10° Denis le Maître, le 25 mars 1663 fonde une rente de 3 l. pour 5 messes basses, le 26 mars, 14 avril, 9 septembre, 9 octobre, 9 décembre.

11° Jeanne Busquet le 12 novembre 1696 fonde une rente de 2 l. 6 s. 8 d. point de titre primitif.

12° Une rente de 3 l., pas de titre.

13° Le 29 mars 1708 le s[r] curé Roger fonde une rente de 3 l. 6 s. pour célébrer la haute messe, le jour de la veille de S. Laurens et chanter les litanies de la Sainte Vierge à la fin des Vêpres des quatre festes solennelles de la Sainte Vierge; une des rentes reconnues en 1754 par les héritiers de Pierre le Beuf, je suppose.

14° Ollivier Courtemer, le 11 mars 1673 fonde une rente de 2 l. 10 sous, reconnue en 1699 par Jean Boullogne et son frère; en 1691 on dit qu'il revient 6 sous au trésor; les charges ne sont pas indiquées.

15° Pierre Marie et Catherine Le Clerc sa femme, le 23 juin 1733 fondent une rente de 3 l. pour 2 messes de requiem, l'une chantée, l'autre basse avec libera, le lendemain du jour Saint-Pierre et 2 autres messes comme dessus le jour Sainte-Catherine; elle est reconnue en 1754 par Delaunay de Castillon, mais portée à 3 l. 10 s.

16° Le 7 juillet 1736 Jean Bernier et Marie Roger sa femme fondent une rente de 9 l. pour 4 hautes messes de requiem, le 9 aoust, le jour du décès dud. Bernier et les 2 autres aux jours les plus commodes, et 6 messes basses aux jours les plus commodes d'après la feste de la Vierge en 1756; cette rente fut reconnue par les héritiers Fremenger de Ducy.

Lorsque la nouvelle église fut bâtie, on y établit une fraternité, pour faire célébrer des messes, services et offices.

1° Pour l'établissement de cette fraternité Jean le Page, fils Martin, le 28 septembre 1651 donne une rente de 8 l., aujourd'huy (vers 1780) réduite à 4 l. 12 payée par Thomas James.

2° François Eury et d[lle] Anne de Guerrots son épouse, donnent le 26 avril 1652, 3 l. pour avoir part aux prières qui seront faittes tous samedy en considération de la susd. fraternité : reconnue en 1754.

3° Noble Dame Madelaine de Choisy, veuve de M. le Président de Caumartin, le 22 octobre 1663 donne 7 l. 2 s. 6 d. de rente hypotèque, amortie, pour l'établissement d'une messe solennelle qui se dira tous les lundy de chaque semaine pour les âmes des trépassés.

4° Le 31 janvier 1673, Joachim Courtemer et sa femme donnent une rente de 5 l. 10 s. pour la fondation et établissement espéré être fait d'une messe solennelle le lundi, pour les âmes des trépassés et spécialement desd. Courtemer; en 1754, elle est reconnue par le comte de Balleroy pour 5 l. 15 s.

5° Le 18 juin 1673, Nicolle Sermoise fonde une rente de 3 l. 11 s. 4 d. pour cette messe solennelle du lundi; en 1754 reconnue par M. de Roucherolle.

6° Le 16 février 1675, Jean de Cabazac esc. et d[elle] Jeanne le Moigne veuve de Nicolas de Cabazac ecr., donnent 19 l. de rente en 2 parts, dont l'une de 12 l. a été amortie et l'autre de 7 l. dont on n'a pu être payé (vers 1780) pour cette messe du lundi, qui sera dite par le s[r] curé ou son vicaire à 6 h. du matin en été et à 7 h. en hyver.

Vers 1780 il y avait donc pour les obits 70 l. 15 s. 8 d.

En 1793 le comte de Balleroy devait une rente 1 l. 2 s. pour avoir acheté les fonds de Jacques Docquet; le 13 avril 1793 le trésorier Philippine reçut 10 l. 10 s. 1 d., pour 10 années; sur lesquelles pour 8 années il n'y avait pas de retenue à faire, sur l'année 1791 il y avait une retenue d'un cinquième, et sur l'année 1792 il y avait une retenue d'un quart 5 s. 6 d.

D'après une autre note, le comte de Balleroy devait :

1° 5 l. 15 s. par domaine non fieffé.

2° 1 l. 2 s. par l'acquisition et échange avec Jacques Docquet.

3° 3 l. 11 s. 4 d. par échange fait avec M. de Rouche-rolles.

Sur les arrérages de ces rentes il n'a été rien payé depuis le 13 avril 1792 qui furent acquités jusqu'au jour Saint-Michel 1792; ce qui fait 37 années échues, donnant 385 l. 45 s., à diminuer le 5e pour les impositions 77 s. 10 c. reste dû 308 l. 35. Cependant sur les comptes je trouve toujours mentionnée comme payée la rente de 5 l. 15 s.

DÉCLARATION DE REVENUS PAR M. LITTRÉ, CURÉ DE BALLEROY, A MM. LES MEMBRES DU DIRECTOIRE DU DISTRICT A BAYEUX (1).

Messieurs. Pour me conformer aux Décrets de l'Assemblée nationale sanctionnés par le Roi, touchant la constitution du clergé, où il est enjoint à tous bénéficiers de donner dans le mois de la publication des présents décrets une déclaration du revenu de leurs bénéfices, avec les charges dont les dits bénéfices sont grevés, de laquelle déclaration on leur donnera récépissé.

J'ai l'honneur de vous certifier qu'en qualité de titulaire du bénéfice-cure de Balleroy, le seul que je possède, je n'ai d'autre revenu que le produit de la dixme de la paroisse dudit Balleroy, laquelle dixme je fais moi-même exploiter. Cette dixme totale fut louée il y a 10 ans 1800 livres, mais par le nombre de terres labourées converties depuis ce tems en herbages, le produit a progressivement diminué, à peine la lourait-on 1600 livres, mais ces différentes estimations ne peuvent faire difficulté pour mon traitement ou pension, vu que je préfère

(1) *Arch. départ.* LV, Culte, traitements.

d'être payé à raison de la population de ma paroisse, laquelle monte à près de 1200 âmes.

En sus de la dixme je jouis à titre du même bénéfice de la maison presbytéralle, d'une cour au devant où sont un pressoir en bois, une grange, une écurie et une cave, en derrière d'un jardin entouré de murs et à côté au sud-est, d'un petit herbage contigu au jardin et bâtiments de la cour, lequel herbage contient deux vergées quelques perches, mais sur lesquelles je réclame la portion de terre qu'il a plu à mon prédécesseur immédiat de retrancher du jardin potager pour réunir au dit herbage ce qui est au vu et au su de mes paroissiens ; d'après cette restitution de terrain, il resterait à peine 2 vergées d'herbes que j'estime à 15 livres la vergée vu son peu de produit les années de sécheresse à cause de son élévation ; cet herbage est une fieffe que M. de Balleroy avait faite, et qui par une échange avec mon prédécesseur immédiat appartient au Bénéfice en payant dessus 3 livres aux obits et les vingtièmes et territorial : par les changements postérieurs à la susdite échange on n'accède à ce petit herbage que par la cour du presbytaire et en passant sur le terrein que je réclame comme portion du jardin potager. Tel est exactement le revenu de la Cure de Balleroy bien modique pour ses charges.

Charges. — Balleroy quoique peu étendu en terrein ne délaisse pas d'être un lieu conséquent, dont la population varie chaque année suivant le plus ou moins d'émigrants, laquelle population est pour le moment de viron 1200 âmes, presque tous marchands, artisans, journaliers, parmi lesquels il y a bien des pauvres.

Deux vicaires avec moi ne sont pas trop, à raison de la population, pour bien desservir cette paroisse. Depuis huit ans que je suis curé de Balleroy, j'ai toujours eu deux vicaires, mais depuis deux ans que mes infirmités m'ont mis hors d'état de remplir les fonctions curiales, comme j'offre le prouver par attestation des médecins, ces deux vicaires me deviennent absolument nécessaires et je les réclame au terme des décrets.

Outre ces deux vicaires que j'ai toujours logé, nourri et payé, outre les frais de faisance valoir dont le détail est dispendieux, outre les réparations usufruitières du presbytère, et grosses et menues réparations tant des autres bâtimens que du chœur et chancelle de l'Eglise, je suis en outre chargé de payer ma cotte d'imposition de taille et suittes, ma contribution patriotique, un écu aux obits et les vingtièmes et territorial du petit herbage, comme je l'ai déjà dit ci-dessus. Je ne dis rien des charges de l'Eglise, vu que les décrets n'en demandent pas le détail pour ce moment, ni des pauvres. 22 octobre 1790. Ph. Littré, curé de Balleroy.

En note. Oui le procureur sindic Nous administrateurs, composant le Directoire du District de Bayeux, avons arrêté que la présente sera commuquée à la municipalité de Balleroy aux fins de vérifier son contenu et notamment de donner sur les infirmités alléguées par le s^r Curé, la réclamation qu'à ce titre il fait de deux vicaires qu'il affirme lui être absolum^t nécessaire. 28 décembre 1790.

Revenus du Trésor. — Nous sommes très pauvres de renseignements sur ce point. Le 13 avril 1602 (I. 303) Louis Blouet et Achille Blouet cèdent à Jean de Choisy une pièce en jardin et maison, à la charge de païer les rentes seigneurialles et 5 sous de rente, faisant partie de 15 l. allant au luminaire (le trésor) de Balleroy; le 19 septembre 1705 Alexandre Courtemer se charge de cette rente. Le 18 mars 1597 (I. 55) quittance du curé de Balleroi à la veuve Le Charon de 7 écus et demi pour 10 années de 45 l. de rente dues au trésor de l'Eglise de Balleroi. (Reg. paroissiaux) La cire de Balleroi de l'année 1629 qui monte tant vieille que neufve au nombre de IX q (uar) teron et demy bailliée à Jean Michel du lieu picard. La cire de Balleroy, scavoir les bouts de cierge en l'année 1631 estant pesés, qui monte à 9 livres et une livre de neufve, baillée à François Millet à XX s. la livre.

FONDATIONS FAITES A L'ÉGLISE DE BALLEROY PENDANT LE XIXe SIÈCLE JUSQU'A 1905

En 1833, plusieurs fondations par Mlle Roublot, à Bayeux, donnent 96 fr. de rente et une en 1837 de 11 francs; par suite de réductions les fondations sont de 71 fr. et 9 fr. 90.

1841. Fondation de 45 francs par Mme André, veuve de Charles Joud à Bayeux.

1864. Mme Manvieux, veuve de Jean Delauney, fait une rente réduite à 21 fr.

1867. Nicolas Duhamel fonde une rente de 112 fr.

1867. M. l'abbé Michel en fonde une de 25 fr., réduite à 17 fr.

1871. Mme Denis, née Villeroy, fonde en souvenir de Mme Clément une rente de 139 fr.

1873. Mme Monceau fonde une rente de 10 fr., réduite à 6 fr.

1873. Mlle Montais fonde une rente de 31 francs.

1875. M. le marquis de Balleroy en fonde une de 3 fr., sur 10,000 de capital versés au bureau de bienfaisance.

1875. Mme Bessin, née Prempain, fonde une rente de 70 fr.

1876. M. Chabriac en fonde une de 3 fr.

1879. M. l'abbé Fouin en fonde une de 4 fr. pour les Curés successifs.

1888. Mme de Belmont en fonde une de 3 fr.

1890. de 6 fr.

1889. Mme Guilbert, née Hieblot, fonde une rente de 150 fr., à dater de sa mort 1907.

1897. M. l'abbé Gendrin fonde une rente de 3 fr.

1899. Mlle Désirée Françoise en fonde une de 25 fr. au nom de M. Godard.

1900. Mlle Joséphine Françoise en fonde une de 3 fr.

1902. Mme Maingaud, née Moulle, en fonde une de 90 fr.

Il y avait un total de 815 fr. avec charge de dire 265 messes, faire des recommandations pour Mme de Belmont et entretenir la tombe de Mlle Moulle. En 1905, la loi civile, mais non la loi de Dieu, permit au gouvernement d'enlever ces fondations à l'Eglise pour faire des œuvres de charité pour les pauvres; les tribunaux permettent de qualifier cette œuvre de spoliation ou de dévolution, mais non de vol. L'Eglise en reste toujours légitime propriétaire, en attendant la restitution. Ont seules échappé à cette spoliation les fondations Denis-Clément, parce que les héritiers directs des fondateurs vivaient encore et pouvaient réclamer, et la fondation Françoise Godard parce que M. Victor Fertard, délivré par la loi de l'hypothèque dont la fondation grevait ses biens, a suivi la voix de sa conscience en servant à l'Eglise le montant de la rente. Enfin la fondation Chabriac dont M. Jules Chabriac a dû réclamer le remboursement et dont il a dû compléter sa part, pour en faire une nouvelle fondation.

Ecoles. — Nous ne pouvons séparer le chapitre des Ecoles de celui de l'Eglise, parce que, nous le voyons plus loin au sujet du Tronquay et du Vernay, on ne construisait pas une Eglise sans une Ecole et l'école était non seulement sous la surveillance du Curé, mais à la charge de la Fabrique et souvent du Curé. L'école était faite par le vicaire et les petites écoles par le sacristain; il tenait l'école tous les jours de la semaine, excepté le jeudi, s'il n'y avait pas de fête; il faisait le catéchisme tous les mercredis et samedis après-midi et faisait dire à ses écoles plusieurs prières désignées, à l'intention du seigneur fondateur. En même temps que le château et l'église, M. de Choisy fit une école, où l'on admit des étrangers, aussi prit-elle immédiatement le nom de collège. Les détails sont rares : dans les baux, dès 1655, on voit comme abornements la carrière du collège ou les jardins du collège; il était tourné face à l'Eglise, près du petit étang. (Arch. du Calv., E., famille Michel).

Le baptême d'un fils de Marin Michel et Marie Du Vey, le 16 mars 1651, fut fait par Me Guillaume Beziers, pbre, pour lors tenant collège en la paroisse. En 1664, le mariage de Pierre Samson et Marie Gallienne est fait par le Curé et la messe célébrée par Me Jean Pinel, pour lors tenant collège aud. lieu. Me Jean Pinel commencha à tenir l'école à Balleroy le 8 octobre 1663; Collas y allit dès le 1er jour, Margot 2 jours après. La collège ne prospérait-il pas ou était-ce idée de changement? Le 30 mai 1700 Thomas a entré chez M. Petitot pour aler à l'écolle au sr Basly, auquel j'ay donné 30 s. en entrant, et 33 sous le 1er février 1701 et edit jour envoyé une somme de charbon de 4 liv. qu'elle a couté dans e port. Le 27 mars dern. donné encore audit Basly; le 26 avril il a changé de maîtres et je luy ai baillé 16 s.; le 23 avril 1702 il est entré chez M. Guilbert à la Bazoque pour aler à l'écolle. Le 7 avril 1701 Jean a entré chés Hébert Rault pour aler à l'école à M. le Curé du Vernay et a ressorti le 25 mai; e 22 octobre 1702 Jeannot a entré chez le frère du curé du Vernay pour aller à l'école à son frère par 50 l. par an; le 24 janvier baillé à Pierre du Jardin 15 liv.en déduction de la pension de Jean; le 17 juin baillé 20 livres à M. le Curé, un quartier de mouton 15 s., une pièce (?) de bœuf 14 s. et le 18 novembre 1703 baillé par Jeannot 25 liv. puis 14 liv.; le 15 mai baillé à Jean pour le sieur curé 15 liv. pour les peaux à faire des culotes, 60 s. pour tainture; en tout 145 l. 10 s. Jean est revenu de l'école dud. sieur curé le 27 juillet 1705. Il est entré à Caen chez M. du Jardin le 24 octobre 1706 avec les 2 fils du frère Caillot. La chambre et un petit cabinet, le grenier et une place au solier (cellier) à mettre du sildre coulte 20 liv. par an. Je leur ay envoyé un lict, un traversail, un pot, 2 plats dont il luy en a un en fons à soupe avec 4 assiettes d'étain. Il en a ressorti aux vacances. Je leur ay envoyé 3 sacs de charbon qui coûtent 4 livres puis 5 liv. et 12 boiss. de sarrasin; le 4 octobre une génisse 11 liv.; Jean est retourné le 16 avril 1708; le 19, 20 liv. puis 6, puis 30, puis 20, Jean est retourné à Caen le 3 avril 1709 et doit se nourrir.

Lundi 12 mars 1708 la metresse d'école a affermé une des maisons de l'avenue avec l'écurie du bout par 10 liv. par an; elle a joui jusqu'à la fin de septembre 1709. En septembre 1710 luy ay presté 10 s. pour payer tintamarre. Dans un acte du 23 novembre 1698, Raphaël Guilbert est qualifié régent et en 1704 vicaire.

Le Trésor et le Châtelain étant supprimés à la Révolution, c'était à la Nation et à la municipalité de s'occuper des écoles et d'en assurer le fonctionnement. Jusqu'à l'an XI nous ne voyons pas que la Révolution ait rien fait (Arch. du Calv., série T.). Le 26 frimaire an X, sur un état officiel dressé par le Sous-Préfet, d'après les renseignements des municipalités, il y avait à Balleroy 2 instituteurs officiels, Pierre Frémont et Jean Louis Chuquet; ils avaient chacun 50 garçons, ils apprenaient à lire, écrire,l'ancien et le nouveau calcul; ils se servaient des livres suivants : Grammaire Française, Instruction de la jeunesse, lois de la République, aventure de thélématique : ils avaient été reçus par le jury d'instruction de Bayeux, nommés instituteurs par arrêté du 20 germinal an 1er (?) comme il n'y avait pas de maison d'école d'après un état du 19 vendém. an XIII,ils recevaient une indemnité de logement de 95 l. par an pour les années 5 à 10.

Le 24 fructidor an XI, d'après la loi du 11 floréal an X, la municipalité nomma un instituteur; à l'unanimité on désigna Michel Poutrel, domicilié en cette commune : il n'aura ni logement ni indemnité de logement. Pour l'ordre de sa classe et le genre d'instruction il se conformera aux dispositions des autorités compétentes; la fixation de l'indemnité par mois à fournir par les parents est fixée à 1 franc par enfant, qui apprendra à lire; à 1 fr. 50 pour ceux qui apprendront à lire et à écrire; 1 fr. 75 pour ceux qui apprendront à lire, à écrire et le calcul décimal. Ledit instituteur est obligé d'instruire un cinquième des enfants indigents. Le 15 pluviôse an XIII le sieur Poutrel est nommé instituteur de l'école primaire, le 20 pluviôse se présentent devant la municipalité les citoyens Chuquet et Frémont instituteurs qui n'ont point subi l'examen du jury d'instruction et n'ont point obtenu d'autorisation, ils sont logés à leurs frais, ont chacun 50 élèves qui se fournissent de livres, ils reçoivent les enfants de 4 ou 5 ans à 12 ou 15 ans; les livres sont : le Psautier, la civilité, les aventures de Télémaque, les révolutions romaines et les lois, les décrets et autres livres républicains, enfin des livres de morale; le sr Chuquet exerce cet état depuis 25 ans tant dans cette commune qu'ailleurs et le cit. Frémont depuis 10 ans (Registres municipaux).

Pierre Frémont n'était-il point prêtre ? Jean-Louis Chuquet n'est-il point le même qui, en 1803, était délégué par Mgr Brault pour installer M. Moulland et à qui M. Genas, de la Bazoque, reprochait d'être un prêtre de Fauchet et qui mourut subitement le 24 juillet 1808? Est-ce le même qui, le 5 germinal an IX, recevait sous le nom de Pierre Chuquet un certificat de vie comme pensionnaire ecclésiastique? Dans le tableau des citoyens actifs et éligibles de Balleroy en 1790 nous trouvons Jean Chuquet, tonsuré, est-ce le même?

A la même époque, 20 juillet 1803 (1 therm. an XI), nous trouvons dans les papiers relatifs à Moulland, une lettre de M. l'abbé Cotentin, directeur de l'école secondaire (ancien collège) de Balleroy, à M. de Croisilles, vicaire général : M. Cotentin a demandé que l'abbé Genas, de la Bazoque, fut chargé de la direction spirituelle des élèves; M. l'abbé Genas n'est pas venu. L'abbé Cotentin rappelle la promesse de l'Evêque de venir confirmer; on lui répond que l'abbé Genas acceptera et que l'Evêque ne pourra venir à Balleroy.— En avril 1807, il y avait à l'école secondaire de Planquery 45 pensionnaires et 18 demi-pensionnaires, sans externes. Cotentin, directeur, professe l'histoire et la géographie; Duport, la 4e, 2e et 1ere; le Révérend, la 6e et la 5e; le Gros, les mathématiques et Mangin, le dessin.

CHAPITRE VII

LA COMMUNE

Le mot Commune désigne la masse des habitants d'une localité, ou la communauté. Comment s'est-elle formée ? Nous n'en savons rien. Elle est distincte et indépendante des fiefs, qui peuvent être plusieurs dans la commune, qui peuvent s'étendre à plusieurs communes, ainsi le fief de Balleroy s'étend sur Vaubadon et Cormolain. La commune a ses assemblées ; elle a son représentant ou procureur ; elle a son syndic, qui est sans autorité personnelle et sans initiative, mais qui est chargé de prendre ses intérêts et de les défendre ; nous connaissons bien peu de syndics : Michel Chuquet en 1691, Pierre Michel 1708, Pierre Michel, dit La Vallée, 1709, Louis Colleville 1710, Gabriel Lepage 1711.

Je donnerai quelques exemples de ces assemblées communales, dont le compte-rendu est dans les anciens registres des Archives municipales ; on en comprendra mieux la composition et les divers objets.

Le 2 septembre 1691, à l'issue de la messe paroissiale, les paroissiens en commun se sont assemblés pour délibérer de leurs affaires entre eux et spécialement pour la nomination des collecteurs bons et valables pour l'année prochaine 1692 et après avoir conféré ensemble, les présents faisant fort pour les absens, d'un commun accord et voix uniforme ont nommé et choisi pour le 1er collecteur Michel le Page, le boulanger dud. lieu, pour le 2e Pierre Marois, journalier, et le 3e Michel Dillaye, journalier, pour faire la collection des deniers et taille de la susdite paroisse. Michel Chuquet sindic continue. Ceux qui sont à dérolor... — Le 13 oct. 1709, élection de collecteurs : pour la haute échelle Pierre Coville; pour la 2e Pierre James; pour la 3e Pierre Néel; pour le Tronquay, 2 échelles. — Le 27 octobre, assemblée pour donner pouvoir au sindic de poursuivre et même d'opposer contre la sentence donnée le samedi 19 du mois à Bayeux en élection contre les paroissiens, requeste dud. Langlois comme surprise, led. Langlois jouissant et faisant valoir la coutume avec plusieurs herbages.

Le 18 décembre, il s'agit de déroller et enroller... ils ont continué Pierre Michel la Vallée pour leur sindic et baillé mémoire des mises qu'il a faites pour plusieurs affaires de la paroisse, qui sera cotté par Jean Chirée... dont rejet sera fait sur la communauté au marc la livre.

Le 3 décembre 1713, on enroole les faisant valoir le moulin à blé, le faisant valoir la tannerie de Mlle de Vérigny et, le 8 décembre, les faisant valoir la tannerie de feu Pierre Néel.

Aujourd'hui 1er dimanche de septembre 1708, à l'issue de la messe paroissiale dite et célébrée par moy Pierre Vautier, prêtre desservant de Balleroy, les paroissiens se sont assemblés et ont procédé à la vendue et bannie des pommes du cimetière et ont été mises à prix par Mathieu Fouques à 60 sols et par Gabriel le Page cent sols et à lui adjugée; présence de du consentement de Me Jean Beaunoir, trésorier.

Le 22 septembre 1709, les pommes furent adjugées à 22 livres 5 sols ; le 6 septembre 1711, la bannie est de 30 livres; en 1713, de 17 livres.

Du dimanche 13 mai 1629, à la sortie et issue se sont arrestés les parroissiens de Balleroy Alexandre Courtemer, Pierre Mauger, Pierre Gille, René Guilbert, Jean Maroys et autres lesquels ont banni entre eux l'herbage du cimetière et l'ont adjugé à Raullette Davot, veufve de défunt Estienne Bergier, à la soe de 20 sols pour estre lad. à paier entre les mains du trésorier à la S.Michel pour employer en cire pour la feste de Noël prochaine.

Le 5 mars 1713, l'assemblée faite à la sortie des Vêpres ordonne de faire les réparations qui convient faire à la grange de dixmes, faire réparer et ce qu'il en coutera sera réparti sur la communauté au marc la livre; — le 19 mars on décide de réserver ce que le seigneur et ses fermiers jouissent, ceux-ci s'engagent solidairement à fournir 100 livres.

Le 2 décembre 1714, assemblée... au sujet de la cloche cassée... ils sont d'accord de faire refondre lad. cloche cassée ainsi que la grosse qui sera descendue et cassée pour des deux en faire trois en ton et d'accord, à laquelle fin ils se serviront de l'argent qui peut estre présentement aux mains du s[r] curé dud. lieu et de celui que l'on pourra cueillir et en cas de besoin de ce qui peut être au trésor et donnent pouvoir au s[r] curé et trésorier de faire marché avec le fondeur et en cas qu'il se trouvât quelque malfaicteur qui voulût toubler le fondeur dans son travail il sera pris et appréhendé et chastié par justice suivant qu'il appartiendra. — Et le dimanche 23 décembre 1714, les 3 cloches fondues par Me Guillaume Joveton, marchand fondeur de la paroisse de S. Nicolas de Caen et pesant environ 1900 étaient bénies par Me Jean le Barbier, pbtre, curé dud. lieu. La grosse nommée Magdelaine par Messire Jacques de la Cour et noble dame Magdelaine-Charlotte-Emilie de Caumartin, représentés par Me Jean Fanet, précepteur du seigneur, et Marie Guillot, femme de Robert Le Barbier, bourgeois de Saint-Patrice de Bayeux. La seconde a été nommée Charlotte par messire Jacques de la Cour et noble dame Magdelaine-Charlotte-Emilie de Caumartin, représentés par Me Charles Lepage et Marie Boquin, son épouse. La 3e a été nommée Emilie par Messire Louis de la Cour, et noble dame Magdelaine-Charlotte-Emilie de Caumartin, représentés par Me Jean Beaunoir et Françoise Plevis, son espouse.

On communiquait à ces assemblées, à la sortie de la messe, les actes d'huissier, de notaire, les affaires importantes : ainsi, le 17 février 1686, un contrat deuement signé, scellé et controllé a esté leu et audiencé issue de la messe paroissiale de Balleroy contenant vente faicte de deux pièces de terre en bois taillis, la 1re nommée La Londe Perrigny et l'autre la Choucquée, sise à Balleroy, ladite vente par le Seigneur conte de Ringrant (Rhingrave) à messire Jean-Paul de Choisy, chevalier, seigneur de Balleroy, chancelier de feu monseigneur le duc d'Orléans, par le prix de 800 livres led. contract passé devant Jean Hubert notaire en la sergenterie de Cerisy, dapté de 7 novembre 1685, laq. audience faite le dimanche 17 dud. mois par moy Charles Debaudre, présence de témoins.

Biens communaux. — Nous avons parlé des pièces des cotils de Vaucelles et de la Bruyère et le Chaussey, qui furent vendus, en 1617, pour payer la rente de bernage. Il avait fallu une délibération de la Commune.

Privilèges de la Commune. — Un arrêt du Conseil, du 14 septembre 1675, décharge les habitants de Balleroy des droits de franc aleu, de franc bourgage, franche bourgeoisie, et néantmoins, attendu les dépenses de la guerre, qu'ils paieraient par forme de prêt la somme de 500 l., et la quittance de cette somme en fut donnée le 8 mars 1676. — Le 27 novembre 1693, la taxe de ces droits était de 750 l. et 2 deniers pour livre : ils en sont déchargés attendu qu'ils ne possèdent aucuns biens et héritages à ce sujet.

En 1623 et 1674, ils sont déclarés en droit d'user du sel blanc et ne dépendent pas des greniers à sel de Bayeux. Dans les baux il est spécifié que si les fieffants demeurent en leur maison de Balleroy, ils jouiront du privilège du sel blanc ainsi que les autres habitants de Balleroy.

En 1728, ils sont déchargés du droit de confirmation à

cause de l'avènement à la couronne, sur les arts et métiers, parce qu'il n'y a aucune maîtrise à Balleroy.

Le 15 février 1646, quittance est donnée aux habitants de Balleroy de 40 l., à quoi ils étaient taxés pour le droit de confirmation dû à Sa Majesté pour son avènement à la couronne, pour jouir de leurs privilèges. La commune fit une vente de biens pour payer cette somme.

Le 16 avril 1664, il est déclaré que les marqueurs de cuir doivent venir à Balleroy les y marquer, sans pouvoir assujettir les habitants d'aller les porter à marquer à Bayeux.

LES HABITANTS

La population. — Quel a été le chiffre de la population? — Au XIIe siècle, Balleroy avait 48 feux ; à ce moment avait été fixée, pour le droit de débite, la redevance de chaque commune ; ce droit était d'*un denier par feu* dû à la Mère Eglise ou Eglise cathédrale pour la cire, l'entretien, etc. ; dans le début, ces deniers devaient s'apporter processionnellement à la Cathédrale vers la Pentecôte. Balleroy payait 4 sous, soit quarante huit deniers pour 48 feux ; on suppose une moyenne de 4 à 5 habitants par feu, ce qui fait environ 200 habitants. On fait remarquer que dans le plus ancien document contenant le détail du compte de la débite au chapitre, n° 211, en 1494, Balleroy est écrit avec l'orthographe actuelle.

Les registres sont un autre élément de statistiques : les 12 années 1664, 1671, 1672, 1673, 1691, 1692, 1693, 1694, 1695, 1696, 1697, 1698 nous donnent 302 baptêmes et 280 inhumations, soit une moyenne de 25 1/6 baptêmes et 23 1/3 inhumations ; il faut dire que 43 baptêmes en 1671 haussèrent la moyenne des naissances, et 13 inhumations en 1696 et 12 en 1697 firent baisser celle des inhumations; la moyenne des inhumations était donc à peu près la moyenne actuelle. La population était donc sensiblement la même; nous ne parlons pas de la moyenne des naissances, la différence est grande, il n'y a plus qu'une moyenne de 12. Il faut souligner, en 1673, seize décès d'enfants à la fin de septembre sur 25; de même, en 1692, il y eut 12 décès d'enfants; il semble en général que ces décès furent nombreux.

En 1788, le mémoire du conseil de 1806 dit qu'il y avait 1300 habitants; l'abbé Littré, dans sa déclaration, en avoue 1200 environ. Il y avait au rôle de la taille 286 lignes, soit environ 260 feux, mais il y en avait 35 non imposés, ce qui donne 295 feux en tout, soit, en multipliant par 4,50, environ 1200 habitants. Toutefois ne nous en rapportons pas toujours à ce chiffre des cotes pour la taille, il a dû y avoir des changements de rôle : en 1705, il n'y a que 195 lignes; en 1720, il y en a 210; en 1731, 217; en 1744, 252 lignes ou cotes et 238 feux; en 1747, 266 lignes et 247 feux; en 1753, 277 lignes et 264 feux; en 1777, 295 lignes; en 1789, 286 lignes. On voit une progression assez forte dans le cours du XVIIIe siècle, est-ce la richesse qui a augmenté et, pour le même nombre d'habitants, le nombre des cotes, ou est-ce simplement le nombre des habitants qui a augmenté, car nous ne croyons pas qu'il y ait eu cette différence entre le chiffre du commencement et celui de la fin du siècle. Depuis 1800 le chiffre a diminué et déjà, en 1806, le rapport municipal fait remarquer que plus de 50 hommes sont morts à la défense de la Patrie et que plusieurs particuliers ont quitté le pays trouvant du travail ailleurs. En 1815, la population était de 1187 habitants.

Quelles familles habitaient Balleroy? Nous retrouvons

beaucoup de noms dans les contrats de vente ou d'échange ou de fieffes entre le seigneur et les paroissiens, c'est ainsi que nous signalons les Guilbert, les Courtemer, les Quentin; l'histoire des curés Quentin, Fouques, Pichard, de Baudre, le Barbier, nous a permis de signaler les relations de leurs familles; mais les registres de catholicité attirent notre attention sur des familles nobles ou au moins portant des titres, dont nous soupçonnions à peine l'existence dans les titres ou les aveux. Des liens de famille s'établissent entre ces gens de petite noblesse et les familles plus riches du pays, les Docquet, les Courtemer, les Labbey, et des relations de société se fortifient comme l'attestent les parrainages dans les baptêmes. Des fonctions auprès du seigneur ou des occupations dans l'administration de la forge ont attiré des nobles étrangers : nous citerons, sans garantir les titres de noblesse. L'une des premières familles est la famille de Cabazac (Recherches de Chamillard en 1666). Nicolas, fils de François, marié à Barbe le Fournier en 1631, fils de Jean-Marie, marié à Camille-Andrée de Cabazac, fils de Jean, marié à Marie de Baudre; annobli en 1545; porte d'azur à 3 têtes d'hommes (2 et 1) jouvenceaux d'argent. Jean eut un frère, Pierre, marié à Anne d'Amours, en 1583, grands-parents de Jean, Jacques et Jean de Vaubadon et Neuilly. En 1627, Jeanne de Cabazac, fille de Jean et de Marie de Baudre, avait pour marraine Marie de Cabazac et pour parrain Guillaume de Baudre; ce Jean de Cabazac était sieur des Londes, il mourut en 1675, secrétaire de Jean-Paul de Choisy. En juillet 1663, noble homme Pierre de Cabasa, esc. sieur de la Binne (ou la Bigne), est fiancé avec Marie de Lenjalle, il l'épouse en septembre; en août 1664, il a une fille Madelaine, nommée par Madelainne de Lengallé et

Nicolas de Cabasa, et, en 1666, un fils Olivier de Cabasac qui a pour parrain Olivier de Lengallé, sieur du Mannoir et damoiselle Madelainne Lucas. — Le 6 janvier 1671, on baptise Jacqueline de Cabazac, fille de Nicolas, esc. et de damoiselle Jeanne Lemoigne, et, en avril 1672, Olivier, également fils de Nicolas, qui a pour parrain Olivier Debaudre, escuier, et pour marraine Marguerite de Balleroy des Trexot. — En 1675, Jacques de Cabazac, son cousin, assistait à l'inhumation de Jean de Cabazac et au baptême de Jacques de Méhérenc; en 1681 il est cité comme sieur de Grandbosq. Marie Debaudre, femme de Jean de Cabazac, était marraine au baptême de Marie Samson, avec le curé Marin Pichard en 1667, et, en 1677, au baptême de Marguerite Docquet avec le curé Charles Debaudre; de même Nicolas de Cabazac et Nicolle Courtemer étaient parrain et marraine de Nicolas Docquet.

La famille de Lengallé venait, je crois, de la Bazoque. En 1641, Ollivier de Lengallé de la Bazoque épousait Magdeleine Lucas de Campigny; son fils François, en 1649, eut pour parrain Eury, esc. sieur de Noron, et pour marraine Marie de Baudre; lui-même fut tabellion en 1648. En 1671, Philippe Damour, sieur du Bois, épousait leur fille. Marie de Lengallé avait épousé Pierre de Cabasac. Charlotte de Langallé avait épousé François Fouque, neveu du curé de Balleroy: « l'an 1633, le dimanche 6 février, Foucques, fils François, mon neveu, a esté espouzé avec Charlotte de Lenjallé en suivant la dispense de notre S. Père le Pape... vérifié par moi Martin Lengloys, pbre vicaire de la Bazoque, en la présence du sieur curé dud. lieu »; en 1647, leur fille Marie a pour marraine Marie Courtemer, fille de Joachim; en 1674, ils nomment ensemble Jean Michel, la marraine déclare ne savoir point ne lire ne escrire; ils moururent en 1676, le mari le 20 septembre, la femme le 2 octobre, et furent enterrés dans le cimetière.

Les de Méhérenc paraissent pour la première fois le 2 mai 1673 : Charles de Méhérenc, esc., sieur de Bellefontaine, âgé de 52 ans, épouse Jeanne Marois (ou le Marois) âgée de 23 ans ; le 6 février 1675, ils ont un fils Nicolas, nommé par Nicolas de Cabazac et sa femme Jeanne Lemoigne; ils nommèrent en 1675 une fille de Philippe Damour du Bois et déclarèrent ne savoir signer pour ne lire ne escrire; en 1681, ils eurent un autre fils, Jacques; le 18 mai 1681, ils perdirent un autre fils Philippe-Pierre; Nicolas mourut le 17 avril 1686 et enfin le père lui-même mourut le 12 octobre, à 69 ans. — Le 18 may 1675, Marie Suzanne de Méhérenc, 20 ans, épousait Pierre Labbey, tanneur, 23 ans; le 18 mars elle avait nommé Marie-Suzanne Hervieu et Pierre Nicole avec Pierre de Méhérenc; leur fille Marguerite épouse, en 1675, Jean Rogier, chirurgien, et, en 1701, la fille de ceux-ci épouse Mathieu Chouquet. Pierre Labbey, sieur du Moutié, mourut en 1692; le 5 mars 1698, Marie-Suzanne de Méhérenc épousait maistre Jean Niobé, sieur des Jardins, fondeur de la grosse forge, veuf de Denise Germain; elle mourut en 1699 et fut enterrée devant l'autel de S. Eloy. En 1698, Charles de Méhérenc, sieur de Bellefontaine, fils (?) de Charles, cité plus haut, avait la procuration de l'abbé de Choisy. — Quelles relations y avait-il entre cette famille et une autre plus pauvre ? En 1690, Marie, appelée dans l'acte de Méhérenc, signe de Méhérenc; — en 1676, Thomas de Méhérenc est custos; Pierre est appelé de Méhérenc en 1745 au mariage de son beau-frère 1745, Demeharang à son propre mariage 1751, et Demihérant à sa mort 1751.

Les d'Argouges étaient une famille importante du

pays. En 1638, noble homme Jean d'Argouges, sieur du Val et Marie Debaudre, femme de Jean de Cabazac, nomment la fille de Gilles le Sueur, hostelier à Balleroy. — En 1664, Jean Barbé a pour parrain Henry du Val, esc., s^r d'Argouge, et damoisel Barbe d'Argouge. Richard Germain, appelé en 1679 s^r de S. Germain, avait épousé Anne d'Argouges; en 1673, leur fille Marie-Anne fut nommée par Jean d'Argouges et Marie-Anne Gruyn, dame de Choisy; leur fille Catherine fut nommée en 1674 par Catherine de S. Germain, dame de Castillon et Raphaël Julien, s^r de Launé; Jean-Paul, en 1679, par Jean-Paul de Choisy et Madelaine de Verthamoyn, dame de Caumartin; Thomasse, en 1679, par Marie de Cabazac, femme de Jean d'Argouges, et Thomas de Mantailly, esc. advocat au Parlement de Paris; Anne d'Argouge fut inhumée en 1697 vis-à-vis l'autel de la Vierge, en présence de Pierre d'Argouge, son neveu, Lepatou, esc., sieur de Chiry (Quiry); c'est un exemple de la prononciation de *qu* dans notre pays, comme dans le Bocage actuellement.

En 1672, Jean du Faïel épousait Renée Debaudre; la mariée, le marié et son frère déclarent ne savoir signer. — En 1660, Jean Thomas, fils d'Adrien et de Blanche du Faïel, avait pour parrain Jean du Faïel; Etienne Docquet (1666) avait épousé Françoise Pichard, sœur du curé, et Thomas Docquet Marie Pichard; Jean Courtemer avait épousé Marie Quentin. — En 1641, René Docquet épouse Françoise Courtemer, fille de Phaignon, et, en 1643, Etienne Labbey épouse Jeanne Courtemer, également fille de Phaignon; lui-même était fils de Jean Labbey et de Louise Dufayel. — En 1676, Françoise Docquet était une veuve Courtemer. — En 1638, Françoise Courtemer (est-ce la même?) épouse Jean des Landes, fils de Regnauld, bourgeois de Caen. — Nicolas Lelièvre, sieur de la Prévostière, recepveur des bois, conseiller du Roy, avait épousé Louise-Judith de Percy, vers 1680, il demeurait à Balleroy, et Antoine du Bois, esc. seigneur et patron de Vidouville, avait épousé Elisabeth de Percy. — 1664, Jeanne Valle, fille de Nicolas, s[r] de Lecluze, et de Marguerite Noé. — 1684, Nicolas Michel, 31 ans, Françoise Pinel, 18 ans; épouse en 1700, il est arpenteur royal, il a une fille Marie qui a pour parrain Guillaume Le Soudier, procureur du roy aux eaux et forcuits de Vire, et Marie-Magdelaine Rogier; en 1699, son fils Jean-Michel avait pour parrain maître Jean Niobé, et pour marraine Catherine Aufrie. — En 1694, mourut maître Pierre de la Ville, maître de la grosse forge.— Jacques Aufrie avait épousé Jeanne du Quesné; il eut, en 1672, une fille qu'il maria à Clément Néel, un fils qui fut substitut des geans du roi; Catherine Aufrie, devenue veuve en 1696 de Clément ou Claude Néel, épousa Philippe de Verigny. Jacques Aufrie était tanneur et son fils eut une forte tannerie à Saint-Vigor-le-Petit.

Nous avons noté ces familles au XVIIe siècle; elles devaient avoir une certaine aisance et, par conséquent, le peuple, à côté d'elles, ne devait pas être aussi misérable qu'on l'a dit, l'esprit de charité étant naturel à ces familles qui vivaient près du peuple, et le peuple sachant se faire donner. Disons aussi que la simplicité des goûts et la régularité des mœurs assuraient cette aisance, comme le dit un auteur de manuel d'histoire (Brossolette, Cours classique, p. 266); il y a à la fois, dans les campagnes, depuis la Révolution, plus de bien-être et moins de gaîté.

Parmi les familles que nous signalerons au XVIIIe siècle est la famille Tubeuf. Pierre Tubeuf était venu pour être à la tête du collège; il épousa Marie Picquepey dont il eut Hélène Tubeuf qui, en 1785, épousa François

Cotentin, et Hyacinthe Tubeuf, qui épousa Bertrand Villeroy, ferronnier, originaire de Tinchebray, fils de Guillaume et de Suzanne Aubert et frère de M. Villeroy, curé de Nonant. De leur mariage naquirent Auguste Villeroy, docteur en médecine, maire de Balleroy, conseiller général, époux de Mlle le Guelinel de Lignerolles et père de Mme de Lhérondel, et Pierre-Guillaume Villeroy, qui épousa Mme Vaché ; ses enfants furent le docteur Edmond Villeroy, grand-père de Mme Pinel, Léon Villeroy, ferronnier, Mme Denis, Mme Desprairies, Mme Costey. Nous retrouverons d'autres noms en parlant des industries du pays.

Parmi les faits que nous signalent les registres de catholicité, citons, en 1631, la mort de Gilles et, en 1675, celle de Catherine Pain, âgés de 100 ans. — En 1625, le 25 septembre, Marin Dudouet, pauvre journalier, âgé viron de 55 ans, a en la communion de nostre Mère Ste Eglise rendu l'âme à Dieu, duquel le corps a esté inhumé led. jour après s'estre icelluy confessé à moy et à luy administré le saint viatique du corps de Nre Seigneur le jour précédent. — Le 17 may 1632, Perrine Auvray, 50 ans, Perrine Guilbert, 25 ans, Jenne Davot, 20 ans, tirant du sablon dans la forest de Cerisy, près du chemin Chaussey, au triage de Valbadon, ont été occies et tuées par une motte de terre, qui est tombée sur elles. — En 1633, un nommé Guillaume Pierre, du mettier de maçon, de la paroisse de Lingèvres, aagé viron de 50 ans, comme estant au service de Monsieur de Choisy en son bastiment, par accident et infortune estant cheu et tombey, donc est cause de quoy led. jour rendit son esprit à Dieu. — En 1636, plusieurs moururent de la contagion (?) Noelle le Guelinel, femme de Jean Gisles, et son filz aisné le 16 juillet, le second fils le 19, la fille aisnée le 30, l'autre le

5 aoust, la femme de Gilles le Sueur, hostelier, Jeanne Dillaye le 27 aoust avec Françoise le Sueur. Maistre Raphaël Ruault, curé de Vaubadon, mourait le 12 novembre et Me Gilles le Page qui l'avait inhumé, mourait le 15 décembre de la contagion. Le 3 février 1638, à l'aube du jour,Pierre Mahié,en la maison du lieu de Courteille appartenant à M. de Choisy, fut occys dans son lict au costé et jouxte de sa femme, lad. maison tombant sur eux. Le 27 décembre 1686, inhumation en vertu d'un mandement du sénéchal et du procès-verbal du médecin, de Jacqueline du Fayel, bruslée accidentellement. Le 15 avril 1687, le corps de Daniel Le Bellenger aagé de 2 ans ou viron submergé accidentellement du jour d'hier, comme il nous parait par la sentence rendue dud. jour par Me Jean Potier sénéchal de la terre et seigneurie de Balleroy pour le siège dud. lieu pour l'absence de monsieur le bailly de Condé-sur-Noireau, et suivant mêsme l'attestation de Me Jean Roger, chirurgien juré en la viconté de Bayeux, daptée dud. jour par laquelle il nous paraist led. enfant avoir submergé,... a esté inhumé au cimetière de Balleroy. Son père, chauffeur aux forges de Bricquebec, avait épousé Marguerite Godon, fille de Pierre Godon, maître martelleur aux grosses forges de Balleroy. Le 4 décembre 1671,le corps de Catherine Surnon, âgée de 24 ans ou viron, a esté levé dedans la forge et inhumé après perquisition faicte de sa religion, laquelle a esté trouvée avoir vescu selon la forme à nous présentée par notre mère saincte église catholique apostolique romaine.

Nous pouvons joindre ici quelques faits divers signalés dans le manuscrit des Michel, dits la Vallée :

Le 9 décembre 1657, fut ensépulturé un jeune garçon qui était des grosses forges, qui avait été blessé d'un coup de fusil ou de pistolet le 1er jour dud. mois et an d'une dispute qui se meut entre eux,dont il décéda le jour qu'il fut ensépulturé.

Le 14 février 1658, Jacques le Page fut ensépulturé dans l'église par le sieur curé et décédé led. jour viron 5 heures du matin, ledit jour et la nuict précédente ne cessa jamais de tomber de la neige tellement que led. jour la neige estait si grande que on la eust veue de trente ans.

Le 10 avril, à l'inhumation de Pierre Gaucher il y avait 14 prêtres avec l'officiant.

Le 15 décembre 1658, il commencha à tomber de la neige tellement que le lendemain qu'il estait jeudi la neige estoit aussi grande que jamais homme vivant sur terre la eust veue et estait plus de 2 pieds et demi; tout homme qui voulait cheminer, fallait qu'il eût la main à la fente du hault de chausses pour empêcher que la neige n'y entrast.

Le lundi 15 septembre 1659, Gabriel de Cabazac, esc., sr de la Mare, ensépulturé en le ..?.. comme n'estant pas de l'Eglise catholique.

Marthe Laubrey qui estait icy servante fut piquée des mouches à miel... et fut morte le mardi 2 mars 1697.

Catherine Gassion,femme de Mathieu Michel, fut ensépulturée par M. Debaudre, esc., curé, le 18 mars 1862. M. Pinel commença à dire la messe le vendredi 4 avril une fois la semaine, l'espace d'un an.

Le vendredi 5 octobre 1663, sur 8 à 9 h. du matin, il vint un grand orage; le tonnerre tomba sur la maison à Jean Dudoit et fut brullée et ce qui estait dedans; le feu y fut plus de... jours sans destaindre, encore que l'on y jetoit force d'eau et qu'il plut avec des orrages si forts que l'eau entrait dans les maisons d'estable en grande abondance. — Le mardi 6 juillet 1666,le tonnerre tomba sur une des maisons à Douétil de Castillon, fut bruslée et une vache estant dedans, tomba aussi sur une de celles de M. des Londes, aud. lieu de Castillon, ne fit que érailler des pierres de la cheminée et un pertuis, brula une perque de paille estant dans un trou, laissant une puanteur que personne ne pouvait supporter ni endurer; le même jour,notre cheval limonnier fut ensailli de mouches à miel, lesquelles le firent mourir dans 4 h. de temps.

1684. — En exécution de nostre ordonnance au pied d'une requeste du 21 du mois à nous présentée par Ollivier Gallienne (prêtre) par laquelle il est lui permis de faire informer tant les moins de certain que par sensure ecclésiastique contre certains particuliers qui l'avaient battu et maltraité la nuit de dimanche dernier venant à lundi tant en la maison de Guill. le Bœuf, cabartier en ce lieu que proche la croix estant dans la place du marché dud. lieu; nous avons l'audition des tesmoins de certain assignés respect. dud. Gallien par exploit de...le Tulle sergeant, du 3 décembre.

1691. — 4 voyages pour quérir de la chaux pour mettre à la terre à sarazin.

1705. — La veuve Dillaye m'a donné un tradat (mot patois, désigne mon dû) de 46 s. à payer audit Docquel, qu'il faut déduire ci-dessus d'un petot cochon de lait de 7 à 8 s., 1 aulne et demie de grosse toille.

En parcourant nos registres, nous rencontrons trois usages qui ne sont plus dans nos mœurs : la déclaration de la grossesse des filles-mères, la déclaration du nom du père, les oppositions aux mariages : la déclaration de la grossesse se faisait en vertu d'un édit de Henri II en

1556, renouvelé par une déclaration royale de 1708; elle obligeait les filles enceintes à déclarer leur grossesse, sans quoi elles seraient présumées coupables de crime, si leur enfant mourait sans baptême; c'était une loi protectrice de la vie naturelle de l'enfant et, à cette époque de foi où les principes religieux fortifiaient la morale naturelle, cette loi protégeait la vie éternelle de l'enfant. La déclaration du nom du père était permise; cette loi qui permettait la recherche de la paternité, pouvait entraîner des abus, mais elle protégeait la jeune fille contre l'égoïsme de celui qui voudrait sans danger satisfaire ses mauvais penchants : aussi essaie-t-on de revenir à cette loi en essayant de s'opposer aux abus. Les oppositions aux mariages, encore permises aujourd'hui par les lois religieuse et civile, mais tombées en désuétude, protégeaient surtout la jeune fille contre des promesses oubliées ou, dans d'autres cas, soutenaient l'autorité des parents. Ces déclarations sont très rares : deux ou trois en dix ans.

Le dimanche 3 octobre 1638, durant la petite messe, Marie Millet a apporté un enfant masle qu'elle a produict et l'a présenté et donné publiquement à un nommé Philippe Le Bel, serviteur de M. de Choisy, et lui dist en présence de les assistants que c'estoit son fils et qu'il le fist baptiser et qu'il en fist bonne garde et led. jour avant Vespres l'enfant fut baptisé; déjà, le 25, Philippe le Bel avait dû reconnaître un fils que la matrone avait déclaré être de lui et de *Jenne* Millet. — Le 12 février 1683, baptême d'un fils sorti d'illégitime mariage et œuvres impures de Thomas Quemin et Perrette le Dordinier; le parrain en était Me Nicolas Le Lievre, conseiller du roy, recepveur des bois. Que signifie ce mariage illégitime? Le 31 may 1692, se sont présentés à la face de notre Mère la Ste Eglise, Thomas Duchemin et Perrette la Dordinière afin de réitérer leur mutuel consentement à cause de quelque empêchement survenu ou manque de formalités : ils ont reconnu pour légitimes 2 enfants de leurs œuvres. — Le 2 août 1675, il faut une sentence de l'official de Bayeux pour lever l'opposition de Jean Fouque et sa fille Marie au mariage de Jean Marois, laboureur, et de Rolande le Guinié. — Le 19 décembre 1686, on baptise une fille née des œuvres impures de Charles Tibout, esc., et Michelle Lepelletier.

Le 22 septembre 1698, Jeanne le Fillastre a opposé aux bans de mariage d'entre Guerrier, affineur, et Catherine Gohier, pour raisons qu'elle dira en temps et lieu, puis elle se désiste de son opposition ; de même, en 1671, Michel Lepage avait voulu s'opposer à la publication des bans du mariage de sa fille avec Jacques du Vigné, puis s'était désisté et le mariage s'était fait 2 mois après. — Le 13 février 1701, baptême de Georges, né des œuvres de Guillaume du Quesné, sieur du Lonchant, de S. Exupère de Bayeux, et Françoise Menard de Barbeville, laquelle a déclaré et, le 23, est venue signer la déclaration. — En 1704, Michel Le Breton est forcé, par la déclaration de Françoise du Vigné, de reconnaître l'enfant et d'épouser la mère. Quelques mois après, Jenne Desprez l'accusait également ; il semble bien qu'il y perdit sa place de custos. — Aujourd'hui, 9 février 1706, nous Laurent Gabriel Rogier, curé de Balleroy, et Charles Aveline nous sommes transportés chez demoiselle Catherinne de Haussey agée d'environ 26 ans sur le bruit répandu de sa grossesse, laquelle a reconnu estre enceinte d'environ 4 mois et a déclaré estre des œuvres impures de Jean Gellin. — Le 14 février 1706, Monsieur de Chantelou de Haussé, paroisse de Cahagnolles, déclare s'opposer à la publication des bans et cependant le mariage se fait le 15 juin, en l'absence du père de la mariée. — Le 22 juin 1712, Jacqueline Hélier fait la déclaration, en présence de Me Gabriel, vicaire, curé de la Bazoque et doyen de Thorigny. — Le 9 juillet 1717, nous sommes transporté chez Jeanne Després demeurante dans la maison de Mathieu Chuquet qui nous a fait sa déclaration. Nous ne voyons plus de déclarations après 1720.

Une observation déjà ancienne, constatant un dicton populaire,nous est signalée en marge vers le 13 mai 1663 : les cinq de liace, (orthographe fantaisiste : les saints de glace) qui sont à cette date.

J'aurais voulu recueillir des renseignements sur les anciens usages, nourriture, vêtements, logements; il eût fallu trouver ces renseignements dans de vieux papiers ou registres de famille du peuple ou de la bourgeoisie : je n'en ai que sur les travaux.

Autrefois les hommes s'occupaient de la culture et dans les moments libres ils étaient tisserands et Genas de Rubercy (Arch. du Calv., 275) nous dit qu'en 1698, il y avait dans l'élection de Bayeux 150 métiers de toiles qui occupaient 1500 personnes.

A partir de 1650, à côté de la culture, c'est l'industrie et le commerce qui fleurissent; je ne parlerai pas des forges ni de la clouterie, nous en parlons à propos de leur établissement. Consultons les rôles des tailles. Dès 1703, il y a 10 cloutiers, un potier, la plupart des veuves étaient fileuses, nous disent les *rôles des tailles ;* plusieurs mégissiers (mégaisiers), tanneurs; 4 charbonniers; en 1706, François Potier est tinestier, le Rouger foulon dépouillant. — En 1709, Pierre Néel est compagnon tanneur. —En 1726, il y a 2 brandeviniers, 1 croquetier, 5 boulangers, 12 bouchers, 3 bourliers, 14 charpentiers,

1 menuisier, 2 maçons, 4 cordonniers, 3 serruriers, 2 tenneurs, 3 mégissiers, 2 tenneurs, 3 tailleurs, 1 toilier, 1 savetier, 1 toilier cordier, 1 sabotier, 14 cloutiers, 1 mercier, 1 barbier, 2 chirurgiens, Lebreton et Cauville, 2 pennetiers, 3 *cabartiers*, 1 vinegrier, 9 marchands, 3 maréchaux, 2 voituriers, 36 journaliers, notons que le mot journalier désigne celui qui n'est pas laboureur, ne fait pas valoir 45 vergées, 2 filassiers, 2 tisserands, 28 filleuses. — En 1750, il y a 87 journaliers, 2 laboureurs, 8 charpentiers, 10 sabotiers, 6 maréchaux, 4 cordonniers, 3 tailleurs, 1 teinturier, 5 boulangers, 1 cabaretier, 10 marchands, 2 vinaigriers, 8 bouchers, 1 jardinier, 8 voituriers, 1 bourlier, 4 serruriers, 5 menuisiers, 1 mercier, 2 chapeliers, dont Jacques Lalande, qui faisait valoir l'auberge S. Martin, 1 perruquier, Jacques Caillou, 3 chandeliers, 1 tisserand, 4 maçons, 11 cloutiers, 3 potiers, 1 meunier, 1 barretier, 35 fileuses, parmi elles la veuve Alex. Docquet, dont les fils étaient journaliers et tous ensemble ils payaient 15 l. 10 s. de toile, et la veuve Thouroude dont les fils étaient voituriers; on ne cite ici que les veuves qui avaient leur ligne au rôle des tailles; 3 mégissiers, 3 domestiques. — Dans le rôle des citoyens soumis à la patente an VII (septembre 1799 à septembre 1800) (Arch. Départ.) nous trouvons 5 marchands de vin, cafetiers: Maire, Salles, Pattin, Guérin, Gaugain, marchand d'eau-de-vie; 5 aubergistes: le Nourrichel, veuve Pitet, Poitevin, le Moigne, Droulon, quincaillier; 11 cabartiers : Dudouet, boucher, Huet, Frémont, Bonnel, Forgues, Vicq, Docquet, bourlier, Lebreton, Bazire, tailleur, Mariette, Duchesne; 8 épiciers : Bonnel, regrattier, Bazire, crocquetier, Duperrey, regrattier, Lafosse, pottier, Mesnils, Thouroude, jeune, Eudelin, Pottier, Ronnel crocquetier-beurier. La Révolu-

tion semble avoir augmenté le nombre des cafés et débits pour échauffer les têtes. 1 marchand de sel, Duperrey; 1 marchand de tabac, Ecolasse; 14 bouchers : Dudouet, 2 Malherbe, Huzet, chapellier, Marie, Guillouet, boucher sur échope, Fouques, Normand, boulanger, Ecolasse, Sébastien Halley, Lecocq, Le Bœuf, Bazire, Malherbe; 4 boulangers : Longuet, Sanson, Dacher, Normand; 2 bouilleurs: Nicolas et Thomas James; 6 merciers: Hébert, 2 Benard, Dubosq, Bidot, Tillard; 1 passementier, Guerin; 1 teinturier, Chuquet; 2 chapeliers : Huzet et Floxel le Vernu; 2 marchands de dentelles: James et Hébert; 1 marchand d'épingles, Geneviève Dézert; 2 marchands de sabots: Huet et Michel; 1 horloger, Richard; 1 tourneur, Françoise; 1 tonnelier, Huet; 1 marchand de faïence vitrier, Thouvenin ; 5 cordonniers: Robert, Després, Catherine, Michel, Goubot; 2 bourliers: Gillette, Vicq; 1 marchand de fer, veuve Villeroy; 4 marchands de bois: Deslandes, Laville, Malherbe, Hébert; 3 cloutiers: 2 Huret, Moreau; 2 marchands de clous: Philippe et Philippine; 3 maréchaux: Genest, dit dès Bouillons, 2 Pitet; 1 serrurier, Larocque; 1 menuisier, Huet; 1 pottier, Noël; 1 bas-estamier, Cotel; 2 marchands de couteaux: le Jamble, Miquelard; 2 meuniers: Blanc, Béhue; 2 blatiers: Douétil et Fouques; 3 mégissiers-tanneurs: le Vernieux et 2 Jéhanne; 1 marchand de vaches, le Héricy; 1 voiturier, Philippine; 1 notaire, Désert; 2 huissiers: Vautier et Gaugain; 1 arpenteur, Deby; 1 officier de santé, Vimard; 3 apothicaires: Cotentin, Nel ou Néel, Salles.

Toutes ces professions étaient-elles un signe de richesse et ne serait-ce pas la vérification de cette parole du peuple : On ne savait à qui (quoi) se jeter, c'est-à-dire, on essayait de toutes les industries pour gagner sa vie.

IMPOTS

1° **La Taille**. — La taille était le plus ancien des impôts; elle était devenue régulière depuis Charles VII et, au XVIIIe siècle, elle servit de base pour la plupart des impôts : elle ne frappait que ceux qui n'étaient pas tenus au service militaire, c'est-à-dire les non nobles et ceux qui n'étaient pas prêtres.

Le montant de la taille était arrêté par le Conseil du roi, le brevet pour la Généralité de Caen était envoyé à l'intendant, les Trésoriers de France en faisaient la répartition par élection, l'intendant et les élus répartissaient par communautés et ainsi de l'élection de Bayeux, en novembre, le cahier de la taille était envoyé à Balleroy aux collecteurs; toutefois il y avait une différence entre le chiffre que nous trouvons à la Généralité à Caen et celui que nous trouvons à l'Election à Bayeux, celui-ci comprenait les 6 deniers par livre dus aux collecteurs.

Les collecteurs avaient été nommés en assemblée de commun à la sortie de la messe paroissiale en septembre ou en octobre, on en nommait trois.

Le 30 septembre 1708, on nomma pour collecteur porte-bourse la personne de Nicolas Doquet, pour la seconde échelle la personne de Pierre Lucas et pour la 3e la personne de Pierre le Bœuf, et pour le dellage du Tronquay Hervieu Ledunois e Jean Persillet; mais l'élection n'était pas toujours facile : le vendredi 26 décembre 1709, à l'issue de la messe paroissiale (la fête de St-Etienne était jour férié), ils nomment 2 autres collecteurs au lieu et place de Pierre James et Pierre Néel, basses échelles, sur les remontrances qui ont été faites par Pierre Colleville, 1er collecteur, de leur indigence et insolvabilité, ce qui est notoire à toute la paroisse, et ils nomment Gabriel Bernier (ou Bernière) et Pierre Fouques. Le lendemain, à la sortie des Vêpres, jour et fête de St-Jean l'Évangéliste, d'autres paroissiens, après avoir meurement délibéré entre eux, au retour de leur conférence ont déclaré qu'ils protestent de nullité de la prétendue délibération par laquelle *d'aucuns paroissiens*, au *désir de Colleville*, ont nommé Bernier et Fouque au lieu et place de Pierre James et Pierre Néel, nommés par lad. communauté pour faire l'*assielle* et *récolle* des deniers à taille et autres revenus pour l'année 1710. A quoy fut présenté led. Colleville, collecteur haut assis, lequel proteste que jusqu'à ce qu'on en ait nommé d'autre il ne peut procéder à la confection des rooles, attendu les avances qu'il convient de faire tant dès à présent que pendant la collection et qu'au cas qu'il en résulte quelque inconvénient pour le défaut de paiement en suyvant, ledit Colleville proteste d'en rendre la paroisse responsable, faute de vouloir convenir et de luy accorder des aydes convenables.

Ces derniers mots nous rappellent que chacun des collecteurs était responsable de la somme demandée à la commune par le rôle de la taille et la commune ellemême l'était, si les collecteurs n'étaient pas solvables; ainsi nous comprenons en même temps qu'il fallait exiger, comme Colleville le faisait, des collecteurs solvables et que, à cause des ennuis, il fallait changer les collecteurs tous les ans. Comme nous venons de le voir, ils devaient faire l'assiette et la récolte de l'impôt, ils étaient répartiteurs et on les appelait asséeurs collecteurs, et ils n'avaient pas toujours intérêt, comme on les en a accusés, à trop imposer les autres, car euxmêmes auraient pu avoir à payer; d'ailleurs les autres pouvaient protester, il y a eu des abus qui ont pu faire du bruit, mais il y en a partout.

Les collecteurs recevaient le rôle de la taille en novembre, ils le lisaient à la sortie de la messe paroissiale dans le mois de décembre, chacun pouvait constater s'il était trop imposé proportionnellement et demander un dégrèvement; le 4 novembre 1708, on donne avis à Pierre Michel sindic touchant le procès intenté entre Philippe de Vérigny, esc., ayant épousé Catherinne Anfric, veuve de Claude Néel, taillable en cette commune, tous consentent qu'elle soit dérôlée; le 9 décembre 1708, ils enrôlent Michel le Breton et dérôlent Charles Anfric, la veuve de Jacques Anfrie et la veuve Néel et baillent par augmentation maistre Jean Anfrie et refusent de dérôler maistre Pierre Colleville, se raportant à la pudeur des collecteurs de l'imposer à quelle somme ils le jugeront à propos; cette assemblée est faite d'après son titre pour enroler et dérooler.— Le 26 décembre 1709, ils continuent à enroller à taille Jacques Langlois et au cas que led. Langlois voulut servir du consentement cy devant passé donnent pouvoir au sindic de poursuivre et deffendre contre lui; led. Langlois jouissant et faisant valoir la coutume avec plusieurs herbages; il avait obtenu sentence en élection à Bayeux le 19 octobre.

Comme on le voit aussi, chaque collecteur avait sa liste de taillables, selon leur fortune; 4 fois par an, ils allaient percevoir leurs tailles, ils partaient comme nos boulangers avec des bûchettes de bois (*lalea*) fendues, et par une encoche sur les deux pièces de bois juxtaposées, ils constataient le paiement, c'était le temps de l'ignorance; plus tard ils eurent leur feuille cotée et signée.

Comment se faisait la répartition de la taille? Etait-elle arbitraire? Sur quoi portait cet impôt? La taille pesait sur le revenu des moulins et maisons, usines, dont on déduira le quart pour les réparations, porte l'ordonnance de Turgot, 1775, sur les revenus des terres, les rentes actives, les bénéfices de l'industrie et les journées de la profession. Ainsi la taille était personnelle et réelle, pesant sur les personnes à raison de leurs biens et à la fois sur leur travail et les bénéfices de l'industrie; elle est personnelle à la fois et réelle, dans un autre sens, ainsi les terres nobles étaient exemptes et les personnes nobles également, mais il fallait que les terres nobles fussent possédées et exploitées par une personne noble, ainsi les terres du domaine de Balleroy, si le seigneur les faisait valoir, ne payaient pas l'impôt, mais le fermier payait demi taxe, la taxe d'exploitation et non la taxe de propriété; de même le seigneur payait pour les terres qu'il faisait valoir et qui n'étaient pas de son domaine. Disons en passant que l'exemption de la taille avait été accordée dès le début parce que les nobles défendaient le territoire et payaient l'impôt du sang, comme les seigneurs de Balleroy le firent largement au XVIIIe siècle.

Les biens et les gens d'Eglise ne payaient pas la taille, mais souvent les assemblées du clergé votaient des décimes volontaires aussi élevés que la taille.

Pour combattre l'arbitraire dans la fixation de la taille, peu à peu s'était établi l'usage de la taille tarifée, que fixaient en cas de contestation les commissaires de l'intendant: nous en avons trouvé un exemple, dans nos recherches à l'Hôtel de Ville de Bayeux, pour la paroisse du Fresne (S. Pierre) en 1744. On y suppose admis que l'exploitation de 45 vergées de terre donne la qualité de laboureur à son taillable et l'exempte de la taille personnelle de l'industrie à titre de journalier et, conséquemment, de toute autre contribution pour ses chevaux que celle au tarif d'appréciation des bestes; il faudra une exploitation de 12 vergées de terre pour qu'un cheval soit compris au tarif des bestiaux comme cheval de labourage et exempt de contribution de l'industrie des différentes professions. Le prix de la journée du journalier simple est de 6 sols, la nourriture qu'on lui fournit évaluée, la taxe pour son industrie est de 39 sols 6 d. Chaque ferme ou logis de maison manable où il y a une cheminée est évaluée d'un revenu net de 2 liv. au tarif de 4 s. 8 d. ou demi-tarif de 2 s. 4 d. par livre; d'après une note (Arch. du Calv. C. 4406), en 1763 la taille est de 2 s. 9 d. par livre; la vergée de bonne terre labourable à 4 liv., celle de médiocre terre à 2 liv. et celle de mauvaise à 30 s.; la vergée de bon pré en herbage à 9 liv., ou à 4 liv. ou à 2 liv., selon la qualité. Le prix d'une vache à lait est de 21 livres, comme revenu net; celui d'un cheval de labourage 30 liv., d'une brebis 2 liv., d'un cochon 2 liv. Ce tableau nous fait voir la grande différence entre le revenu net établi par le prix de fermage et le revenu cadastral, ainsi la vergée estimée ici d'un revenu de 2 liv. au plus, était louée 10 liv. en 1740 et 15 liv. en 1785. — Ce tarif devait s'appliquer à Balleroy, en notant que la terre était considérée comme de médiocre qualité (C. 4408, en 1719, Balleroy, mauvais fond de Bocage) et que les fermiers du château ne payaient que demi-taxe ou taxe d'exploitation. Ainsi dans la période de 1740 à 1760 (v. un Livre détaillé des fermes en 1749), la ferme de Molandin comprenait 107 vergées 10 perches; or (v. Tailles, Hôtel de ville de Bayeux) le faisant valoir de Molandin payait de 14 à 18 liv.; Velochy avait 104 v. 5 p. et payait 25, 26 et 28 livres; la ferme de la Vallée avait 278 verg. et le faisant valoir a payé 37, 40 et 44 livres; la ferme de Courteilles est cotée pour 164 verg., et plus tard 205, et le faisant valoir paie de 25 à 32 liv. La ferme de Molandin paie 3 sous par vergée, y compris *les maisons el les bestiaux*, celle de la Vallée 3 sous à peine, tandis que celle de Vélochy paie 5 sous, celle de Courteille paie de 3 à 4 sous, c'est que probablement la terre de Vélochy était meilleure et plantée de pommiers.

Pour se faire une idée du rapport de la taille au revenu on pourrait calculer le prix de l'impôt par rapport au bail de ces terres, malheureusement nous n'avons plus les fermages en 1749; mais, plus tard, dans les comptes de Charles Auguste, ainsi en 1773, la ferme de Courteille est louée 700 livres à la veuve Gardin et celle-ci paie 50 livres de taille et 25 l. 3 sous d'accessoires, soit 7 1/7 et 3 4/7 pour 100; Velochy est loué 610 l. à la veuve Lemaître qui paie 29 liv. 13 sous de taille et 14 liv. 18 s. d'accessoires, soit 5 pour 100 environ et 2 1/2 pour cent, et n'étaient peut-être pas considérées comme terres féodales, puisque celle de Vélochy n'avait pas toujours été du domaine féodal. Nous pourrions faire remarquer que les deux fermes n'avaient probablement plus la même étendue qu'en 1749. L'auberge S. Martin, (aujourd'hui hôtel Morel), fieffée 175 liv. à Heuzé, paie 9 liv. 2 sous en 1753 et 12 liv. en 1756, soit 9 pour 100; le pré du collège, loué 94 livres à Charles Pitet paie 6 livres 10 s. de taille et 3 livres pour les accessoires, soit 7 pour 100 environ et 3 1/2; le moulin banal, loué 1500 liv. à Bidot, paie 80 liv. de taille et 40 liv. 6 s. 3 d. d'accessoires, soit 5 1/3 pour cent et 2 2/3; la ferme du Parc, louée 2000 liv. à Ygouf, paie 94 liv. de taille et 47 liv. 7 s. d'accessoires, soit 4 7/20 pour cent et 2 2/20. La veuve Vincent, fermière de Molandin, paie 900 livres de fermage et 45 livres de taille et 22 liv. d'accessoires, soit 5 pour cent et 2 1/2; Hergast paie le moulin bannal 1800 liv., 12 liv. de taille et 6 d'accessoires, soit 66 pour cent et 33 pour cent.

Nous avons donné des chiffres nombreux indiquant le rapport de la taille au revenu net soit au prix de fermage, c'est environ 5 pour cent; c'est la taxe d'exploitation pour un propriétaire ordinaire, la taille eût été de 10 à 15 pour cent; d'autre part, les chiffres ont pu être majorés pour d'autres causes, ainsi en 1744, le faisant valoir la ferme de Vélochy paie 25 liv. 15 s., savoir 25 liv. pour le père, comme faisant valoir et 15 s. pour le fils, comme naturel taillable.

Si nous étudions la taille personnelle ou la taille d'industrie, il nous est difficile d'apprécier, parce que beaucoup avaient d'autres revenus : ainsi James, dit Lalande, journalier, paie 12 livres en 1700 et la veuve Docquet et ses fils, journaliers, paient 15 liv. 10 sous, ce qui prouve simplement qu'ils exploitaient moins de 45 vergées. Pilleur, fermier laboureur à 1/2 charrue, payait 8 livres. Prenons ceux qui payaient le moins, nous serons plus sûrs qu'ils n'ont que leur journée : en 1777, Adrien James, journalier, 10 sous et 5 sous 1 d. d'accessoires; Gisles Marie, 10 s.; Joseph Burette, 10 s.; Jacques Benard, 10 s.; Pierre Morel, charpentier, 10 s.; Jean Dupont, 10 s.; le fils du fermier de Velochy payait 15 s.; d'autres paient 1 liv., 1 liv. 10 s. ainsi Thomas Goubot, sergent; les veuves, *filleuses* pour la plupart, paient le même prix; rappelons-nous qu'en 1777 les journées n'étaient plus à 6 sous, mais se rapprochaient de 20 sous. Citons d'autres particularités : en 1720, la veuve Tostain, filleuse, paie 12 liv.; en 1723, Ravand, *grabalaire*, paie 40 sous; Jacques le Fevre, dit les Longchamps, journalier, paie 40 sous (ses enfants s'appelleront le Fèvre des Longchamps); Mathieu Labbé, sergent, paie 17 s.; Roussel Barbier 4 livres; Jacques Letulle (1705) *mandien*, paie 3 liv. et Guillot, chirurgien, 3 livres; en 1701, Etienne Fremont, mendiant, paie 10 s.; la veuve Guilbert, pauvre (1709), paie 25 s.; la veuve Duvigney, pauvre, paie 10 s., ainsi que la veuve Jean Le Page en 1744; Laurence, journalier, paie 13 liv. 10 s. savoir pour son industrie 4 liv. 10 s. et faisant valoir le moulin à huile 9 liv.; Thomas Michel, notaire, 50 s.; Tubeuf, maître d'école, 60 s.; mais en 1789, Désert, notaire payait 18 liv. 10 s. et Tubeuf, maître de pension 45 liv., ils s'étaient enrichis; en 1704, Michel, brasseur d'eau-de-vie, payait 70 s.; en 1669, Richard Guillemette et d'autres paient 1 sol.

Il faut noter que souvent, avant de citer les exemptions, on signalait plusieurs pauvres comme *hors paye* ou avec la mention néant.

Ainsi donc la taille pour l'ouvrier ordinaire en 1777 ne représentait qu'à peine une journée, 10 sous d'impôts contre une journée de 15 sous; on tenait compte de l'âge et de la profession, puisque beaucoup payaient 1 livre, 30 sous, 40 sous.

Pour terminer la liste, plusieurs étaient déclarés exempts: le curé comme ne faisant valoir que sa dixme, le vicaire ne faisant rien valoir; en 1703, M^tre^ Rafoix (Raphaël) Guilbert, prêtre, il était régent du collège; en 1706, dem^lle^ veuve de Gédéon du Haussey, ne faisant rien valoir ; en 1709, Philippe de Vérigny, esc., plus tard, sa veuve ; en 1755, Marguerite Roger, veuve de Lorens Gabriel Colleville, esc., garde de la porte du roi; en 1669, Joachim Courtemer, archer des gardes.

Nous pouvons donner quelques-uns des chiffres de la taille pour Balleroy: le 1er chiffre est celui de la généralité, le second celui de l'élection avec les 6 deniers par livre pour les collecteurs et les autres frais, 40 sous pour le droit de quittance, 60 sous pour les sceaux, 10 sous pour le mandement.

En 1669	1430 l.	
1700	1490	1532.5
1702	1755	1815
1703	1800	1850
1705	1757 l. 15 s.	
1706	1845	1896
1707	1515	1968
1709	1630	1679.10 s.
1712	1680	1730.16 s.
1713	1812	1866. 8 s.
1720	1565	1611. 6 s. 6 d.
1723	1873	1926
1726	1801	1853
1731	1576	1625
1754	1954	2020
1744	1845	1900.16 s. 1 d.
1777		1922
1789	1790	1836

Notez que, de 1706 environ à 1719, la taille du Tronquay était jointe à celle de Balleroy et que c'était à Balleroy que les habitants du Tronquay venaient nommer leurs collecteurs.

Comme les particuliers, les paroisses pouvaient obtenir une diminution de la taille, remise ou modération de la taille. En 1763 (C. 4406), l'intendant accorde une diminution de 105 l. 9 s.; en 1765, une de 100 l.; en 1772 (C. 4417), les maladies réduisirent les habitants à une extrême misère, la diminution sur la taille fut de 150 liv. — En 1777, une remise presque totale de la taille et du taillon fut accordée à la paroisse, 2800 liv. sur 2891 (v. aux notes le tableau); le 29 septembre 1776, les habitants de Balleroy, du Vernay, du Tronquay et de Montfiquet (C. 3778) avaient demandé à s'imposer pour la construction de la route de Balleroy à l'embranchement Balleroy à 2800 l.; un arrêt du Conseil d'Etat ratifia la demande le 24 novembre 1776, mais le 24 juillet 1777, Necker déclara que la dépense ne devrait pas être à la charge des 4 paroisses, mais serait prise sur les fonds destinés aux ponts et chaussées et qu'elle ne devrait pas être à la charge des seuls taillables, mais des propriétaires, car leurs propriétés seront améliorées et leurs denrées mieux vendues. Vers 1783 (C. 955), le curé Littré, le syndic, les collecteurs et les principaux habitants remontrent que la plupart des habitants sont hors d'état de payer les impôts par la rigueur de l'hiver et demandent une diminution en faveur des misérables, par exemple sur les lignes fixées à 1 liv. 10 s. et au-dessous, et elles sont au nombre de 96. Nous ne connaissons pas le résultat de la pétition, mais elle suppose un usage admis.

2° Le taillon, les accessoires, le second brevet de la taille. — Le taillon avait été établi par Henri II pour les dépenses du logement et des fournitures des troupes, mais le montant s'en ajoutait au principal de la taille, d'autres dépenses s'y adjoignirent, aussi l'intitulé du brevet de la taille portait-il ces mots : assiette de la taille, principal et creues; ainsi en 1712, les crues sont : partie des gages des commissaires et contrôleurs des guerres et autres charges assignées sur le taillon, pour dépenses des étapes des troupes, pour deniers aux ouvrages de Honfleur, Fécamp, S. Valéry, Tréport, et logement des officiers de marine ; en 1749, ces impôts extraordinaires furent réunis à la capitation; enfin, vers 1771, ils formèrent un rôle à part, les accessoires ou le second brevet, qui gardera souvent le nom de taillon; en 1772 (C. 4407), il était de 913 liv.; en 1776, de 971; en 1777, de 969; en 1785, de 1248; en 1789, de 1175 liv. Les lignes du rôle du taillon étaient les mêmes que celles du rôle de la taille.

3° **La capitation** (C. 4528). — La capitation établie provisoirement en 1695, puis maintenue, était payée par tous les Français, nobles et non nobles, taillables et non taillables. Le marquis de Balleroy payait à Paris, en 1779, 562 liv. de capitation, en 1780, 562 liv. et en 1781, 367 liv. 10 s. Les habitants avaient le rôle de la capitation taillable. Le rôle de 1746 exigeait la capitation des taillables, y compris les 2 s. par livre et le sol pour livre des taxations, l'impôt pour le quartier d'hiver et logement des troupes et l'entretenement de la milice, l'ustensile à fournir aux officiers qui sont hors du royaume; en 1759, l'impôt de la capitation se monte à 12 s. 10 d. 2/5 pour livre de la taille et se perçoit aussi pour dépenses des milices garde-côtes et pour les usages des communautés; en 1775, pour les canaux de Picardie et de Bretagne. Le montant de la capitation fut, en 1746, de 1665 liv.; en 1775, de 1182; en 1777 (C. 3777), de 1182; en 1779, de 1212 liv.; en 1785, de 1230 liv.; en 1789, 1185 livres.

4° **Imposition représentative de la corvée sur les chemins.** — Cet impôt remplaçait la corvée sur les chemins en vertu d'une ordonnance de Fontette en 1775; en 1777 (C. 3777), Balleroy 513 liv. 13 s. 9 d., l'arrêt de 1786 fixait l'impôt au marc la livre de la taille; en 1787, cette somme fut de 741 liv. 11 s., savoir : 723 l. 10 s. de taxe et 18 l. 9 d. pour les 6 deniers par liv. pour les collecteurs (C. 9491), ces deux sommes ont été consenties par délibération des habitants taillables à raison de 7 s. 8 d.

et 1 1/12 par livre; le collecteur en chef était Thomas James.

De plus, en 1782 (C. 9491), Balleroy fournira pour l'atelier des entretiens entre Isigny et Littry et la réparation de la route de Balleroy à celle de S. Lo, 625 l. 8 s. sur un total de 8902 l. 4 s.; à l'issue de la grand-messe le sindic Geslin donne lecture de ce mandement.

5° Impôt territorial et des bâtiments de justice. (C. 9511) — L'impôt territorial devait servir à payer des indemnités pour les terrains qui se trouvaient compris dans l'alignement des ouvrages, en particulier du redressement du Canal de Caen à la mer en 1785; déjà, en 1784, Balleroy payait et acceptait de payer 135 l. pour l'impôt territorial et 45 pour l'entretien des bâtiments de justice: M. le Curé paie 13 s. 11 d., M. le comte de Balleroy 125 l. 8 s. en 1787; l'intendant avait imposé tous les possédant-fonds à compter du 1er octobre 1785, Balleroy dut payer 134 liv. pour l'impôt territorial et 45 pour les bâtiments de justice; on réunit les propriétaires et possédant-fonds.

Dès l'année 1771, une imposition avait été faite sur les possédant-fonds pour le remboursement des offices supprimés du Parlement de Rouen, les indemnités de terrain, les réparations du port de Granville et le perfectionnement de l'établissement d'une maison de force à Beaulieu.

6° Dixièmes et vingtièmes. — L'impôt du dixième était un impôt extraordinaire et sans régularité établi en 1710 jusqu'en 1717, puis de 1733 à 1737 et de 1741 à 1749, année où il fut remplacé par l'impôt du vingtième accru des 2 sous par livre du vingtième.

Il n'a aucun rapport avec la taille: il n'a égard qu'à la propriété, tous y sont soumis, nobles et non nobles, exempts et privilégiés; à Balleroy, tandis que le rôle de la taille en 1785 comprend 290 lignes, celui des vingtièmes n'en renferme que 165, dont 8 sont réunies à la ligne du marquis.

(C. 4723 et C. 5305). Le revenu que l'on imposait était-il le revenu réel et net? Non, il en était du vingtième comme de la taille. En 1734, Nicolas Docquet a 15 vergées de terre, le revenu en est évalué à 45 liv., soit 3 livres par vergée, il paiera 4 l. 10 s.; Denise a 5 verg. 1/2 et une maison, le revenu en est évalué à 20 liv., il paiera 2 l.; Nicolas le Marois, en 1742, a 12 verg. en partie plantées, le revenu cadastral est de 80 liv. soit 6 l. 12 s. par verg. en moyenne; la même année, 2 acres de terre labourable sont évaluées à 22 l. 10 s., soit 2 l. 16 s. par verg. Le chiffre n'était donc pas élevé. De plus, on pouvait obtenir des réductions : ainsi le revenu du marquis était évalué à 11875 l., qui devaient payer 1187 l. 10 s., et même, en 1734, il fut condamné avec 12 autres à une amende du double pour ne s'être pas conformé au modèle attaché à la déclaration du roi, mais déduction fut faite de 3375 l. pour les réparations à la grosse forge (v. en 1742), aux moulins et les rentes dues à l'Eglise, son revenu resta évalué à 8500 liv. et il payait 850 l. En réalité, la charge du dixième et du vingtième était bien atténuée pour les paroissiens qui, de 1734 à 1746, payèrent 406 l. tandis que le châtelain payait 1850 l. et, de 1746 à la Révolution, ils payèrent toujours 204 l., plus les 2 sous par livre du dixième ou 40 l. 8 s., soit 244 l., 8 s. à repartir entre 156 lignes; il est vrai que souvent il y eut un second vingtième, de 1756 à 1761 et de 1764 à 1784, et même un troisième vingtième, de 1761 à 1763, et de 1784 à 1789. Pour le seigneur l'évaluation de son revenu avait varié de 8650 l. en 1751, il était passé à 10.000 l. en 1773 et à 16.000 l. en 1778; aussi le total des vingtièmes de 763 l. 16 s. en 1751 s'éleva-t-il à 1400 l. 6 d. en 1758, à 2100 en

1761, à 1581 en 1778, à 2228 l. 5 s. en 1781 et à 3241 l. en 1784.

Quelle est la somme des charges des habitants de Balleroy dans les dernières années de l'ancien régime?

Nous ne voulons parler que de Balleroy, car il faut se bien garder de généraliser, les généralisations ne sont permises qu'après bien des études locales. Et même pour Balleroy ne soyons pas trop affirmatifs; nous ne connaissons pas exactement le prix de la taille qu'aurait pu payer Balleroy par rapport à d'autres communes, puisque nous ne connaissons pas l'étendue du domaine noble et exempt, qui était de 1000 verg. peut-être sur 2000, et d'autres communes pouvaient payer beaucoup plus, il serait donc dangereux de se contenter de diviser le chiffre de la taille par le nombre de vergées, d'autant plus qu'une bonne partie de la taille était industrielle et qu'ici les bases d'appréciation nous manquent. Le chiffre des vingtièmes paraît très élevé, mais en réalité le marquis payait à Balleroy pour ses revenus du Tronquay, etc. Quant à la gabelle, nous verrons que Balleroy payait l'impôt du quart bouillon.

Je ne donnerai donc, sans y insister autrement, qu'un tableau des impôts de quelques années.

	Taille 1er brevet	2e brevet	10e ou 20e	Capitation taillable	Impôt territorial	Impôt de la corvée	Dîme	Total
1669	1435							
1712	1332			56				
1734	1625		2468					
1746	1950		763	1665				
1759	2020		1400					
1775	1914	925	1400	1182				
1789	1836	1194	2228	1182	179	741	1600	8960

Aujourd'hui le total des impôts est de 25.000 francs.

Nous n'étudions que les impôts des dernières années, ils s'étaient multipliés dans de grandes proportions et il ne faudrait pas juger tout l'ancien régime d'après ces années; remarquons encore que si la somme totale des impôts avait augmenté, la valeur monétaire de toutes choses avait augmenté.

Nous n'étudierons pas la charge des impôts pour le pauvre, il en était exempt, ni pour l'ouvrier, il payait à peine la valeur d'une journée, et à Balleroy il y avait 100 lignes sur 280, au-dessous de 1 l. 10 s. pour la taille, en 1883, et la journée était de 15 s.; ils étaient dès lors exempts de la capitation, des vingtièmes, ils n'avaient à payer que la corvée et ils ne payèrent pas l'imposition représentative de la corvée.

Je ne parle pas de la classe noble : exempte de la taille elle payait les vingtièmes, la capitation et les autres impôts, mais souvent elle se faisait dégrever. Parmi les dépenses du marquis de Balleroy, qui se payaient en Normandie en 1781, il y avait 2342 l. 3 s. 5 d. pour les impositions royales et, à Paris, 367 l. 10 s. pour la capitation; en 1782, la capitation était de 562 l. 5 s. et en 1789, les impositions royales furent de 4941 l.

L'étude la plus intéressante sera celle de la classe des cultivateurs, j'emploierais le mot laboureurs, si en matière d'impôts il n'avait été alors réservé aux cultivateurs de 45 verg. On accusait (Taine, Ancien régime, note, page 479) le ministre Necker de mettre toujours les impôts sur la classe des hommes utiles et nécessaires, qui diminue tous les jours, ce sont les laboureurs.

Pour une terre louée 15 l. (les herbages à 15 livres; les fermes tout compris de 5 à 10 l.) la vergée, terre de moyenne valeur à Balleroy, comme celle de Vélochy, le fermier payait 5 sous la vergée de taille, nous l'avons vu, donc le propriétaire exploitant sa terre aurait pu payer 10 sous, je suppose. Docquet avait acheté ses terres, il paie pour les dixièmes 10 sous au plus et 5 sous pour les vingtièmes; pour la capitation il paiera environ 13 sous par livre de la taille, soit 6 sous 6 d., pour les autres impôts 3 sous au plus; l'impôt le plus élevé sera la dîme, qui prélèvera sur ces terres assez bonnes 16 sous, puisqu'il y a 2000 vergées et que la dîme est de 1600 à 1800 livres; donc pour une vergée il paiera 10 sous pour la taille, 5 sous 6 d. pour le taillon, 5 sous multipliés par 3 ou 4 pour les années où il y avait trois ou quatre vingtièmes, soit 18 sous pour le vingtième, 6 sous 6 d. pour la capitation, 3 sous pour les autres impôts, environ 16 sous pour la dîme, soit 2 liv. 16 s. de charges ou, en un mot, ces impôts prennent 2 liv. 16 s. pour un revenu de location de 10 liv. en moyenne, soit environ le 5e; il faut ajouter l'impôt sur le sel, dont nous parlerons plus loin, soit par personne 3 livres; 10 sous pour le droit de gabelle par vergée.

Ces chiffres s'écartent beaucoup de ceux qui sont donnés par Taine; s'écartent-ils beaucoup des chiffres donnés par les contemporains dans leurs évaluations. En l'an IV, Mme d'Hervilly fit la soumission d'acquérir la totalité des biens de la succession de son père, il fallut deux arbitres pour en faire l'estimation; René Gassion, de la Bazoque, pour Mme d'Hervilly et Guillaume Thomine, de Montfiquet, pour l'administration du département, font deux estimations : l'une d'après les baux avant 1790, l'autre après 1790 alors, disent-ils, qu'il n'y a *plus de dîmes, corvées, clauses et impositions* (Arch. du Calv. Q. Emigrés, Lacour-Balleroy ; v. aux notes). Dans les détails il y a des différences d'estimation dont nous ne pouvons nous rendre compte, mais en général nous retrouvons cette différence d'un 5e à un 8e ainsi la Glacière estimée 34 l. 17 s. vaut, après 1790, 46 l. 10, le Pré du Moulin passe de 188 à 260, l'herbage du Moulin Foulon de 326 à 332, celui de la Bimboure de 182 à 218, celui du Fourneau de 264 à 330, la Vignassière de 219 à 295, le pré de la Fenderie avec celui du Bosquet passe de 3901 l. à 4323, mais leur estimation est plus claire pour les fermes. Ainsi pour Molandin, le bail de 1781 était de 2400 l. de principal, y compris les dixmes, corvées, clauses et impositions, il est de 2554 liv., déduction faite des charges du propriétaire de 50 livres; donc ils ne supposent que 154 livres de dixmes, etc., soit le 6e, mais rappelons que cette ferme étant le fief seigneurial, il n'y avait pas de taille de propriété; ils l'estiment pour 1796 à 3118, ce qui ferait un 5e. La ferme de Courteille est louée en 1785, pour 1070 liv. de plus les dixmes, corvées, etc., ce qui fait 1237 l., mais déduction faite des charges du propriétaire, il reste 1208 l., soit 138 liv. pour les dixmes, etc., ou presque le 8e, soit 7.77.

Pour la ferme de Coesel, ils rappellent que le bail de 1784 porte en capital 1983 l., plus 471 l. 10 s. 4 d. pour dixme, pot de vin et impositions, desquelles sommes il faut déduire 50 l. pour charges du propriétaire, reste 2404 l. 16 s. 4 d. et par estimation 2695 l. 11 s.; les dîmes, etc., montent à 471 l. moins 50, soit 421 liv., qui sont presque le 5e de 1983. De même pour la ferme de Montfiquet, louée 2167 l., plus 444 l. pour les dixmes, moins cinquante pour le propriétaire, soit 394 liv. qui sont le 6e et demi de 2167. Ces chiffres semblent établir que les charges n'auraient été que de 1/6 à un 7e, soit seulement de 13 à 17 pour 100 selon les fermes. Si nous y ajoutons la part du propriétaire dans la taille, nous arriverons à peu près aux mêmes chiffres que précédemment. M. Legras prenant une autre base dans un pays de culture uniquement, c'est-à-dire le prix de la vergée multiplié par le nombre des vergées est arrivé à peu près aux mêmes conclusions que nous et établit que les gens pouvaient vivre alors. Taine nous parle de fermes (Anc. Rég. p. 457) louées 3600 liv. et payant 1800 livres au roi et 1311 livres au décimateur; nous en sommes loin. — Tout le monde sait qu'avant la Révolution il y avait des rentes exemptes de retenue et des rentes non exemptes; la retenue était représentative de la part d'impôts à la charge du créancier, or elle était d'un cinquième.

IMPOTS INDIRECTS

1° Les Aides. — Dans son rapport, M. du Bosq de Beaumont fait pour les gabelles une remarque que l'on pourrait faire pour les aides.

On fait payer trop de frais pour le recouvrement, il y a trop d'employés, dit-il, pour se faire défrayer et nourrir; comme ils ont le tiers des amendes, ils en font trop, et des paroisses ont payé trois fois plus pour les amendes que pour les tailles. C'est ce qui explique l'impopularité des commis des aides et même des fermiers généraux, qui furent poursuivis avec acharnement et il y en eut, comme Lavoisier, que leur science ne préserva pas de la colère amassée par la rapacité des fermiers généraux, car les aides, ou impôts indirects, au lieu d'être perçus directement par l'Etat, étaient affermés, c'étaient les 5 grosses fermes.

2° La Gabelle. Sur le Sel. — Balleroy faisait partie des pays de la Basse-Normandie, dits de quart-bouillon, savoir le département de la Manche, les arrondissements de Domfront et Vire en grande partie et les cantons d'Isigny, Balleroy et Caumont. D'après le rapport officiel de M. du Bosq de Beaumont (Arch. du Calvados, C. 276), sur les 172 paroisses de l'élection de Bayeux il y en a 92 sujettes à l'imposition du sel gris, les autres jouissent du sel blanc et de l'exemption de l'imposition du sel gris, conformément à l'art. 13 du titre 14 de l'ordonnance des gabelles. Ces pays étaient affranchis de la gabelle et jouissaient du privilège de fabriquer du sel blanc et de l'employer à toutes espèces de salaisons. Tandis que les habitants sujets à la gabelle étaient astreints à une consommation minimum de 7 livres environ par tête et seulement pour *pot et salière*, non compris les grosses salaisons; dans les pays de quart-bouillon on avait le privilège d'usage qui permettait de consommer une demi-ruche ou 25 livres de sel par tête d'habitant âgé de plus de huit ans, sauf permissions spéciales pour les marchands, dits provisionnaires, cabaretiers, charcutiers, bouchers, boulangers, marchands de beurre ou de poisson et aussi pour les nobles, les ecclésiastiques, les maisons et communautés religieuses.

Le privilège de *fabrication* était le monopole d'un petit nombre de riverains des grèves de la côte, qu'on appelait sauniers : des réglementations très étroites limitaient le nombre et la production de leurs établissements : ils ne pouvaient employer que des appareils de dimensions déterminées et en dernier lieu ne pouvaient travailler que 80 jours par an. Ils fixaient le prix du sel qui était à un prix fort élevé, à cause des entraves à la libre concurrence. Aux salines des environs d'Isigny, où s'approvisionnait Balleroy, les prix de 1769 à 1790 varièrent de 7 à 12 livres la ruche, en moyenne 9 à 10 livres droits compris; la ruche, unité de mesure pour le sel, était de 22 pots ou 40 litres; elle pesait 50 livres.

Le droit de quart-bouillon était à l'origine le quart du prix du sel, puis il avait été augmenté du parisis, ou d'un quart, parce que la livre parisis valait 1.25 comparée à la livre tournois de 1 fr., puis on avait augmenté du sol et 6 deniers pour livre, puis en 1705, 1 décime ou 2 sous pour livre, puis peu à peu jusqu'à 5 décimes ou 10 sous en 1781 et enfin, en 1789, ce prix était celui du sel; on rétablissait l'égalité.

Pour se procurer le sel, il fallait que le curé eut fourni un dénombrement de ses paroissiens aux employés de la Ferme. Le paroissien usager se munissait d'un certificat du curé constatant le nombre de bouches de sa famille et la date de la dernière fourniture; ainsi le 20 septembre 1680 (Arch. du Calv., E., manuscrit Michel), Mathieu Michel a déclaré envoyer à Isigny et Neuilly pour enlever 5 boisseaux de sel blanc pour la provision de sa maison; il envoie Nicolas Michel, son fils, avec un certificat du vicaire Jean Pinel constatant qu'il a une maison de 10 personnes. Il se rendait au bureau de revente, recevait contre son certificat un passavant qui servait de titre de perception à la saline. Le passavant était remis au bureau des passages qui délivrait un brevet de contrôle servant à l'usager de laisser-passer pour regagner son domicile; en pratique, un paroissien pour plusieurs se chargeait de la provision commune et remplissait les formalités.

Beaucoup ne dépensaient pas les 25 livres et seulement 19 en moyenne. De la somme payée pour le sel 19 livres à 10 livres les 50, soit 3 l. 18 s., il faut déduire la valeur du sel, soit les 18 sous, on ne sera pas loin de la vérité en évaluant à 3 livres par tête la charge fiscale qui résultait pour les habitants du droit de quart-bouillon.

(Renseignements donnés par M. l'Archiviste de Caen.)

La milice. — Une des charges des communes était la milice, non pas seulement parce qu'elle leur enlevait un ou deux hommes pendant 6 ans, mais parce que la communauté devait conduire à ses frais les jeunes gens au chef-lieu pour le tirage au sort, mais aussi pour les revues et pour les équiper, les nourrir pendant le quartier d'hiver et contribuer aux frais généraux du bataillon; toutefois ce n'était pas le service militaire actuel, ce n'était qu'une armée de réserve, en temps de guerre les miliciens gardaient les forteresses.

En 1785 (C. 9548), Genas, seigneur du Mesnil, subdélégué pour procéder à la levée des soldats provinciaux par la voie du sort entre les garçons et hommes veufs sans enfants de Balleroy et Castillon, les avons fait assembler à l'hôtel de ville de Bayeux; l'appel fait, Pierre Bidot et X n'ayant pas comparu, nous les avons déclarés fuyards et, comme tels, soldats provinciaux de droit; on en a renvoyé par exemption 2, par infirmité 10, par défaut de taille 3, il n'en est resté que 26 et le sort est échu au nom de Grégoire Gaugain, âgé de 19 ans, garçon chapelier, le Gaumier, 20 ans. En 1780, le sort est échu à Abraham Houel, menuisier, 20 ans ; Nicolas Deslandes, 22 ans, journalier; Pierre Philippine, 32 ans; exemptés, Pierre Benard, ayant une hernye, Guillaume Moreau, au dessous de 5 pieds; Gabriel Richet ayant son frère Pierre, auquel le sort est échu pour la dite paroisse; Pierre Philippine a représenté que depuis plus de 6 mois il est malade, qu'il a d'ailleurs 2 chevaux pour faire valoir son bien et qu'il aide à faire subsister sa mère âgée de 73 ans; il a esté soutenu par les garçons que led. tirera avec eux, s'obligeant si le sort tombe aud. Philippine de tirer une seconde fois. Geslin est renvoyé comme clerc du s[r] Désert notaire, puis du s[r] Hervieu, avocat. En 1769 (C. 9544), Julien Costel absent a été substitué à Jean Michel, auquel le sort est eschu; est absent également le domestique de Gabriel Le Bœuf. Ils sont 26; Durand, domestique de Michel Delauney, est renvoyé, ayant le labour de 4 chevaux, et Renaud, comme incapable; d'autres sont au dessous de 5 pieds; on a fait 25 billets blancs et 1 noir, le sort est tombé sur Jean Michel, croquetier, âgé de 27 ans; le 7 avril 1769, Julien Michel amène lui-même Jean Costel, cloutier, qui passe sous la toise; il servira dans la milice à la décharge de la paroisse pendant 6 ans. En 1778 (C. 9545), sont exemptés Geslin, clerc de notaire; François le Vernu, estropié de la main droite; Jacques Marie, dit Caumont, de Caumont, boucher; le sort est échu à Pierre Brunel, de la Ferrière au Doyen, et Pierre le Prince, de Chanu, 19 ans, compagnon cloutier; en 1766 (C. 9542), il y a 23 conscrits. Sont exemptés : Jean Boullogne, comme tuteur de ses frères, Michel Julienne, pour cette année, malade de la milière, ayant reçu les derniers sacrements; Pierre Poulet, par son âge, au dessous de 18 ans; Pierre Huet, incommodé de la main droite; François Thouroude, malade de la milière, excusé; Noël Dumont, grand valet, fait valoir le labourage de 4 chevaux; Nicolas Huet réclamé par M. Benon, directeur de la mine, comme son maître charpentier; Guillaume le Breton, exempt; Dienen, ayant disposé.

CHAPITRE VIII

LE TERRITOIRE. — LE SOL. — LES ROUTES.

J'ai dû, pour des raisons toutes spéciales à Balleroy, commencer l'histoire par une description complète; nous avons trouvé là les principales fermes, les anciens fiefs, les lieux dits avec l'origine de leurs noms, les noms des principales pièces de terre; un plus grand nombre de ces pièces de terre se retrouveront en parlant des nombreux achats et ventes et échanges faits par les Trexot et les Choisy. Nous avons parlé et nous parlerons des moulins. Il y a toutefois lieu d'insister sur les changements et les travaux faits aux routes depuis 1600 et sur la culture du sol.

1° Routes. — L'ancienne route de Caen à Saint-Lo, dont nous avons parlé et qui allait en ligne droite du fief Guilbert, en suivant la Goutte, à la route actuelle de Saint-Lo à Bayeux, au-dessus de l'Embranchement, était-elle une voie romaine, comme pourrait l'indiquer son nom : le Chaussey ?

M. de Choisy, en plantant au partir du Sapin ses 4 avenues, dont 2 sont encore debout en partie, laissa subsister l'ancienne route de Caen, et ce ne fut probablement que peu à peu et presque nécessairement que l'usage s'établit de suivre ces avenues.

Quel était l'état de ces routes? Voyez ce qui reste de

ces routes et de celle de Thorigny à Bayeux entre la ferme du Parc et celle de Molandin. Vous en aurez une idée; on devait voyager à cheval. En 1648, quand le seigneur de Balleroy réclama la haute justice, tout le monde reconnut que de Balleroy à Condé les chemins étaient impraticables et qu'on y était en danger. Ainsi (C. 3779), dans un mémoire du 13 février 1783, on constate qu'il faut transporter le charbon de Littry à Bayeux à dos de cheval; et sur un autre point, de Littry à Isigny, en 1748, malgré un arrêt du bureau des finances de Caen qui demandait l'élargissement de la route à 24 pieds, trois paroisses : Bernesq, Bricqueville et Colombières, refusant leur concours pour cet élargissement nécessaire pour le débouché des charbons de terre, l'intendant de la Briffe (C. 3777) leur fait remarquer que le chemin de Balleroy à Isigny est en très mauvais état, plein d'ornières et de mauvais pas, et n'a pas la largeur convenable et prescrite pour les chemins de bourg à bourg. Ne nous étonnons pas que les impôts pour les routes aient notablement augmenté dans la seconde partie du XVIIIe siècle.

Dès 1732, le marquis de Balleroy insiste pour que la route de Caen à S. Lo passe par le Pont Roch (Chouain, Audrieu), Balleroy, Cerisy; ces deux bourgs ont un grand commerce de beurre, volailles, charbon, ils ont haute justice et marché; ce tracé sera plus utile que celui de Marcelet, Cormolain et donnera un débouché pour la forêt.

A partir de 1742, ses instances augmentent et il se préoccupe de l'état des routes de Balleroy à Littry et surtout de Littry à Isigny. En 1742, la mine de charbon de Littry était découverte; on en dépense 4000 boisseaux à la fenderie (fonderie) des grosses forges de Balleroy, mais surtout on en expédie à Caen et à Rouen dès 1743;

dès 1747, la 1re fosse produisait 800 boisseaux par jour. Comment communiquait-on avec Caen? Par la mer; s'il était possible de porter le charbon à dos de cheval à Bayeux, ville peu importante, on ne pouvait y songer pour Caen; on le portait à Isigny, à 5 lieues de Littry (C. 3023), et on l'embarquait à Isigny pour Caen. Nous ne devons donc pas être surpris que le marquis de Balleroy insistât pour l'élargissement; 3 paroisses pauvres, nous venons de le voir, s'étaient plaintes d'être surchargées pour l'intérêt particulier du seigneur de Balleroy, qui voulait assurer un débouché pour les charbons de terre qu'il retirait de chez lui (C. 3777); l'intendant se contente de leur rappeler l'arrêt de 1745, qui exige une largeur de 24 pieds, l'utilité pour le public, l'utilité pour l'Etat qui pourra se passer de charbon d'Angleterre, pour le pays puisque la manœuvre de l'extraction du charbon et le transport par charroi laissera beaucoup d'argent. Et pendant plus de 20 années les travaux se poursuivent et tous les ans on publie un état des paroisses ou communautés chargées des réparations de la route d'Isigny à la Mine de Littry; ainsi, en 1771-1772-1773, ces communautés doivent faire un approvisionnement de 200 toises 4 pieds 88 de gravier; les communes pouvaient se libérer en argent, ainsi en 1781, Balleroy payant en 1777, 3529 l. pour les 2 brevets de la taille, fournissait une tâche de 625 l. 16 s. Il arrivait que des paroisses éloignées des routes fournissaient leur subvention, mais comme elles n'étaient pas assez pénétrées des idées de solidarité, qui apprennent à se sacrifier pour les plus favorisés, elles se plaignaient, et quelquefois à juste titre.

Ce n'est pas suffisant pour le seigneur de Balleroy: il faut améliorer les rues du bourg, les communications avec Caen, par Tilly, avec St-Lo et avec Littry, puis avec

Caumont. En 1774 (C. 3779), M. de Fontette, intendant, obtint un fond sur le revenant bon de la capitation pour faire plusieurs ponts, en particulier le pont Jourdain, de Tilly à Balleroy, et des portions de chaussées, au moyen d'ateliers de charité qui furent annuellement établis; on fait remarquer que ce chemin était très utile pour apporter à Caen du cidre et du bois. Ces ateliers de charité avaient commencé en 1748 (C. 3696) : la récolte avait été très mauvaise, les nécessités des pauvres s'étaient multipliées, le Parlement de Rouen ordonna une cotisation générale dans la province, pour faire cesser la mendicité et procurer la sûreté publique : on demanda des travaux publics; en 1770, le roi donna 20.000 livres; en 1771, 50.000 livres; en 1775, les ateliers de charité furent définitivement établis et réglementés. En 1780, ces ateliers furent autorisés, quoiqu'il n'y eût point de contribution volontaire; les fonds de ces ateliers furent faits par le roi.

En 1774 (C. 3777) et 1775, le comte de Balleroy présente des requêtes pour établir une communication entre Balleroy et la route de St-Lo : Balleroy a plus de 1200 habitants, un marché, des foires, la haute justice sur 8 paroisses; ce débouché intéressant pour le commerce faciliterait l'exportation de la chaux, seul engrais qui puisse rendre les terres du Bocage d'une culture avantageuse; sans la chaux elles donnent du seigle et avec la chaux d'excellent froment. Il demande des fonds sur les ateliers de charité, promettant de contribuer à la dépense (25 octobre 1775), qui serait encore de 12.000 livres. M. Lefebvre, inspecteur des ponts et chaussées, expose ses vues dans sa réponse : l'usage de la généralité est dans les ateliers de charité de faire tenir des journaux de dépense par des conducteurs, par les gens d'affaires des seigneurs et souvent par des piqueurs inconnus; il préfère passer des adjudications, à la condition expresse par les entrepreneurs d'y admettre les pauvres de tout sexe et de tout âge et de faire annoncer à l'avance le jour de l'ouverture des travaux. Ces ateliers fonctionnaient depuis 2 ans et avec les fonds de charité; ils avaient fait une chaussée dans le bourg. En 1776, il y avait à faire un pont sur la Drôme, au bas du bourg, il devait coûter 7470 l. 4 s. 3 d., et un chemin jusqu'à l'Embranchement, de 18546 l. 19 s.; la dépense devait s'acquitter sur les fonds de charité et sur l'imposition des communes de Balleroy, Montfiquet, le Vernay et le Tronquay; la largeur de la route sera de 30 pieds entre les fossés, qui auront 6 pieds de largeur ; il y aura une chaussée en cailloutis de 15 pieds de largeur sur 20 pouces d'épaisseur et 7 pouces de bombement; ces 20 pouces comprendront 3 couches : 1° des pierres posées à plat, très larges; 2° des pierres de moyenne grosseur, posées de champ; 3° 4 pouces de pierraille très réduite. Nous l'avons dit, au sujet des tailles, les communes votèrent l'imposition en septembre 1776, le Conseil d'Etat donna son autorisation, mais Necker décida que la dépense ne devrait pas être à la charge de ces seules paroisses, ni des seuls taillables; la dépense totale était de 27176 l. 1 s. 9 d.; les 7470 l. du pont seront fournies sur le fonds libre de la capitation; les 1158 l. 18 s. 6 d. pour indemnités de terrain seraient acquittées par la province; les 18546 l. restants seraient acquittées, 6546 l. 1 s. 9 d. par les fonds des ateliers de charité et 12000 l. par les quatre paroisses; cette somme sera passée en moins imposé à ces 4 communes. La chaussée était de 1018 toises, 3 pieds, et tout fut payé à Lequesne, entrepreneur, le 4 octobre 1777 (C. 3778). Dans le règlement des travaux pour le pont

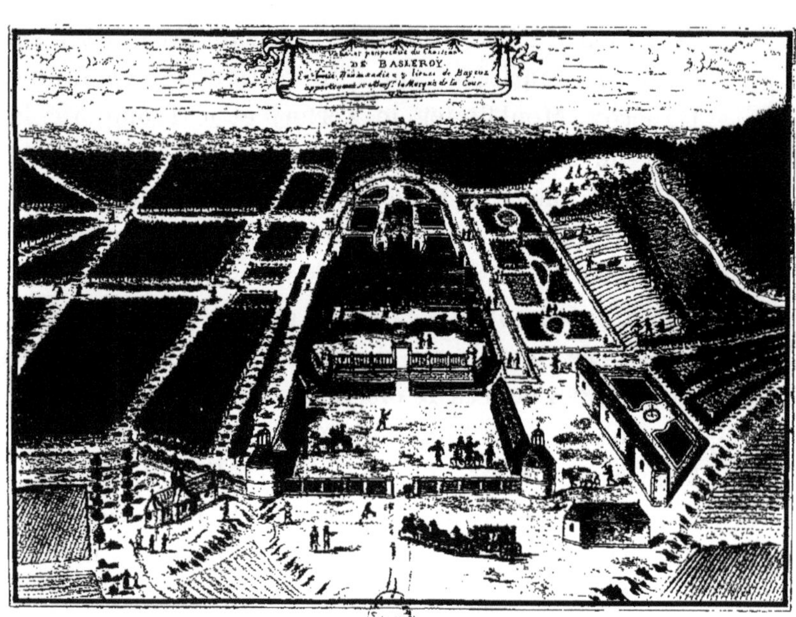

Plan du château de Balleroy

CAEN. - IMP. DOMIN

(C. 1779), il est fait remarquer que la pierre d'Orival est fournie sur la carrière au pied de 11 pouces, tandis que l'ingénieur la comptait au pied de 12 pouces de roy, exemple de la confusion des mesures.

En juillet 1779, on achève ces travaux par une route de 893 toises, savoir 481 toises du Sapin à la chaussée construite en 1775 dans le bourg, rue des Forges, et 411 toises de la chaussée du bourg au chemin de la Cavée; il y aura une chaussée de cailloutis de 13 pieds de long sur 16 pouces d'épaisseur et 6 pouces 1/2 de bombement avec 3 couches comme plus haut; la pierre sera tirée dans la grande avenue de Balleroy. Le nouveau chemin coupait celui de Vaubadon dans un endroit où la chaussée était beaucoup plus élevée que le niveau de l'ancien chemin (près de la gare actuelle); une pétition fut faite le 3 août 1778, et en 1779 on fit deux rampes sur les routes de Montfiquet et de Vaubadon, d'une largeur de 29 pieds, y compris les fossés. Dans le centre de Balleroy, sur cette route il restait un travail à faire; en 1782, il fut arrêté que, sur les fonds de charité, il serait déblayé 600 toises cubes de terres et de rochers, qui seraient transportés le long de la levée *qui traverse la prairie et conduit au château.*

Il fallait une communication entre la mine de Littry et la route de St-Lo à Bayeux; deux projets se présentaient, l'un par Vaubadon, l'autre par la route actuelle, continuation de celle de Balleroy; le seigneur de Vaubadon soutenait le premier plus utile aux villages, plus court, avec une route moins large; le seigneur de Balleroy soutenait le second, qui rapprochait la mine de St-Lo, tandis qu'il y avait une route de Littry à Bayeux, et facilitait les relations des bourgs de Cerisy et de Balleroy, ce dernier projet fut exécuté.

Ainsi les desseins des seigneurs de Balleroy étaient réalisés : leur bourg relié à Tilly, Caen, St-Lo, Littry, Isigny et Cerisy. Grande émotion dans la ville de Bayeux : un mémoire fut fait en 1782 au nom de cette ville, faisant valoir qu'une route par Tilly, Balleroy, Cerisy et St-Fromont, pouvait favoriser l'arrivée des Anglais. Le 13 février 1783, grande émotion des intéressés de la mine de Littry, ils craignent que l'on n'abandonne la route de Bayeux, Littry, Cerisy, dont les travaux sont suspendus parce que les fonds de corvée, destinés à son établissemenf, ont été employés en partie à la nouvelle route de Caen à Balleroy.

Restait la route de Balleroy à Caumont. Le 30 septembre 1778 (C. 3690), le comte de Balleroy présentait un mémoire pour cette route, en même temps que pour la place; nous venons de parler de ce dernier travail. La rue dite des Forges a été dressée et mise en chaussée au moyen d'un atelier de charité; celle du milieu est en très mauvais ordre, ainsi que la place qu'elle traverse, où se tient un marché. La 3e rue, dite des Étangs, fait partie du chemin de Caumont où il y a un marché considérable; elle devient impraticable : M. de Balleroy demande un atelier de charité pour réparer la place et rendre la communication praticable. Le travail de la place se fait en 1782, celui de la route en 1783; le seigneur abandonna les fonds de l'indemnité du terrain qui lui avait été pris pour le chemin de communication de Balleroy à la route de Bayeux à St-Lo. L'ancienne route de Caumont, plus large que l'actuelle dans la rue des Etangs, passait derrière le cimetière et rejoignait derrière Tivoli la route alors dite du Molay; on la modifia, mais au Veysbire elle était à côté de la route actuelle derrière le cimetière. En 1791, on accorda à la paroisse de Balleroy (District de

Bayeux, Correspond.) chargée de pauvres un secours de 300 fr. pour la réparation de ses chemins vicinaux et notamment de celui tendant à Caumont.

Enfin des indemnités territoriales furent accordées à ceux dont on prenait le terrain pour la confection des grandes routes, ainsi (C. 3156) 1782, à Gabriel le Brun, 66 l. 11 s. 5 d.; au marquis de Balleroy 514 l. 17 s. 9 d.; en 1781 et 1782, à L. Haribel, de Vaubadon, 390 l. 9 s. 11 d., un portion de jardin (C. 3137) long de 8 toises 16, larg. de 1 t. 20, en tout 16 t. 4 pieds 6 pouces à 12 l. la perche fait 208 l. 4 s. 9 d. Le Brun pour 22 perch. de terre labourable à 5 l. 12 a 129 l. 2 s. Pour sa maison, Nicolas James touche 460 liv. En 1743, le s[r] Anfrie de la Poterie reçoit 30 liv. pour 118 perches 3/4 de terre prises pour faire le chemin de Balleroy à Cerisy (253 la perche ou 10 l. la vergée).

2° **Les postes**. — En 1745, une lettre fut écrite au ministre d'Ogny pour demander un bureau de poste pour Balleroy, bourg très peuplé, où il se tient un marché, où il y a une pension publique et dont les habitants sont actifs et industrieux. Cette pétition est renouvelée le 24 juillet 1791, appuyée par les communes voisines : on les envoie à se pourvoir devant le pouvoir exécutif. Le 18 pluviôse an XIII (27 janvier 1806), le conseil municipal constate que le piéton-poste apporte 3 fois la semaine de Vaubadon, où est le dépôt de la poste, avec les lettres, les paquets adressés au maire, qui les rend au piéton-poste pour les porter dans les communes environnantes.

Usages, mesures, monnaies, prix. — Rappelons d'abord les anciens poids, mesures et monnaies. La mesure de superficie la plus usitée était la vergée de 22 pieds; en 1754, fieffe Guillaume Le Bœuf dans le pré Bosquet, 910 pieds carrés pour 9 l. 81 sols de rente foncière à raison de 10 sols par perche carrée, composée de 484 pieds carrés; on le voit, la vergée de Bayeux de 24 pieds était donc composée de 576 pieds carrés; l'une représentait donc 20 ares 42 cent. 80 et l'autre 24 ares 42 cent. ; 4 vergées faisaient une acre; 2 vergées et demie faisaient un arpent. Et encore il était bon de s'assurer de la valeur du pied : le pied Roy ou de Roy, et c'est lui que l'on semble adopter dans les termes de comparaison des anciennes mesures avec les nouvelles, était de 12 pouces, dans certains endroits il était de 11 pouces : ainsi en 1779 (C. 1779), on fait remarquer que la pierre d'Orival, prise pour le pont, est fournie sur la carrière au pied de 11 pouces, tandis que l'ingénieur la comptait au pied de 12 pouces de roy.

La principale mesure de capacité pour les grains était le boisseau; mais il y avait le boisseau mesure de Bayeux et le boisseau mesure de Briquesard, qui était la mesure de la seigneurie, le boisseau pour le blé et le boisseau pour l'orge et l'avoine. Vers 1780, l'auteur de l'Inventaire du château, ramenant toutes les anciennes fieffes à l'unique mesure de Bayeux, nous dit que pour le fief Anquetil, la cotte part des mineurs James, représentés par le s^r^ le Carpentier, est d'un boisseau de froment, mesure de la seigneurie, lequel, supposé le même que celui de Briquesard, qui est 10 pots 2/3, fait les 2/3 du boisseau de Bayeux, lequel est de 16 pots : le fief Henri Guilbert doit trois boisseaux d'orge à 36 pots ou 2 boisseaux 1/4 mesure de Bayeux, et 2/3 de boisseau d'avoine, revenant à 8 pots ou un demi boisseau, mesure de Bayeux; ainsi le boisseau de Bayeux, pour le froment était de 16 pots et pour les menus grains de 18 pots, et le boisseau de Briquesard était de 10 pots 2/3 pour le froment et de 12 pots pour les menus grains; on appelait le boisseau de

Briquesard le petit boisseau. Si le boisseau représente 13 litres à peu près, le pot ou seizième représentait 1 litre, 12 boisseaux ou 1 hect. 56 litres étaient le setier.

L'unité des poids était la livre qui valait 2 marcs 16 onces et 64 gros.

L'unité des monnaies était la livre qui valait 20 sous de 12 deniers : vers 1600, nous voyons les écus *sol* (du mot latin *sol*, soleil) sur lesquels était représenté le soleil, et qui valaient, je crois, une trentaine de sous, à moins qu'ils ne fussent des écus d'or sols, dans ce cas ils valaient six livres.

Disons quelques mots des prix successifs de la terre, des journées et des denrées : c'est plutôt un tableau comparatif, résumé dont nous retrouvons les détails aux achats faits par les Trexot et les Choisy, les ventes ou fieffes faites plus tard. En 1472, 6 verg. 1/4 au hamel de la place valent 32 liv. 10 s. ou 5 liv. 10 s. la vergée; en 1527, une demi acre vaut 110 s. ou 2 liv. 15 sous la vergée; en 1541, Jean Velochy vend 83 verg. 350 liv. ou 4 l. 4 s. la vergée; en 1560, 2 verg. sont vendues 7 liv. 10 s. ou 3 liv. 15 s. br. liv.; en 1574, 2 verg. d. de la Goutte valent 21 liv. 10 s., ou 10 liv. 15 s.; en 1584, une verg. 1/4 d. de la Goutte se vend 63 liv. 10 s.; c'est le même prix; 3 verg. sur la rivière, près du moulin, se vendent 30 écus sols, soit 10 écus sols la vergée, ce qui me fait croire qu'à ce moment les écus sols équivalaient à peu près à la livre, c'est que le vin pour 13 liv. est de 10 s. et celui de 30 écus est 30 s.; en 1595, 6 verg. du Cosnel ne valent plus que 15 écus, soit 2 écus et demi, peut-être étaient-ils de 3 liv. — A partir de 1600, je vois 89 vergées se vendre 530 écus sols, à 30 sous par écu ce serait 9 livres la vergée, à 3 livres par écu, ce serait 18 livres; la moyenne ordinaire me semble bien de 11 livres à 16 livres; en 1688, dans le lieu Gilles, 3 verg. sont fieffées 7 l. 10 s. et 1 poule 1/2; au lieu Serard, 6 vergées se fieffent 15 liv. ou 2 liv. 10 s. la vergée, l'augmentation est sensible, environ 50 liv. la vergée. En 1754, nous voyons le terrain pour bâtir se louer ou fieffer 10 sous la perche ou 11 livres la vergée; en 1778, 2 perch. près Bosquet, quitte des impositions royales, est fieffé 5 l. la perche ou 110 l. la vergée; en 1780, 2 verg. 3 perch. pièce de la petite chasse, avec fossé, sont vendues 834 l., soit 250 l. la vergée. — Loué la maison proche la Crouée (ou la Croix) du Rond à Jacques..., savetier, 7 livres. En 1790, les herbages, moulin, moulin Foulon, Verdier, Bimboure, sont loués 15 liv. la vergée, les herbages sous la forêt, fenderie, etc. sont loués même 17 liv.; le pont blanc n'est loué que 8 liv. la vergée, les fermes comme Molandin sont louées 5 liv. la verg. (2554 liv. pour 5090), Courteille (193 v. à 1237 l.) 6 l. (voir tableau ci-après).

Les rentes se vendent, en 1714, une de 44 liv. 800 fr.; en 1610, une de 60 s. 42 livres et une de 10 liv. 140 liv..

Quel était le prix des grains? En 1610, 9 boisseaux d'orge, 2 boisseaux de froment et 2 boisseaux d'avoine de rente, soit 13 livres ou 15, puisque ceux de froment se vendaient le double, sont vendus 180 livres, ce qui fait une rente de 9 livres à 10 livres, et le boisseau de petits grains de 12 à 15 sous. En 1698, d'après un mémoire de Génas de Rubercy (C. 275), le boisseau de froment valait 2 l. 7 s., l'orge 1 l. 13 s., l'avoine et le seigle 1 l. 12 s., le sarrazin 1 l. 10 s., les pois, fèves et haricots 4 l. 10 s., le cent pesant de foin, 2 l. 5 s., le tonneau de cidre de 600 pots, faisant 4 muids de Paris, 45 liv.; le quintal de lin fin, 110 liv. et le chanvre fin 60 liv. En 1659, le beurre vendu soit près du Bosquet, soit près de Portes par les Michel (E. Michel) environ 50 livres du prey du Haut et 20 à 25 livres de la Vallée,se vendait à Cerisy, à Balleroy, et même à Bayeux, environ 6 s. la livre ou 5; en juillet 1661, et en août 1663, on en salait 20 livres, et encore 20 livres; en 1664, dix huit livres furent bailliées aux cloutiers; le 26 mars 1665, le sien du sieur de la Vallée fut sallé et le sien de là haut (des prés) avait été baillí au maître d'hostel de M. le comte de Thorogny. En 1667, sildre vendu, à Raphaël Huet, 3 tonneaux à 63 livres, qui fait IXxx l. x s. soit 189, 5 tonneaux à l'homme de la veufve Gilles Millet, 111cc xl. — En 1696, le sarasin à 20 s. la 1/2 livre; en 1861, 22 s. le boisseau; 8 douzaines d'œufs, 16 s.; en 1690, le sarrasin valait 38 s. le boisseau, puis 50 s. — 1708, la viande prise à Pierre le Bœuf à 6 liards la livre.

Quel était le prix des journées? — En 1672, d'après la note de M. de Choisy, le voyage de Bayeux étant l'équivalent d'une journée, c'était 5 à 6 sous; d'après le mémoire de Génas, cité plus haut, en 1765, il y avait 150 métiers de toile, occupant 1500 personnes qui gagnaient 7, 8 et 9 sous les ouvriers, 3 et 4 sous les fileuses. En 1665, Guillaume des Landes est loué 18 liv. et 20 s. de vin; Mathieu Lavarde, 14 liv. et 10 s. de vin, on lui baille sa chemise d'avance. En 1788 (v. Registres municipaux, rapport du 25 pluviôse an XIII) la journée d'un homme d'état était de 15 s., celle d'un ouvrier de ferme de 10 sous. En décembre 1793, les ouvriers du château au potager avaient 20 s. par jour (Q. Emigrés, Lacour Balleroy) et 15 s. à la basse-cour, le jardinier la Brecque avait 46 l. 23 s. 4 d. par mois de gage et de nourriture et il en est payé; Moreau, cuisinier, avait 62 l. 10 sous par mois et l'aide de cuisine, la femme Heuzé, 50 l. par quartier; le concierge Lemaire 75 liv. par quartier. Pierre

Bazire pour réparer un fossé, en décembre 1796, 18 s. et, en octobre 1797, 16 s.; Jean Auzouf avait 10 s. pour une demi-journée à faire des bourrées. D'après les comptes de M. de Balleroy en 1790, gages de ma maison :

Secrétaire-ingénieur géographe : Deby, 1200 l. en tout 1/3 en nourriture.

Cuisinier : Moreau, 507 liv. par an et nourri, se fournit d'aide et laveurs;

2 laquais, 576 liv. et nourris à Balleroy 6 mois;

1 cocher 672 liv. nourri à Balleroy;

Postillon 576 liv.

1 receveur, Toussaint Lefebvre des Longchamps, 500 l.

1 régisseur, Hébert de la Vicomterie, 800 liv., moitié pour la nourriture.

1 concierge et femme de charge, 600 liv. et nourri.

1 frotteur, 120 liv., et nourri.

1 fille de garde-robe, 56 liv., et nourri.

1 jardinier, 240 liv.

6 gardes des bois à 200 liv., dont un à 250 liv.

En 1692, un procès est fait à Pierre le Cambois pour avoir refusé 30 sous pour trois voyages pour aller quérir les provisions du seigneur : le prévost de la seigneurie avait fait une saisie sur le fermier. — Maçons : 1698, à Mâché, à Jean Hébert pour masonner la grange à 10 s. le pied; 1677, et les ouvriers, 60 s. de l'acre pour lier les blés; en 1692, attasché à scier et lier les gros blés 60 s. de l'acre; à faucher les herbes à avoine 8 s. par jour. — 1667, un voyage de vetture 20 s. — Visite de médecin et saignée, en 1662, 20 sous. — Louage des domestiques : Mathieu Lavarde, 16 liv., 2 livres de laine, l'herbage de 2 bestes à laine et sa droiture, et s'il n'y a point laine et herbage, 20 livres. — En 1665, la fille à défunt Pierre Lespine de Planquery, nommée Jacqueline a 10 l. et

40 s. de vin, ses soulliers et 3 aulnes de toilles; en 1669, Anne Mansel a 7 livres et ses droitures; 1710, les masons ont 11 s. par jour; Michel Sanson, serrurier, a 4 livres pour 5 jours; 1708, la grange est attaschée à charge de donner le 14e boisseau, un boisseau de seigle et d'avoine, un pot de sidre, de la bouillie ou des pois (?) au matin, quand l'on en fera ou du potage à tremper leur pain.

En l'an IV, pour des travaux à la basse-cour de Molandin, la couverture à faire est de 190 toises de neuf à 3 l. 10 s. la toise et 1155 toises à recharger à 10 s. la toise; la latte est à 15 l. le mille, les ardoises de Castillon à 14 livres le mille, celle de la Bazoque à 10 livres; en 1662, Mathieu Lavarde reçoit 41 s. pour le paier des toilles et 2 s. pour les souliers; quand Collasse, servante, fut mallade (1662) on lui donna un pot de poiré 4 s. 7 d., 1 de sildre 4 s., un d'eau de vie 4 s., pour faire dire messe 10 s., etc.

1706, Catherine Michel est baillée à nourrir à Françoise du Vigné, nourrice, par 60 s. par mois.

La charité, les aumônes. — Nous n'en trouvons pas d'organisation régulière, ni de revenus permanents par des fondations. Nous trouvons seulement dans les comptes du marquis de Balleroy, prisonnier, ses charités en 1793, les notes suivantes, qui suffisent à indiquer un usage ancien et constant : Ordonnance de Vimard, officier de santé, payées chez Cotentin, apothicaire, par les mains du sr Deby. M. Hébert de la Vicomterie, ou sa femme, née Pitet, a payé pour 19 l. 9 s.; puis 29 l. 5 s. pour façon d'une camisole, jupon et tablier; au Tronquay, la femme de Jacques Dufrennes a reçu 4 l. 2 s. pour 2 tourtes de pain à la veuve Sandrine; Michel Lefèvre a eu 9 l. 10 s. pour 4 tourtes données à la veuve le Goupil.

DEUXIÈME PARTIE

Suite des Faits de l'Histoire de Balleroy et de ses seigneurs.

CHAPITRE I

SOUS LES DU HOMMET, LES SEMILLY ET LES ESSARS

Il est impossible de séparer l'histoire d'un pays sous la féodalité de l'histoire de ses seigneurs, une fois surtout qu'on en a étudié les usages et les coutumes; cela est vrai surtout de Balleroy, puisque jusqu'en 1657, le fief de Balleroy se confondait sensiblement avec la partie habitée de la paroisse et quand Courteille, la Chouquaye et La Londe Périgny furent habités et cultivés, ils étaient, depuis 1657, unis au fief de Balleroy.

Nous avons déjà dit et nous le répétons qu'en 1100 à peu près, il est certain que le fief de Balleroy relevait de la seigneurie et châtellenie de Condé-sur-Noireau.

Depuis quelle époque ? Nous ne le savons; faut-il remonter jusqu'à l'époque germaine où les leudes se groupaient autour de leurs chefs? faut-il du moins remonter jusqu'à l'époque carlovingienne où tous les hommes libres devaient se choisir un seigneur, se recommander à un seigneur, où quelquefois le seigneur avait imposé son choix par la conquête? faut-il remonter au traité de

Kiersy-sur-Oise, où l'hérédité des bénéfices et des offices avait affermi ce système particulier où chaque terre dépendait d'une autre quel qu'en fût le possesseur. Comment se fait-il que Balleroy dépendait de Condé, dont ne dépendait aucune paroisse voisine? Recommandation ou conquête, peu importe; nous savons que les fils de Clovis s'étaient fait dans la France des parts ou enclaves qui les faisaient passer les uns sur les autres, pourquoi les seigneurs n'en auraient-ils pas fait autant?

Rollon changea-t-il ces divisions territoriales, ces dépendances ou mouvances mutuelles? ou bien n'est-il pas plus probable qu'il mit ses compagnons ou ses partisans à la tête des fiefs? Ainsi l'organisation que nous trouvons vers 1100, pouvait avoir plusieurs siècles d'existence.

Notre point de départ est la charte de Richard du Hommet, confirmant les donations faites à l'abbaye d'Aunay et en faisant de nouvelles; elle date de 1175 à peu près et se trouve dans la *Gallia Christiana*: « Que les moines d'Aunay possèdent donc du don de Jourdain et de Lucie, sa femme, le lieu où fut construite l'abbaye.... du don des mêmes, l'église de Balleroy avec toute sa dîme et la dîme de son moulin... toutes les donations ci-dessus moi Richard du Hommet et mon épouse Agnès et mes fils nous les concédons et confirmons quitter de tout service et de tout droit... » Pourquoi la bulle d'Eugène IV, en 1152, ne cite-t-elle pas Balleroy parmi les possessions de l'abbaye d'Aunay? Contentons-nous de ce que dit la charte d'Aunay.

Luce des Monts de Lenque (Campandré) était l'héritière des anciens seigneurs d'Aunay, elle avait épousé Jourdain, écuyer, de la famille de Say; Jourdain, en 1112, était témoin d'une charte de confirmation accordée par Henri 1er, roi d'Angleterre, à l'abbaye de Savigny. Il est bien permis de dire que si Jourdain de Sai donnait l'église à l'abbaye, c'est que déjà il avait le fief. C'est le 15 juillet 1131 que l'abbé de Savigny put fonder l'abbaye d'Aunay. Jourdain de Sai et Luce, que nous ne voyons nulle part appelée Luce des Essars, eurent une fille nommée Agnès, qui épousa Richard du Hommet; Agnès avait la châtellenie de Beaumont (commune d'Englesqueville, canton d'Isigny) et ce fief fut appelé Beaumont le Richard, à cause de Richard du Hommet. Sans nous étendre sur les origines de la famille du Hommet, nous dirons qu'elle était l'une des plus illustres de Normandie. Richard du Hommet était en faveur auprès d'Henri II, duc de Normandie, qui, devenu roi d'Angleterre, lui donna la charge de connétable; Richard paya peut-être cette charge par trop de complaisance et, par une charte vers 1173 (Hist. d'Aunay, p. 21), Henri II confirme à Richard du Hommet la connétablie pour lui et ses héritiers « la bien pacifiquement et honorablement posséder et tenir de moi et de mes héritiers en fief perpétuel et hérédit ». Cette charte faite à Caen est signée de Rotrou, archev. de Rouen, Henri, év. de Bayeux, Arnoul, év. de Lisieux, Roger, év. de Séez, Richard, év. de Winchester, Jean, doyen de Salisbury, Guil. de Courcy, sénéchal, Jourdain Taisson, Fouques Painel, Jean de Semilly, etc. En 1179, Richard du Hommet entra lui-même à l'abbaye; il avait à réparer sa conduite à l'égard de Thomas de Cantorbéry qu'il avait probablement reçu mission d'empêcher de se sauver sur le continent, quoique Henri II ait dit qu'il l'avait chargé d'arrêter les assassins. En 1181, il mourut laissant Guillaume, comme héritier de la connétablie et de la baronnie du Hommet, Jourdain et Enguerrand, sieur d'Aunay, Balleroy et Brisborough en Angleterre. Enguerrand était mort en 1181 comme son père et n'avait pu faire acte de seigneur d'Aunay et Balleroy. Après lui, sa fille Luce est appelée dame de Balleroy : Guill. de Semilly confirme (Arch. du Calv. fonds d'Aunay, n° 12 *ter*) la donation d'une terre, *quam fecit Luciam, dominam de Ballerré, soror mea*. Pendant ce temps il semble bien que le connétable Guillaume du Hommet ait renouvelé et augmenté les concessions de ses ancêtres à l'abbaye, et sollicité pour eux la protection de l'abbaye; Jean Sans-Terre, pour le punir de commander la Normandie révoltée, confisqua ses biens et le força à engager ses biens de Langrune; il se retira aussi dans l'abbaye et y mourut.

Désormais les familles du Hommet et de Semilly restèrent séparées. Le successeur de Luce de Balleroy fut Guillaume I de Semilly. Ici la généalogie est assez difficile à établir; ce qui me paraît plus clair, c'est que Enguerrand du Hommet avait épousé sa nièce, Cécile de Semilly, fille de Guillaume du Hommet, en même temps seigneur de Semilly dont il prenait quelquefois le nom. Dans une charte de 1204, où Guillaume de Semilly renouvelle la donation de l'Eglise de Balleroy avec sa dîme et la dîme du moulin (Hist. d'Aunay, p. 204), il cite Enguerrand son père, Cécile sa mère, Guill. du Hommet son oncle, Richard du Hommet son grand-père, Agnès sa grand'mère, L. Jourdain de Sai grand'père paternel et Luce grand'mère paternelle.

Richard du Hommet épouse Agnès de Beaumont

Guillaume du Hommet — Jourdain — Enguerrand du Hommet

Richard — Guillaume — Henri — Jourdain — N.N.N. — Cécile, épouse de

Henri — Guillaume — Jourdan — Geoffroy — Enguerrand — Richard — Luce — N. — Julien

Guillaume II

Henri (1254-1292)

Guillaume I de Semilly se fit-il religieux dans un couvent de franciscains à Bayeux, s'en fut-il en Angleterre? Son fils, Guillaume II, lui succède vers 1224. En 1252 (Inv. 193) Guillaume de Semilly, seigneur d'Aunay et de Balleroy, acquiert des abbés de Cerisy la rivière de Drôme « à eux appartenant au droit du Roy jusqu'au bieu et y rendre pleine justice d'un bord à l'autre »; la main levée est donnée par le grand'maître Jean de Semilly en 1461. Vers 1260, il est remplacé par son fils Henri de Semilly. Nous avons cité de lui une charte de 1261, confirmant les précédentes chartes de son père et de son grand-père qui donnaient à l'abbaye le moulin de Balleroy. En 1292, son fils Guillaume III, *Guillelmus de Semilleio*, ratifie les donations de ses ancêtres et les confirme de nouveau en 1297. Les discussions devenaient fréquentes entre le seigneur et l'abbaye; Guillaume IV de Semilly, en 1323, et l'abbé furent renvoyés en l'assise de Mortain, au chevalier Jean Painel, qui donna raison aux religieux sur tous les points. Le vendredi après la Sainte Luce, l'an mil CCC vingt et trois, Guillaume IV (Arch. de l'abbaye, p. 289 et p. 307) reconnut en particulier la charte relative au moulin de Balleroy. Nous arrivons à l'époque de la guerre de Cent Ans; Balleroy dut avoir à en souffrir; le moulin Bacon et la commanderie de Planquery étaient en relations avec la châtellenie des Bacon du Molay, Balleroy était sur la route du Molay et de Bayeux à Thorigny; or on sait que l'une des causes de la guerre de Cent Ans fut la trahison de Geoffroy d'Harcourt, mécontent d'avoir été dédaigné par Jeanne Bacon. En 1346, les Anglais étaient maîtres du pays; en 1357, un des chevaliers de Charles le Mauvais, Arnaud d'Aigremont, s'était établi dans le château d'Aunay; en 1359, le bourc ou bâtard de Luz, capitaine de la forteresse d'Aunay, menaçait Thorigny et allait jusqu'à Bayeux (Hist. de Thorigny). C'est Du Guesclin, en 1363, qui le força à partir moyennant 4500 francs et qui fit raser et abattre le château d'Aunay. Guillaume de Semilly et son fils Jean I de Semilly étaient morts, nous ne savons comment. En 1374, c'est Guy de Semilly, frère de Jean, qui est seigneur d'Aunay et tuteur des enfants de Jean. C'est pendant qu'il était seigneur que nous voyons paraître pour la 1re fois la châtellenie de Condé. Le 8 mai 1391, les religieux et l'abbé d'Aunay «tenons et advouons à tenir (page 323, Hist. de l'abbaye) de très haute et puissante princesse madame la Royne Blanche, par la grace de Dieu royne de France, en sa vicomté et chastellierie de Condé sur Noireau... le siège de l'abbaye... nous avons ès paroisses de Auney, Bauqui et de Balleroy, plusieurs hommes tenant de nous... » L'aveu à la reine Blanche devait être rendu par Jean de Melun, comte de Tancarville, héritier des du Hommet de la branche aînée, et non par Guy de Semilly, qui tenait son fief par parage ; le comte de Tancarville ne remplit pas d'abord la formalité de l'aveu, le fief fut saisi, et, le 12 avril 1391, quand l'aveu fut fait, Guy de Semilly obtint main levée de la saisie et fut remis en possession de ses droits «le XXVe jour de juillet mil cccIIIIxx et onze; dans cet acte messire Guy de Semilly est dit seigneur d'Aunay et « du 22 mai mil CCCIIIIxx et douze » on datait le *vidimus*, l'hommage rendu du fieu et terre d'Aunay. En 1402, c'est encore Guy de Semilly, seigneur d'Aunay qui transige avec le seigneur d'Hermanville pour un fief sis à Hermanville.

En 1404, c'est Jehan de Semilly qui est seigneur d'Aunay et, en 1413, par une transaction, Monsieur Jehan de Semilly, chevalier, *seignour d'Aunoy* et de la paroisse de Balleroy, se fait décharger de rentes qu'il faisait à l'abbaye sur le moulin de Balleroy; en 1415, il fait aveu à Messire Guille, comte de Tancarville, qui lui-même le fait à Pierre, fils du roy de Navarre, comte de Mortaing. En 1416, il épousa Jeanne de Grosparmy. Le 3 mars 1418, Henri V confisqua les biens de Jean de Semilly et les donna à l'Anglais Jean Brewes. Les biens de son frère Guillaume furent également confisqués en 1418; je ne crois pas que celui-ci ait été seigneur de Balleroy, car, en1409, un contrat (I, p. 1697) Jean II, seigneur d'Aunay et Balleroy et nous venons de voir la transaction de 1413. (L'abbaye d'Aunay avait obtenu une sauvegarde de Henri V). Quand mourut Jean II de Semilly? En 1450, Jean III de Semilly est revenu dans son domaine. L'abbé d'Aunay lui réclame plusieurs rentes montant à 106 l. en la paroisse de Balleroy ; la terre de Balleroy a été vendue ou engagée par Guillaume de Semilly (à quel titre ? tuteur?) à un nommé le Cloutier et l'abbaye, pour rendre service, plus de vingt ans auparavant, prêta 900 à mil livres tournois;« nous avons dissimulé et différé l'exécution de nostre obligation le plus longuement que nous avons peu, pour ce que nous voyons que vous aviez eu plusieurs pertes et dommages par la fortune de la guerre des Anglois et pour ce louey Dieu que vous êtes au dessus de vos besognes...» En 1455, Jean de Semilly, seigneur de Balleroy, fieffe une pièce de terre du fief Baratte au curé de Balleroy, Martin Gallop (v. Inv.).Il avait épousé Jacquemine aux Epaules, sœur du seigneur de Ste Marie du Mont. En 1458, il mariait sa fille Jeanne à Jean de St Mard, seigneur de Blosseville. En 1482, Jean Mauduit vend à noble homme Jean de Semilly, seigneur de Balleroy neuf sols tournois de rente sur Perrin Poullain; en 1484, Mre Jehan de Semilly, seigneur d'Aulnay et

Balleroy faict une fieffe à Robin Alix de Vaubadon; il avait un fils Jean IV, qui le remplaça vers 1485. Celui-ci épousa Jeanne de Semilly, dont il eut Jean V et Pasquete. Il mourut en 1503.

Pasquette de Semilly avait épousé Jehan d'Ossonvilliers, le 8 juin 15 «Noble et puissant seigneur messire Jehan d'Aussonville seigneur dud. lieu, conseiller et chambellan du roy nottre sire, seigneur de Balleroy et Aulnay, Esquay...» (Charte du château) aveu de Denis le Canu, prêtre. — Jeanne de Semilly, tante de Pasquette avait épousé Jean de S. Maard, écuyer, vicomte de Blosseville; ils eurent une fille unique Louise de St Maard, qui eut une foule d'ennuis domestiques; elle avait épousé, en 1479, Jehan des Essars, chevalier, seigneur des Essars (pays de Caux) et de Canteleu et grand-maître des eaux et forêts de Normandie. Elle en eut 4 fils et 6 filles; Jean II des Essars lui-même eut pour fils Antoine, Charles-Antoine et Guy, peu recommandables.— En 1501, Louyse des Essars se remaria avec Alexandre du Mouchel. Toute cette famille fut peu recommandable et d'ailleurs intéressait peu Balleroy. — En 1512 «Loys roi de France reçeu avons plainte contre la dissipation de Louise de St Maard, qui possède... srie de Balleroy». Ils signaient encore les actes comme seigneurs de Balleroy; ainsi, le 18 mars 1521, un aveu est fait devant noble et puissant Jehan des Essarts, chevalier et baron d'Aunay et Balleroy. Depuis longtemps le manoir seigneurial était habité par une famille qui peut-être représentait les seigneurs, agissait en leur nom, leur prêtait et les remplaça.

Dans ce chapitre, je n'ai pas voulu faire l'histoire des seigneurs, mais j'ai cité quelques actes ou contrats, qui n'ont aucune importance, sinon pour bien montrer la suite des seigneurs de Balleroy, et bien établir contre d'autres historiens et auteurs de notices, qu'il n'y a aucune relation féodale entre Balleroy et le fief des Essarts, à la Bazoque.

CHAPITRE II

LES TREXOT

Les Trexot paraissent bien avoir été depuis longtemps en possession du manoir seigneurial et, s'ils ne pouvaient en faire aveu comme seigneurs, ils prenaient le titre de Balleroy. Le 22 juillet 1448, Richard de Balleroy, dit Trexot, écuyer, fait don en faveur de mariage à son fils Jean Trexot, qui épouse Jeanne du Rouxel, fille de Charles, écuyer, de tous les héritages soit en fonds ou en rentes, comme à Richard de Balleroy, père du donateur, vers 1400, avaient pu appartenir en la parroisse et terroir de Balleroy soit en manoir, jardins, prés, bois et terres labourables et autres choses en dépendant — en outre il donne 80 florins d'or payés comptant.— Le 2 septembre 1490, Jean Trexot, écuyer, et d^{lle} Jeanne du Rouxel sa femme donnent à Jean Trexot leur fils, tous leurs héritages tant en fonds, rentes, argent, œufs, oiseaux et autres droits, en la paroisse de Balleroy, et, en 1482, ils avaient acheté à Martin Damoiselle, hamel de la Place, environ 6 vergées pour 32 l. 10 s. et 1 pot de vin.

Ces Trexot étaient-ils gentilshommes? Ils se disent écuyers. Vers 1580, la taxe du droit de franc fief, droit sur les roturiers qui possédaient des fiefs nobles, fut mise sur eux comme n'étant point gentilshommes; ils soutinrent qu'ils étaient nobles, mais que leurs papiers avaient été brûlés en 1562; que d'ailleurs leurs états et ceux de leurs ancêtres, dont plusieurs avaient été conseillers au Parlement, devaient suffire pour les faire décharger de cette taxe; ils présentèrent les lettres de majeurité de Jacques Trexot, des quittances pour l'arrière-ban, une quittance du 10me des biens pour la rançon de François Ier. Toutefois ils ne sont pas sur les listes de noblesse. (Arch. Dép. D 65) *Vir circumspectus* (1485) *Johannes Trexol, legum doctor*. En 1484 (Arch. de la Manche) Roland de la Mare prête serment à *circumspecto viro magistro Johanni Trexol*, official de Cerisy.

Le 4 avril 1511, Jean Trexot, docteur en droit, vicaire général d'Avranches, chanoine de Bayeux et d'Aulnay, prête à Dame Louise de St Maards, dame d'Aulnay, une somme de 1000 l. pour laquelle elle lui constitue 100 l. de rente. Le 14 février 1514, « Alexandre Dumoncel (ou du Mouchel) et Dame Louise de St Maars, son épouse, promettent que lorsque Me Jean Trexot aurait obtenu du Roy la permission de démembrer la seigneurie de Balleroy de la Baronnie d'Aulnay, ils lui en feraient le transport et ce pour demeurer quittes du principal et arrérages de 100 l. des rentes constituées ci-dessus et moiennant 100 l. qui seraient paiées comptant, à la charge de tenir led. fief à simple gage plege par un quart de fief de haubert de la baronnie d'Aunay ». Le même jour, par autre acte sous seing privé, le sieur et dame d'Aulnay reconnaissent avoir reçu 50 l. sur les 100 l. à paier; le 21 février suivant, une autre somme de 40 l. est encore paiée à compte. Le 2 mai 1517, Louis de Rohan, seigneur de Condé, d'où relevait la baronnie d'Aulnay, consent que la dame d'Aunay vende à Jean Trexot la seigneurie de Balleroy à la charge que ce nouveau seigneur relèverait de sa châtellenie de Condé par un huitième de fief (pourquoi lisons-nous un quart plus haut? Balleroy et la Bigne ne formeraient-ils pas un quart?) Par lettres patentes données à Evreux le 11 septembre 1517, François Ier permet au seigneur et dame d'Aulnay d'aliéner la seigneurie de Balleroy à la charge qu'elle relèverait de la châtellenie de Condé et pour cet effet démembre le fief de la seigneurie d'Aulnay. Enfin, le 14 avril 1521, « Jean des Essards, seigneur d'Aulnay, vend à Jean Trexot, chanoine de Baïeux, le fief et seigneurie de Balleroy et dépendances à la charge de païer un épervier et 10 sols de rente et de faire les foi et hommage à la seigneurie d'Aulnay». J'ai cité cette vente à propos de la nature du fief de Balleroy. Cette vente en outre moyennant l'extinction de 100 l. de rente et 100 l. paiées comptant. Ce qui n'empêchait pas, le 23 juin 1521, Louise de St Mards d'attester (Hist. de l'abbaye, p. 95) qu'à elle « appartiennent les terres...de Balleroy, et qu'elle ne les a vendues chargées ne aucunement hypothéquées », et Alexandre Dumouchel affirme les choses être véritables.

Après la mort du chanoine, son neveu Jean Trexot, avocat du Roi à Bayeux, hérita de Balleroy; nous avons cité l'aveu qu'il en rendit à la chastellenie de Condé en 1542. Il eut 3 fils Jean, Jacques et Roulland; les 2 premiers furent chanoines de Bayeux, curés et seigneurs de Balleroy; en 1544, aveu de Denis le Canus, prêtre, de son fief de Cormolain « à discrepte personne, maîstre Jean Trexot, pbtre chanoine en l'Eglise cathédrale de Bayeux, et seigneur du fief, terre et seigneurie de Balleroy; ils en rendirent aveu, l'un en 1549 et l'autre en 1566. Le 1er avait à Bayeux la prébende de Castilly.

D'après un titre retrouvé, lorsque les troupes de l'amiral (Coligny) eurent pris Bayeux en mars 1562, elles tuèrent plusieurs ecclésiastiques, brûlèrent leurs livres, papiers et écritures, principalement dans la maison de M. Trexot, chanoine de Bayeux, en la prébende de Monts, dont la maison était près le cimetière Saint-Sauveur, au coin de la rue qui n'a pas de bout (impasse Glatigny ou celle de l'ancien secrétariat). Le 16 janvier 1596, aux assises de Bayeux, les commissaires et régisseurs des terres de Balleroy déclarent que les titres et adjudications d'icelles ont été pillés et pris par les gens de guerre qui ont logé chez eux. Nous voyons là une trace des malheurs des guerres de religion, engagées par les protestants. Quel était ce chanoine de Monts ? était-ce Jean Trexot qui aurait quitté la prébende de Castilly ? était-ce Jacques Trexot son frère? — Au sujet de Jean Trexot (l'oncle ou le neveu), on lisait dans l'obituaire de la Cathédrale, 9 novembre : *Obitus magistri Johannis Trexot, canonici sacerdotis, cum processione pecunica et toto luminari in capella Conceptionis ubi jacet. Valet ultra Cs.*

Depuis 1572, les Trexot ont agrandi: soit par des achats Damoisel vend au hamel de la Place 6 verg. 1/4, 32 l. 10 s.; soit surtout par des échanges où généralement ils reçoivent des terres autour de leur manoir et en cèdent de plus éloignées; ainsi, en 1527, Jacques et Philippe Guilbert reçoivent une cour, menage, jardin, 6 vergées près du chemin du roi, les Costils, 1 acre, près l'eau du passeur et le chemin du roi, le chemin du moulin et le bois de la Fontaine, et ils cèdent des terres en menage, masure, plant 15 v., achetées de Jean le Bellochy; ils reçoivent des mêmes, 20 verg. delle des Chanevières sur l'eau de Drôme; Louis de Molandin (c'était un de Maintillis, prenant le titre de Molandin, comme seigneur de la partie de Molandin, sur Planquery) remet, en 1540, son droit sur la terre des Plantières, joignant la Bazoque, commune de Balleroy, moyennant 8 livres. En 1543, les Chirée leur donnent 5 verg. hamel de la Vallée sur le bieu du moulin. En 1548, Jean Quentin cède 6 verg. des Islets et reçoit un herbage près la Commanderie; avec Davot, en 1583, ils font des échanges vers le chemin de Caen, au haut de Balleroy. D'autres fois les terres leur sont remises à droit de retrait féodal, ils ont le privilège de reprendre un bien vendu en indemnisant, ainsi ils tiennent de Jean Chirée 3 vergées dans la vallée du Moulin en 1581, de Guillaume Guilbert en 1573, 9 vergées delle du Bout des Hayes; de Girot Girard, tuteur de Perrine Girard, héritière de Tiennotte Girard, 3 verg. delle de la Vignassière, 3 verg. 1/2 delle de la Campaigne, sur la commune, 2 verg. delle des Fez et Coignets (?).

Vers 1588, mourut Jacques Trexot; son frère Roulland, conseiller du roi en son grand conseil, rendit aveu à messire Louis de Rohan de Guéméné, seigneur de Condé. A sa mort il laissait tant de dettes que son fils renonça à la succession. La seigneurie de Balleroy avec la vavassorerie Denis le Canu fut décrétée et adjugée à dame Magdelaine le Sauvat, veuve de Mre Germain Chairon, principale créancière, en son nom et comme tutrice de ses enfants : elle s'en rendit adjudicataire le 7 octobre 1597, moyennant 7020 écus au profit commun et 2000 écus à son profit particulier, la 4e partie vertissant au profit commun, suivant la coutume, ce qui faisait 7520 écus au profit commun et 1500 écus au profit particulier et on ajoute (L'adjudication serait bonne à lire, car elle détaille tout). Le 16 avril 1600, Madame Sauvat, veuve de Germain le Charon, conseiller du roy, trésorier du roy, trésorier général de l'Extraordinaire des guerres, vend la seigneurie de Balleroy à Jean de Choisy (son gendre), à la charge des droits et devoirs seigneuriaux et féodaux et d'acquitter pour lad. dame 400 écus d'or de rente dûs au sieur Barat, les racheter ou amortir et en fournir décharge valable, en outre 700 écus d'or sols en deniers comptant; le tout faisant 5500 écus d'or sols; en marge, quittance du 13e. — En 1606, la vente fut ratifiée par Gation de Plaie, conseiller du roy, trésorier des 100 Suisses de sa garde, et Colombe le Charon, sa femme, et par noble homme Charles Moreau, conseiller du roy, secrétaire du conseil du roy et dem. Elisabeth le Charon, sa femme; le 18 septembre 1607, par Me Germain le Charon, trésorier provincial de l'Extraordinaire des guerres en Bourbonnais et Nivernais; le 17 mars 1611, par Me François le Charon, prieur de Maintenay (comparer cette généalogie avec celle du Dictionnaire de la Noblesse par Delachesnaye). Enfin, Jean de Choisy rendit aveu le 12 mars 1612.

La famille Trexot dut conserver le titre de Balleroy : en 1617, une rente est reconnue en présence de Nicolas du Vey, pbtre, curé de Balleroy, et François de Balleroy, curé de la Bazoque; Marguerite de Balleroy est plusieurs fois marraine.

CHAPITRE III

JEAN I DE CHOISY

Jean de Choisy, lisons-nous dans les Mémoires de son petit-fils, l'abbé de Choisy, était le fils d'un des 24 marchands de vin qui, en 1555, suivaient la cour,et d'Opportune Bazanier, fille d'un procureur au Châtelet. D'après son petit-fils,qui agrémente l'histoire de quelques erreurs, voici l'une des circonstances qui le mirent en faveur et l'amenèrent, dit l'abbé, à la cour de Henri III.« Il n'était pas fort riche et revenait d'une petite terre qu'il avait en Basse-Normandie, nommée Balleroy (il eut cette terre sous Henri IV). Etant arrivé à Meulan, le marquis d'O, alors surintendant des finances, arriva en même temps dans l'hôtel : ils font connaissance, soupent ensemble, jouent aux échecs ; mon grand-père, qui n'était brin sot, se laisse donner mat. Le surintendant le trouva fort à son gré et l'employa depuis dans les plus grandes affaires, sans que son nom parût jamais dans aucun traité. Ses ennemis l'attaquèrent à la chambre de justice de 1664 (ils y mirent le temps), mais il fut déchargé absolument et ne paya aucune taxe. Les rois Henri III et Henri IV l'avaient fait conseiller d'Etat, l'aimaient fort et l'admettaient à leurs jeux et dans leurs divertissements, à ce que dit M. de Bassompierre. Il a conté plusieurs fois cette aventure à M. de Caumartin, conseiller d'Etat, qui était son petit-fils, aussi bien que moi. » L'aimable conteur qu'était l'abbé de Choisy, cédait quelquefois à une vanité enfantine et ne vérifiait pas les dates ; si le fonds de l'anecdote est vrai, les détails laissent à désirer : il faudrait faire la part du père et celle du fils qui acheta Balleroy.

Le 28 juillet 1592, des provisions lui furent accordées de conseiller clerc, notaire et secrétaire du roy, maison et couronne de France ; dans un acte de 1600, cité aux preuves de noblesse de Louis de la Cour, il est appelé secrétaire du roy et de ses finances ; en 1603, il est désigné comme secrétaire général des finances du roy en la généralité de Caen ; en 1616, noble homme Jean de Choisy, conseiller et secrétaire de la maison et couronne de France, seigneur et patron de la terre et seigneurie de Balleroy ; s'il avait été seigneur de Beaumont, il l'eût dit dans ses actes. Il épousa Madeleine le Charon, nous le savons par les preuves de noblesse de Louis-Jacques de la Cour, en 1714 ; on y cite (page 76) l'acte de mariage de « Louis Le Fèvre de Caumartin, en 1621, et de Madeleine de Choisy, où fut présent Jean de Choisy, escuier, stipulant pour lui et pour D^elle^ de Choisy, fille de lui et de défunte Damoiselle le Charon, en présence de D^lle^ Madeleine Sauvat, aïeulle maternelle et veuve de noble homme Maistre Germain le Charon ».

A Balleroy, Jean de Choisy continua l'œuvre des Trexot en agrandissant le domaine seigneurial : il avait son représentant Mathurin Brossay, demeurant au manoir seigneurial de Balleroy, sous la charge et autorité du seigneur. En 1601, il cède à Alain Chirée 2 pièces sur Vaubadon et en reçoit un plant et menage de 5 quarterons et 1/2 acre dans la vallée du Moulin ; il cède à Jean Chirée et à Germain Chirée et il s'agrandit dans la vallée du Moulin, delle du *pré sous l'hotel* sur le bieu, delle de la Croutte ou de la Crotte. — La principale acquisition est celle du bieu Verdier. En 1600, François Beudin était verdier du Bur le roi et garde-marteau (il avait le marteau qui servait à marquer les arbres qu'on devait abattre dans la forêt) ; il avait avec lui sa fille Anne Beudin et son gendre Gilles Eury, sieur du Rocher et, plus tard, sieur de Noron. De 1600 à 1618 environ, ils firent beaucoup d'achats, surtout du côté de Courteilles, ainsi ils achètent 1 verg. delle du Taillis à François Serard (1602) 11 l. 4 et 11 s. de vin ; à Philippin Guilbert (1609) delle du Quesnot 1/2 acre, 29 l. ; même delle, en 1610, à François Serard 1/2 acre, 35 l. et 35 s. de vin ; à Berguet, delle de la Brèche au Loup, 3 verg., 40 l. et 40 s. de vin, puis 1/2 verg., 100 s. et 10 s. de vin ; à Thomas du Bourguaies, 3 verg. 39 l. et 35 s. de vin ; à Denis Davot, en 1610, ils paient 180 l. et 60 s. de vin pour se racheter de 9 bois. d'orge, 2 petits bois. de froment et 2 boisseaux d'avoine que Davot, comme aîné du fief Anquetil, pouvait prendre sur lui ; il fait des échanges avec Nicolas Duvey, prêtre et Jean Duvey ; à Gisles Gilles il achète une vergée, vallée, Hubot, 14 l. et 14 s. de vin, en 1611 ; à Berguet, delle de la Marette, en 1611, 1 vergée pour 15 l. et 15 s. de vin ; à Pierre Serard, au Quesnot, 1 verg. pour 15 l. et 15 s. ; à Berguet, à la Marette, 1 verg. 1/2 pour 21 l. 10 s. de principal ; à Pierre Sérard, delle de dessus la Goutte, 1 verg. 12 l. et 12 s. de vin ; à Berguet, delle de la Marette, 1/2 acre, 24 l. et 25 s. de vin ; à Sérard (1612), delle de la Goutte, 1 verg., 13 l. et 13 s. ; une autre vergée (1613), 16 l. et 10 s. de vin ; à Alexandre Courtemer, 20 verg. 1/2, 335 l. et 16 l. de vin.

En 1614, Gilles Eury et Anne Beudin vendent à

Brossay le lieu, maison, menage et entretenant de François Beudin, 45 vergées, lieu verdier, le parc de la Bulletaye, près la Commanderie, la grande pièce, sur le chemin de la Bulletaye et le chemin Caumais, 34 verg., 1 verg. au jardin de la Place, etc., le tout pour 9000 l., puis Brossay remet ces terres à Jean de Choisy à droit de retrait féodal.— De même, Pierre de Lesnerac avait acheté, en 1584, de Dillays, delle de la Goutte, 1 verg. 1 quart, 13 l. 10 s. et 10 s. de vin; de Duvey, près du bieu, 3 verg., 30 écus sols et 30 s. de vin; de Guilbert, en 1595, 6 verg. delle du Cosnel, 15 écus et 30 s. de vin; il vendit, en 1600, 15 verg. delle de la Place; 6 verg., delle du Traversain, près du chemin Caumais, puis 1 verg. 1/2; 2 acres 1/2 verg. delle de la Bulleté, 2 acres Fosse au Hart; 2 acres, delle de la Crotte au Mesle, près du Chaussey; 1 acre, delle des Courchières; 22 verg., delle de la Goutte, près du chemin de Canchy et du chemin de l'Eglise; 1 verg. 1/2 à la Marette; 1 verg., delle de la Place, champ St Martin; 1 acre, delle de la Mare; en 1616, 7 verg. 1/2 valent 100 l. et 4 l. de vin, avec droit de réméré de 3 ans qui fut vendu 33 l. et 70 s. de vin; 6 verg. au Cosnel, sur le russel de l'eau de la Goutte et sur le chemin de Caen; 3 verg. de Pré, en tout; en tout près de 70 verg. pour 530 écus sols et 10 écus sols de vin.— En 1611, François Quentin vend, près du chemin de Caen, une 1/2 acre, 36 l. et 20 s. de vin, et en 1625, Jean Quentin vend au hamel de Molandin, un bout de maison, granges, murailles, une demi acre 7 perches, la voie de l'Eglise passant au travers, 9 verg. delle de la Crotte, un pré de 6 verg., la grande pièce (champ Quentin) joignant le chemin du Molay et le chemin Caumais de 43 verg. 1/2; 5 verg. à la Bulletée, 3 verg. aux Costils de Rihou, 2 verg. à la Goutte et 2 verg. au Cerisier, environ 72 verg., 2400 l. Le tout est remis à J. de Choisy à droit de retrait féodal. — En 1615, Jean le Marois vend à Brossay, delle de la Goutte, pour y prendre de l'eau, 25 l. et 20 s. de vin; il lui vend, en 1616, le parc des Binots, joint le chemin de Caen (1600) et butte sur la rue Vaudienne, comme la delle des Vignots en 1600; 1 verg. 1/2, 13 l. 10 s. et 13 s. de vin; 1/2 acre, 24 l.; en 1632, 7 v. 1/2, 307 l. avec réméré; 1/2 acre, 1/2 verg., 49 l. avec le même droit; dans la delle du Veysbire, Jacques le Marois vend 3 verg. 135 l. et 60 s. de vin, se réservant le droit de *réméré*, qu'il revend 36 l. 10 s. En 1613, Etienne Berguet vend une fieffe de 30 s. de rente, 21 l. et 20 s. de vin. En 1600, Pierre Serard vend une vergée sur le chemin de Cerisy, 1 écu sol, 1 verg. delle des Quesnées, 12 l. et 12 s., une autre 15 l. et 15 s. En 1584, Chirée vend à Pierre Courtemer, prêtre, 1 acre, delle de la vallée du Moulin, 120 écus d'or et 3 écus de vin; en 1596, Maître Courtemer, prêtre, vend 1 acre avec maison, même delle, 72 écus; enfin Alex. Courtemer vend un pré d'une acre, même delle, 150 l. avec droit de réméré; il vend 2 verg. 1/2, butte sur les côtés de Vaucelles, 100 l. avec droit de réméré; en 1604, Maître Pierre Courtemer vend 1 verg. 5 perch. aux Closets, delle de la vallée du Moulin, 13 l. 10 s. et, en 1605, delle des Matereaux, 1/2 acre, 73 l. En 1590, Thomas Chirée vend à Courtemer 5 l. de rente sur ses biens 50 l. et 20 s. de vin, 7 l. pour 70 l. En 1617, Jean Courtemer vend, delle de la Chouquaye, 3 quarter. 15 l. et, delle du Baretz, 16 verg. 90 l. En 1616, une rente de 60 sous sur Phaignon Guilbert est vendue 42 l. et 20 s. de vin. 1600, Guillaume Guilbert vend une maison et grange au hamel de la Place, joignant le chemin du Molay et celui du presbytère, 18 l. et 18 s. de vin; 3 vergées de terre joignant le presbitaire, l'étang du seigneur et la rue du Molay, et 1 vergée, delle des Chénées, 28 écus sol. — En

1600, Denis Davot constitue une rente de 5 l., 3 gelines et suivance pour 58 l.; en 1602, il vend 1 acre, delle du Longchamps et de La Londe, 60 l. et 20 s.; 10 verg. delle de la Chouquaye, 150 l. et 30 s.; 3 verg., delle du Cerisier, 30 l. et 30 s.; 1/2 acre, 22 l. 10 s.; 1/2 acre 1/2 verg. delle du chemin Canchy, et 1 verg. 1/2 delle des Courchières, 5 l. et une poule par an. En 1625, Claude Quentin vend à Brossay 70 verg. pour 2400 l. et celui-ci les remet à J. de Choisy à droit de retrait féodal.

Comme nous le voyons, il avait maintenant presque tout Balleroy; parmi ces pièces était la grande pièce, le Champ Quentin, 43 vergées. Eut-il en vue la construction du château? le plan de Balleroy? Son fils, Jean II de Choisy rendit aveu en 1625. « Mon seigneur de Choisy décéda viron le 18e jour de janvier 1652; la 1re nouvelle que j'en entendymes, fut le jeudi, jour de la conversion de S. Paul, 25 dud. mois, que monsieur des Londes (Jean de Cabazac) arrivi qui venoit de Caen, qui dist qu'il était vray et qu'il y avait 8 jours et fist sonner la cloche tout à l'instant. Depuis j'ay cru dire qu'il décédi le 9 du mois » (Arch. départ. F. Michel).

En 1613, Jean II avait, depuis 8 ans, pour précepteur de ses enfants, Antoine Froissard, du clergé d'Amiens, clerc en Sorbonne, qui lui dédia ses thèses pour la thèse mineure ordinaire.

CHAPITRE IV

JEAN II DE CHOISY (1625-1660)

En 1622, Jean de Choisy eut des lettres de Conseiller d'Etat; en 1629, il devint semestre et, en 1643, conseiller d'Etat ordinaire. « Il fut chancelier de Monsieur et, à la mort de Monsieur, 1660, dit l'abbé de Choisy son fils, ma mère perdit la charge de chancelier qui lui avait coûté 100000 écus; elle ne cessait de nous prêcher qu'il ne fallait s'attacher qu'au roi. » En 1638, il est qualifié seigneur et patron de Balleroy, Argouges et Beaumont: depuis quelle époque est-il seigneur de Beaumont-le-Richard, et avec Beaumont, d'Englesqueville, Cricqueville, St Pierre du Mont, Letanville, Grandcamp? Son père ne paraît pas avoir porté ce titre. La seigneurie de Beaumont était aux Hotot depuis plusieurs siècles; en 1635, nous savons (Arch. F. 1663) qu'elle fut décrétée; c'est alors probablement qu'elle fut achetée par Jean de Choisy. Comme châtelain de Beaumont, il put assister, en 1647 à l'installation de Mgr Molé, en 1654 à celle de Mgr Servien, mais ce fut son fils qui, à l'installation de Mgr de Nesmond, 1662, tenait la haquenée de l'évêque et ensuite la fit conduire à son écurie, ce qui est un des droits de son fief. Il mourut en 1660, et si, en 1657, c'est son fils qui signe le contrat d'achat des bois du Tronquay et du Vernay, c'était plutôt par procuration; à la mort de Monsieur, en 1660, nous voyons que c'est Mme de Choisy qui perdit la charge de chancelier et si Jean-Paul de Choisy ne fit son aveu qu'en 1663, c'est que ses frères n'étaient pas encore majeurs.

Vers 1630, Jean de Choisy épousa Jeanne-Olympe de Belesbat, de la maison de Hurault, petite-fille de Michel de l'Hospital; il en eut 4 enfants : Jean-Paul, né en 1632, qui lui succéda; Pierre qui, dans un acte,est qualifié seigneur de Balleroy et qui,de fait,porta le titre de Balleroy; en 1668,un contrat le dit« mestre de camp d'un régiment de cavallerye entretenu pour le service de S. M. »; ce régiment est devenu le 9e cuirassiers,qui s'appela d'abord Balleroy-Cavalerie; il était au passage du Rhin : « M. de Turenne, le héros du siècle, nous dit l'abbé, le faisait valoir en toutes occasions, il mourut dans les armées » en 1672, à la prise d'Utrecht. (Grands jours de Clermont, éd. Chevrel, Hachette, 1856, p. 243). Lorsque M. de Choisy fut intendant en Auvergne, pendant qu'il avait soin des affaires du roi, M. de Balleroy avait soin des affaires des dames et,laissant la justice à régler à son frère, il se mêlait de régler les bals et de mettre l'ordre dans les assemblées; mais il avait pris tant d'autorité et faisait si cavalièrement les choses que sa mémoire n'est point en bénédiction dans la province. Le 3e fils était François-Timoléon (1644) qui fut l'abbé de Choisy et qui succéda à son frère; enfin il y eut une fille qui entra chez les Religieuses de Popincourt. Mme de Choisy était intrigante et coquette: « elle m'avait eu à 40 ans passés et comme elle voulait absolument encore être belle, une enfant (Timoléon était habillé en fille) de 8 à 9 ans qu'elle menait partout,la faisait paraître encore jeune. Elle fut mêlée aux intrigues du règne de Louis XIII et de la minorité de Louis XIV. Son mari était intendant en Languedoc quand il fut chargé (Mém. d'Argenson,) d'arrêter Cinq-Mars et de se saisir de ses papiers; il les laissa brûler, peut-être, dit d'Argenson son petit neveu, étaient-ils compromettants. D'après les Mémoires de l'abbé de Choisy, sa mère était souvent à la cour pendant la minorité de Louis XIV : on a accusé Mazarin d'avoir à dessein donné une éducation efféminée à Louis XIV et à son frère Philippe; l'a-t-il fait à dessein? Je ne le sais, mais les détails que nous donne l'abbé de Choisy sur son éducation en compagnie des deux princes souverains, nous semblent invraisemblables de mollesse: «on m'habillait en fille toutes les fois que le petit Monsieur venait au logis et il y venait au moins 2 ou 3 fois la semaine, on lui ôtait aussi son justaucorps pour lui mettre des manteaux de femme et des jupes» (Mém. liv. 1),et le jeune de Choisy fut habillé en fille jusqu'à l'âge de 18 ans (Mém. liv. 1). Quel est le plus vaniteux du fils qui répète ou de la mère qui le raconte? «Ma mère disait un jour à Louis XIV : Sire, voulez-vous devenir honnête homme, ayez souvent des conversations avec moi. Il crut son conseil et lui donnait 2 fois la semaine des audiences réglées qu'il payait par une pension de huit mille livres» (Mémoires liv. 1). Ce caractère est affirmé dans plusieurs passages des Mémoires de Mlle de Montpensier, éd. d'Amsterdam,1736, p. 64 : «Un jour que je devais aller en assemblée chez Mme de Choisy, femme du chancelier de Monsieur, qui m'en donnait souvent... le Prince de Galles arriva chez Mme de Choisy. (P. 122) Ce jour-là Mme de Choisy me donnait une comédie et une collation,... je priai le roi d'Angleterre de venir ...M. le Prince ne put venir... La fête était fort jolie, et tout ce qu'il y avait d'hommes à Paris y vint (Tome IV, p. 24) : Quoique j'ai eu toujours traité Mme de Choisy de folle, je n'ai pas laissé de l'écouter parce quelle voiait beaucoup de monde et savait bien des nouvelles. (P.57). Elle a dit souvent : je suis à la veille d'être favorite du roi ; et cela pendant la maladie du roi. »

Les réflexions suivantes de Mme de Choisy nous montrent un caractère plus sérieux dans les discussions religieuses : lettre de décembre 1655 à la comtesse de Maure (v. Cousin, Mme de Sablé, page 332) Mémoires du P. Rapin.

« J'en parle comme savante, voyant combien les courtisans et les mondains sont détraqués depuis ces propositions de la grâce, disant à tout moment : Hé ! qu'importe-t-il comme l'on fait, puisque si nous avons la grâce, nous serons sauvés et si nous ne l'avons pas, nous serons perdus? Et puis ils concluent par dire : Tout celà sont fariboles ! — Avant toutes ces questions-ci, quand Paques arrivait, ils étaient étonnés, comme des fondeurs de cloches, ne sachant où se fourrer et ayant de grands scrupules, présentement ils sont gaillards et ne songent plus à se confesser, disant : Ce qui est écrit est écrit. Voilà ce que les jansénistes ont opéré à l'égard des mondains. — Pour les véritables chrétiens, il n'était pas nécessaire qu'ils écrivissent tant pour les instruire, chacun sachant fort bien ce qu'il faut faire pour vivre selon la loi... Je crois fermement que si M. d'Andilly savait que j'eusse l'audace de n'approuver pas les jansénistes, il me donnerait un beau soufflet au lieu de tant d'embrassades amoureuses qu'il m'a données autrefois » (Ami du Clergé, 1907, p. 511).

ÉTABLISSEMENT DES GROSSES FORGES A BALLEROY, ET DON DES MINES DE FER DES LOGES, ETC.

Par ses lettres patentes du 31 juillet 1649, le roi Louis XIV fait don à Jacques Buhot, bourgeois de Caen, de la mine de fer par lui découverte au Tréfond du Grand

Doyen de Bayeux dans une pièce de terre en bruyère Landaie, pascage ou pâturage des Loges, en la vicomté de Bayeux ou Torigny pour en tirer les métaux qui s'y trouveront en quelque quantité que ce puisse être et les faire fondre et affiner à son profit, à la charge d'observer dans l'ouverture et travail desd. mines les édits, ordonnances et règlement sur le fait des mines et de dédommager les propriétaires des terres. Plus accorde aud. Buhot le dixième qui était dû au roi sur les métaux provenant desd. mines. Avis favorable du Conseil d'Etat le 21 juillet 1649.

Le 11 octobre 1654, M. de Choisy fait un traité avec le s^r^ Lemoine à la caution de Louis Berryés, s^r^ d'Anfernet (sur Crouay) pour la construction d'une forge, fourneau, Bocambre (marteau-pilon) et fenderie, que ledit Lemoine se charge de faire édifier à ses frais, moyennant que led. seigneur lui abandonne le profit d'icelle pendant 5 années et ensuite le en fasse le bail qui expirerait à la Toussaint 1665, moyennant 12000 l. de loyer. Le 30 décembre 1655, le preneur se charge de payer au lieu des sommes dessusd. 3000 l. pendant les 5 premières années et 4000 l. pendant les autres, c'étaient 17000 l. perdues.

Le 30 novembre 1654, Jacques Buhot déclare qu'il ne prétend aucune chose au don fait par le roi le 31 juillet 1649, mais que led. don appartient à M. de Choisy, auquel il n'a fait que prêter son nom. Le 4 décembre 1654, le sieur Choisy ayant fait fouiller lad. mine avait trouvé qu'elle tarissait en plusieurs endroits de lad. pièce et se retrouvait dans une autre bruyère, attenante à celle cy-dessus, située aux paroisses S. Martin et S. Ouen des Besaces; le roi, par de nouvelles lettres patentes, cède et octroie aud. s^r^ de Choisy lad. mine et minerai par lui découverte, en une bruyère et landage, située dans les paroisses de S. Martin et S. Ouen des Besaces.

30 octobre 1655, le roi *voulant récompenser les services* de M. de Choisy, chancelier du duc d'Orléans, lui permet de construire une forge, fourneau et bocambre à Balleroy. — Le 11 décembre 1659, un bail est fait de la forge à Daniel Teulet, s[r] de la Vesques, pour 14000 l. de loyer, le seigneur promettant fournir le bois nécessaire pour 16000 sacs de charbon. — En 1729, le bail à Guillaume Dubois était de 7500 l. de loyer.— Le pré de la Fenderie, ou fonderie, existe encore au delà du bief; les maisons ou le logis de la forge étaient près du pont, faisant face à la rue des Forges; le fourneau était dans la cour du Moulin; sur la rue des Forges, entre la rivière et la Forge, était le Cloutier.

Le 27 octobre 1655, par arrêt du conseil, il sera fait chaque année dans la forêt des Biards ou Cerisy une coupe de 70 arpents, dont pendant 15 ans il sera fait délivrance par les grands maîtres des eaux et forêts à M. Pierre Armand, qui avait traité avec S. M. pour lui faire valoir le revenu desd. forêts, du nombre desquels 70 arpents il sera délivré aud. s[r] de Choisy chaque année 45 arpents pour la fourniture et usage de la forge... lesquels 45 arpents lui seraient délivrés au prix dont il conviendrait avec led. Armand.

Toutes ces lettres patentes et arrêts sont enregistrés par le Parlement, par le grand'maître des eaux et forêts, qui demande que l'on paie le bois à due estimation, par la Chambre des comptes de Rouen, qui ajoute : à la charge de payer annuellement au domaine de Bayeux 60 sols.

Le sieur de Choisy ne trouvait pas encore assez de bois; les bois du Tronquay, du Vernay et de Courteilles faisaient partie de ceux contenus en l'état du 4 septembre 1655 et dont la vente avait été ordonnée par le même édit : il en devint le propriétaire.

Achat par échange des bois du Tronquay, du Vernay et du Parc, 1657. — Voici comment l'abbé Bidot raconte ce fait, p. 176 : « Louis XIV crut devoir encourager cette industrie naissante (la forge) et si utile à une grande monarchie, par des dons qui honorent la magnificence du grand Roi : il donna au comte de Choisi, pour alimenter la fournaise, les bois du Tronquay, du Vernay, du Parc et de Baugy (il n'est pas question de celui-ci dans l'acte d'échange) en échange d'une simple maison située à Paris, auprès du Louvre. » Et en note il ajoute : « Un jour que le comte de Choisi assistait au petit lever de Louis XIV, ce prince lui demanda des nouvelles de sa forge : « Sire, elle irait bien, si j'avais assez de combustible; il me faudrait le buisson des Biards qui l'entoure et elle marcherait. » Le roi allait le donner quand Colbert (nous sommes en 1656) lui fit observer que ce buisson des Biards était la grande forêt de Burleroy. » — A ce récit on pourrait vanter la générosité et la munificence du roi et aussi son pouvoir illimité; d'autres crieraient au gaspillage, à l'ignorance et à l'absolutisme. Lisons les faits que j'exposerai avec tous les détails possibles, les précautions avant de conclure, les menaces de casser le marché, les charges de l'acquéreur et nous verrons que le roi Louis XIV n'avait pas un pouvoir si absolu ni tant de générosité.

M. de Choisy possédait à Paris une maison dans la rue des Pouliés et sur la rue de Bourbon, près de l'hôtel de Longueville, d'un côté, et de l'hôtel de Conty ; cette maison était située près le Louvre, comme étant dans le dessein de la place qui devait être devant icelui. C'est cette maison qui sera échangée pour les bois du Tronquay, du Vernay et du Parc. Le 23 mars 1656, un arrêt du Conseil ordonne à M. de Choisy de représenter dans trois jours les titres concernant la propriété de la maison; le 29 mars, il obtient un nouveau délai de sept jours; le 4 avril, les commissaires du roi font une ordonnance pour assigner les maîtres masson et charpentier du roi pour faire la visite et estimation de la maison; le 2 mai, procès-verbal d'arpentage des bois du Vernay et du Tronquay, le premier contient 2600 arpents et l'autre 2139. Le 4 janvier 1657, un arrêt du Conseil évalue la maison à 200000 l. et ordonne qu'il lui serait donné en échange pour la même valeur de bois en Normandie, tant en fonds que superficie faisant partie de ceux contenus en l'état du 4 septembre 1655 et dont la vente avait été ordonnée par l'édit du même mois jusqu'à la somme de 200000 l. et quittes de tous droits d'officiers, même du droit de garde royale,pour en jouir en pleine propriété à toute justice et en deux fiefs de haubert, mouvant nuement du roi à cause de son château du Louvre.

Un autre arrêt du Conseil du 17 février 1657 donne au sieur de Choisy, en contréchange de sa maison, les bois du Vernai, le Tronquai et le Parcq quittes de tous droits d'officiers, même du droit de garde royale pour en jouir en pleine propriété, toute justice, et en deux fiefs de haubert, mouvant nuement de S.M. à cause de son château du Louvre, chargés chacun des deux fie s seulement aux droits de reliefs, 13mes et en une paire d'éperons évaluée à un écu d'or et sans aucune autre charge que du droit de dixme si aucune est due et des droits de chauffage, usage pour bâtir, pannage et pâturage qui se trouveraient légitimement dus à certaines paroisses et aux communautés des habitants des villages riverains que ledit seigneur serait tenu de souffrir, s'il n'aimait mieux assigner auxd. habitants certaines portions desd. bois pour leur usage et pâturage, desquels droits d'usage et pâturage serait dressé un état par devant les commissaires députés pour l'aliénation des bois de Normandie, par devant lesquels ceux qui prétendaient les droits seraient tenus représenter leurs droits pour être conservés en iceux ou leur être donné certaines portions desd. bois, au choix du s[r] de Choisi; ordonne aussi S. M. que par devant lesd. commissaires les Officiers de la maîtrise particulière de

Bayeux représenteraient l'état auquel pouvaient se monter lesd. droits. (I, Vernay, p. 86).

Enfin le 23 février 1657, échange faite entre les commissaires députés par le roy par lettres patentes du 19 février de lad. année et en exécution d'arrêt du Conseil du 17 dud. mois et an d'une part, et Me Jean de Choisy, chevalier, seigneur de Balleroy, d'autre part, par lesquelles les commissaires députés au nom de S. M. ont cédé à M. de Choisy en échange d'une maison qui lui appartenait à Paris rue des Pouliés... le fond, propriété et superficie des bois du Tronquay, du Vernay et du Parc scitués en la maîtrise particulière des eaux et forêts de la vicomté de Bayeux pour par lui en jouir en toute propriété en deux fiefs de haubert mouvant nuement de S. M. à cause de son château du Louvre avec toute justice et pouvoir d'y établir tels officiers pour l'exercice d'icelle que led. sr de Choisy et ses successeurs aviseraient, chargés chacun des deux fiefs, etc. comme à l'arrêt de la maîtrise. Ici il est dit : lesquels commissaires procéderont aussi à l'évaluation des droits qui étaient dus aux officiers des eaux et forêts sur lesd. bois pour être par S. M. pourvu à leur dédommagement sur les autres bois de S. M. sans qu'ils puissent à l'avenir rien prétendre sur lesd. bois. En contréchange led. sr de Choisy a cédé sa maison, devant Me Bruneau, notaire au Châtelet de Paris. En mars, lettres patentes portant ratification de l'échange; l'original est en parchemin, scellé d'un grand sceau de cire verte à lacs de soie rouge et verte; ces lettres furent enregistrées en la Chambre des Comptes le 28 juin 1662 et au Parlement le 6 février 1659.

Aveu rendu le 2 février 1663 par Jean-Paul de Choisy savoir d'un fief noble à cour et usage, domaine, rentes, nommé le fief du Tronquay, consistant en plus grande partie en bois de haute futaye, taillis, bruyères et landages, situé en la vicomté de Bayeux es paroisses du Tronquay, Vaubadon, Littry, Crouay, Campigny, Agy et Noron, le tout sur la sergenterie de Cerisy, relevant de S. M. par un plein fief de haubert. Item un autre fief de haubert, nommé le fief du Vernay et le Parc.

consistant en domaine fieffé et non fieffé, comme dessus, rentes et droits à nobles fiefs appartenant, assis en la vicomté de Bayeux, en la plus grande partie sur la sergenterie de Cerisy en la paroisse du Vernay, Arganchy, St Amador, Juaye, Noron, Cahagnolles, Castillon, Subles et aux environs, à cause duquel fief le seigneur a plusieurs droitures sur plusieurs personnes, tenants, fiefs et sergenteries nobles, sujets à la garde des bois desd. 2 fiefs, à quoi ils sont obligés et de répondre de tous les délits qu'ils se commettent dans lesd. bois.

Item le droit de prendre sur toutes les bêtes paturantes dans les bois et landages dud. Vernay et maresq desd. paroisses d'Arganchy, St Amador et Juaye, 12 d. par chaque bête à cornes paturante aud. lieux, lequel droit est appelé varrage, conformément au contrat de cession qui en avait été fait par la dame veuve et héritiers de Montferville, pour être reconsolidé avec lesd. fiefs et pour ce lesd. hommes sont tenus de passer leurs bêtes aux pleds, appelés pleds du pas, devant les officiers dud. seigneur à peine de forfaiture, sur le registre desq. pleds du pas sont faits et levés les rolles dud. droit, qui sont rendus exécutoires par lesd. officiers et faits payer par les sergents de gardes desd. bois qui le font entrer et paier aux mains du receveur dud. seigneur. Item à droit de prendre et faire tendre sur lesd. bois aux grosses bécasses et permettre d'y tendre, duquel droit plusieurs se rendent fermiers. — Item a droit de faire une fois l'an la chasse et huée à toutes bêtes sauvages où plusieurs hommes bordiers desd. bois sont obligés d'assister, lorsque lesd. chasses sont tenues, lesquels sont semblablement sujets de porter les ahans des bêtes fauves, comme aussi plusieurs autres personnes tenant fiefs nobles et ce moyennant certain droit d'herbage, pasnage, de bois mort et morts bois à prendre en iceux.

A cause desquels 2 fiefs led. seigneur avouant est sujet à la garde noble du roi et à une paire d'éperons dorés par chacun desd. fiefs évalués à un écu d'or chaque paire, payable à chaque mutation de vassal.

Item déclare tenir un autre fiefs nommé le fief des Portes

par un quart de fief de haubert, lors cidevant appelé bois de Courteille consistant en 75 arpents de bois, relevant du roi à cause de la vicomté de Bayeux, à cause duquel fief il est dû à la recette du domaine de Baïeux 37 s. 6 d. de rente annuelle à raison de 6 d. par arpent.

Malgré l'échange lesd. bois furent affichés et publiés à vendre; Jean de Choisy s'y opposa et le 23 août 1657 un arrêt du Conseil d'Etat faisait défense au Grand Maître des Eaux et Forêts de passer outre à la vente des bois échangés.

L'arrêt de la Chambre des Comptes de Rouen ordonnait l'enregistrement du contrat d'échange, à la charge de mettre dans les archives les titres de la maison échangée et de laisser les 2/3 des bois qui leur sont cédés en nature de bois pour faire des ventes pour la commodité publique; que les fiefs arrêtés par led. contrat relèveraient de S. M. à cause de son duché de Normandie sous le nom du Tronquay et du Vernay, sujets le cas offrant en garde noble et à tous autres droits auxquels les autres fiefs de la province relevants du roi étaient sujets et les propriétaires tenus d'en faire foy et hommage et rendre aveu à lad. chambre, de payer au domaine de Rouen 2 paires d'éperons dorés à chaque mutation de vassal, acquitter les dixmes, rembourser les officiers de la maîtrise de Baïeux et les propriétaires des sergenteries desd. forêts de la somme liquidée par la Chambre pour leur désintéressement; pour lequel désintéressement les héritiers dud. sieur de Choisi consigneraient au greffe de la Chambre la somme de 10000 l.

Par un arrêt du Conseil du 20 novembre 1657, il est réglé que les droits seigneuriaux, dus aux chanoines de S. Germain l'Auxerrois pour la maison de la rue des Pouliés, seraient dus par les bois donnés en échange. S. M. en décharge M. de Choisi.

En 1658, visite et estimation de la maison de Paris 245000 l. Lecture et publication du contrat d'échange furent faites à l'issue des messes paroissiales de Balleroi,

Vaubadon, Agy, Castillon, Noron, Subles, Campigny, Trungy, Arganchy, à l'auditoire de la Maîtrise de Cerisy et à l'auditoire de Bayeux.

MM. de Choisy étaient-ils tranquilles possesseurs ? — En 1660, nouvelles plaintes, arrêt du Conseil ordonnant une enquête : la maison aurait été trop estimée et les bois insuffisamment estimés ; un nouvel arrêt maintient l'échange fait ; et 25 ans après, en 1685, nouvelle enquête, nouvelle estimation, visite et évaluation du bois ; nouvel arrêt.

Paiement des droits. — En juillet 1657, un jugement de la Chambre souveraine établie par le roi pour l'aliénation d'une partie de ses bois, fixe à 300 l. l'indemnité due à l'avocat du roi en la maîtrise de Baieux à cause de l'aliénation de partie des bois de lad. maîtrise.

On trouve une quittance du grand arpenteur de Normandie de la somme de 300 l. pour l'arpentage des bois du Tronquay et du Vernay. — Le 1er juillet 1662, exécutoire décerné sur M. de Choisi, par le receveur des Epices de Messieurs de la Chambre des comptes à Rouen, pour la vérification de son contrat d'échange, de la somme de 1675 l. ; au dos est la quittance de la somme donnée par Messire Jean-Paul de Choisi le 19 juillet 1662. — Quittance de 180 l. du greffier de la Chambre des comptes pour la vérification et enregistrement du contrat d'échange. Amortissement du droit de tiers et danger : c'était un droit conservé par le duc de Normandie sur la plupart des forêts de ses vassaux (Leop.Delisle) ; les tiers consistaient dans le prélèvement du tiers du prix des ventes de bois ; le danger (du latin *domigerium*, ou porte domaine et non *damnigerium*, porte dain ou perte) est le droit sur le 10e du montant des ventes, en vertu de sa souveraineté sur les fonds des forêts de la province ; ici danger signifie seigneurie, il a quelquefois pour synonyme *districtus*. En 1674, grosse d'un arrêt du Parlement en la Chambre de réformation des eaux et forêts, qui renvoie M. de Choisi, par devers le roi pour lui être pourvu un dédommagement sur la somme de 60000 l. à lui demandée pour la taxe et amortissement du tiers et danger à cause des bois du Vernay et du Tronquay, et cependant lui accorde surséance de 6 semaines sur la poursuite du s[r] Drouët ayant traité desd. droits avec S. M. En 1675, arrêt du Conseil qui décharge M. de Choisi de cette somme 60000 l. Pourquoi ces droits? Dans l'aveu de J.-P. de Choisy, il est dit : ils sont obligés à la garde desdits fiefs et à répondre de tous les délits qui se commettent dans lesd. fiefs.

Arrangements avec les propriétaires des sergenteries des forêts, avec ceux qui avaient des dixmes, ou avec ceux qui avaient des droits en forêts. — En 1696, lettres de réception de foy et hommage faits aux mains du chancelier de France des fiefs, terres et seigneuries du Tronquay, Vernay et des Portes, ainsi que pour 4 sergenteries fieffées à garde du bois du Vernay et 2 autres sergenteries aussi fieffées à garde du bois du Tronquay. — En 1665, Jacques Eury, esc., seigneur de Noron, avait 3 fiefs ou sergenteries nobles faisant partie de 4 sergenteries fieffées à garde du bois du Vernay, relevant du roi par un 8e de fief à cause de la vicomté de Bayeux avec tous les droits, dignités et libertés auxd. fiefs appartenantes, consistant en chacun 8 cordes de bois, droit et d'issue de ventes.

En 1665 également, Mre Etienne Huc, curé de Bernières, cède à Jean de Choisy un fief ou sergenterie noble, l'une des 4 sergenteries fieffées pour la garde du bois du Vernay, pour 15 vergées mesure du roi à prendre dans le triage de Cahagnolles.

Pour le bois du Tronquay il n'y avait que deux sergenteries fieffées à la garde du bois. En 1402, une de ces fieffes fut faite à Richard Ferrand seigneur de Villiers (sur Port) qui d'abord l'avait tenue à gages et elle fut réunie à son manoir, jardin et terres assises en la paroisse de Noron, contenant 2 arpents, à cause de laquelle il était tenu garder le buisson du Tronquay et à faire venir au comptoir du roi à Bayeux les panages, herbages et exploits dud. buisson, de laquelle sergenterie il en est dû au roi reliefs, 13es et garde, pourquoi il doit avoir à la forest du Bur le roi et ailleurs tous et tels droits et franchises comme les autres sergents. Voici ces droits, d'après un aveu de Jean Guillemette, dit Monchaux, en 1565 : a droit de prendre tous droits, franchises et libertés, comme les autres sergents, savoir 3 arbres à Noël, 2 haîtres et 1 chesne ; (par les quittances 1625, 1635, on voit qu'ils avaient 8 cordes de bois pour leur chauffage) ; item en lad. forest et bois pour son aménagement ; item peuvent prendre le bois pour faire leurs charettes, charues, échelles, ratelliers et autres ustancilles pour son ménage ; item droit d'avoir tout le bois coupé qui demeure en gessant ; item lorsqu'il y a vente en lad. forest, le premier marché qui se fait, il a droit d'avoir un arbre à son choix, pierres et terre pour son aménagement, panage et herbage pour ses bêtes et franc de toutes coutumes, comme pouldrage, péage, panage, a droit sur le panageur pour neuf porcs, ou un porc de porcage ; item droit d'avoir 18 den. le jour du panage et livraison d'icelui ; item pour l'herbage à chacune des tailles pour livraison 18 d. ; item 18 d. pour l'arrière panage ; item droit de prendre 4 d. pour le tombage de chaque arbre qui vaut 3 s. tournois ; item droit de chasse à toutes bestes pieds clos ou ronds, à cri et cor, d'avoir 20 d. 4 pour chaque livrée que M. de Bayeux a en la forest; item droit de prendre la noix, la pomme et la nefflе, le bois verd en gissant le pré pied hors, le sec en étant (sur pied), l'aslcron, le fourcs et la branche pour son ardre avec toutes les franchises, droits et dignités (1402, ordonnance du Grand'maître qui maintient M. de Villiers (sur Port) et Mme de Campigny, Jean de Planque et Martin Gervaise dans les droits et privilèges qui leur appartenaient à cause de leurs sergenteries fieffées). L'aveu de Jean Meslin, 1607, indique que le bois de chauffage doit être marqué par le maître verdier et le bois pour pipes, auges, etc. est pris sans marque; les vassaux de sa seigneurie sont exempts de pannage et herbage pour leurs bêtes à forêts du roi. — 1502, Jean le Clerc, héritier de Richard Ferrand, maintenu dans la propriété de la sergenterie. — 1519, Robert Hamon, dans un aveu du fief de Campigny, est dit à cause de sa seigneurie sergent héréditat. — 1583, Lévy le Clerc et Richard Guilbert, sergents fieffés. — 1603, Louis et Jacques Bouviers. — En 1607, c'était Jean Meslin. — 1613, Philippe Hamon cède à Robert Lucas une sergenterie et 10 l. de rente due à Guillaume de Pierrepont (Littry) pour deux pièces de terre. — 1625, Lucas la cède à sa fille et à son gendre Pierre Lailes. — En 1662, M. de Choisi cède à Jean Meslin, seigneur de Campigny, à cause de sa sergenterie pour ses droits 29 arpents 16 perches et 5 arpents et lui fieffe en outre 20 arpents, moyennant 150 l. de rente amortissable par 3000 l.; le seigneur de Campigny cède les rentes et devoirs qui lui sont dus en la paroisse de Vaubadon, compris le taillis du sieur Dollebel, il ne réserve que son droit de chasse. — En 1665, Charles Duhamel, esc., sieur Desfontaines, vend, moyennant 45 livres à M. de Choisy un fief ou sergenterie noble, l'une des sergenteries fieffées pour la garde des bois du Tronquay.

Quels étaient ceux qui avaient des droits? 1° L'abbaye de Mondaye : ils ont droit à 12 cordes de bois et ils ont une pièce de terre près la chapelle S. Gourgon. Choisi leur cède 30 arpents en fond et superficie à prendre au triage de la Cage, paroisse de Noron, joignant le surplus du bois du Vernay vers le bois du Parc et buttant sur le chemin du Bur le Roi à Caen. — 2° Le prieuré du Roray. Ce prieuré avait les droits d'usage, chauffage, pâturage, bois à bâtir pour rediffier les maisons dud. prieuré; Choisi cède 40 arpents et 15 chesnes à choisir à Messire Léonor de Matignon, év. de Lisieux, abbé de Lessay, propriétaire à cause de lad. abbaye du fief, terre noble et seigneurie du Roré en la paroisse d'Arganchy. — 3° Le seigneur de Castillon. D'un jugement de 1469, il appert que Jacques Robbe d'Ammeville, ayant épousé Jeanne Hamon, fille et héritière de Guillaume Hamon, éc., seigneur de Castillon, est maintenu dans les droits de chauffage, ordre et aménagement pour son manoir seigneurial, panage, pâturage, herbage pour ses bestiaux, sans rien paier dans les bois du Vernay, le Tronquay, Courteille, Guerquesalles et forêt des Biards, droit de chasse à cor et à cri à toutes bêtes à pied clos, droit de pêcherie en la rivière de Drôme, étant pour cela obligé de garder le limier du duc de Normandie lorsqu'il chasse au bois du Tronquay et ce pendant deux jours et deux nuits et d'assister avec le veneur à la recherche de la bête; en 1570, il est jugé que l'arbre pour son aménagement doit être marqué par le maître des eaux et forêts. — En 1662, Jean de Choisy cède 40 arpents de bois; Jean de Foulognes, seigneur de Castillon, se réserve le droit de chasse et pêcherie, à charge de garder le limier du seigneur 2 jours et 2 nuits et d'assister le veneur à la recherche de la bête. — 4° Le seigneur de Quiry, Louis le Patou, esc., sieur de S. Remy, cède ses droits pour 20 vergées de bois. — En 1696, il fieffe 19 vergées de terre pour 19 l., 6 chapons gras et 4 poules de rente foncière, à charge de défricher lad. terre et la rendre en état de labourage et pâturage. — 5° Les habitants de Trungy ont le droit d'avoir tout verd bois rendu à la coignée en paiant l'amande coutumière, de couper tout mort bois rendu à la coignée, la branche, l'alleron et tout demeurant de bois, droit de mener leurs bêtes à l'herbage en paiant la vache 10 d., le veau sur aumeau 6 d., la bête chevaline 6 d. et la brebis 1 d.; ils cèdent leurs droits pour 30 vergées de terre. — 6° Le prieuré de S. Gourgon; à la suite d'un procès fait contre le fermier du Prieur, Dom Jacques le Maître de l'Isle, pour bois coupés et emportés, appel est fait à la Table de Marbre, puis par M. de Choisy au Parlement; en 1692, le prieur est maintenu dans ses droits d'usage, il aura (pour son dit) ses droits d'aménagement en sond. prieuré dans les bois du Vernay, droit de pâturage, franc panage et herbage, 6 cordes de bois pour sa chauffe. — En 1699, le sieur Demcherencq cède à Dom Jacques le Maître de l'Isle, religieux et sous-prieur de l'abbaye de S. Etienne de Caen, prieur titulaire du Mesnil-Hamel, 50 vergées pour tous ces droits. Un acte capitulaire du monastère de S. Vigor le Grand, d'où dépend le prieuré de S. Gourgon, ratifie l'échange. — 7° Le prieuré de S. Nicolas de la Chesnaie a droit annuellement au bois du Vernay à 20 cordes de bois pour son chauffage. — En 1776, le seigneur de Balleroy leur paie annuellement 240 l. dont la moitié pour le prieur, la moitié pour les religieux. — 8° Il en est de même pour les religieux de S. Vigor. — 9° Nous n'avons pas les droits ni les arrangements des seigneurs de Gardinottes, S. Vigor, Agy, Pierre Pont

(Littry), Courmarqueron, des habitants de Juaye, Cahagnolles, Arganchy, Vaubadon, Crouay, les Cordeliers de Bayeux.

Il reste encore à parler des dixmes des bois du Vernay et du Tronquay : ces dixmes appartenaient par moitié à l'Evêque de Bayeux et à l'abbé de Cerisy. Il y eut beaucoup de contestations. Une sentence de 1675 ordonnait à M. de Choisy de paier au Seigneur Ev. de Bayeux la moitié de toutes les dixmes des bois coupés, vendus et usés, ensemble la moitié de la dixme des pâturages, panages, amendes et exploits, de ce qui revenait *net* auxdits bois, depuis que led. seigneur avait été nommé à l'év. de Baieux. La cour du Parlement de Rouen dit que ces dixmes seraient payées à *l'onzième* exemptes de toutes façons, droits et gages d'officiers et au regard des dixmes desd. héritages, panages, amendes et exploits desd. bois la dixme serait paiée à raison du dixième denier des sommes qui en proviendraient sur icelles, préalablement déduite une 8e partie pour les frais du recouvrement d'icelles. En 1678, il se fit une transaction: pour les sommes non perçues M. de Choisy paya 11000 l. En 1679, un autre arrêt ordonnait que le seigneur ferait 11 lots pour en être, par les seigneurs Evêque de Bayeux et abbé de Cerisy, choisi un lot, que le seigneur serait tenu faire couper et façonner à ses frais en bûches et fagots. — En 1680, le bailliage de Bayeux décide que le lot des évêque et abbé serait de longueur et grosseur conformes aux bois des forêts du roi. — En 1683, M. de Choisy est condamné à payer à M. Blot, abbé de Cerisy, 9000 l. pour dixmes non perçues et frais de descente de procès-verbaux. — En 1774, le seigneur de Balleroy par abonnement s'engageait à payer les pensions congrues, 500 l., des curés du Vernay et du Tronquay, à la décharge des décimateurs, à la décharge de Mgr le card. de Luynes, év. de Sens, abbé de Cerisy, et de Mgr de Rochechouard, év.; ne sont compris ici les dixmes de grains, fruits et bois qui croissaient sur les anciens deffrichements desd. paroisses; les lettres patentes sont lues aux paroisses du Tronquay, le Vernay, Balleroy et aux marchés de Baïeux et Balleroy. — En 1779, Mgr de Cheylus trouva l'abonnement trop faible : on régla que la dixme serait payée en espèces d'après estimation à dire d'expert, ce qui fut ratifié par les chapitres de Bayeux et Cerisy.

Droits du seigneur. — Il avait droit de haute justice sur les bois et fiefs du Vernay, du Tronquay et du Parc. — 26 mars 1672, à la Table de Marbre de Rouen, le sr de Baudre est reçu pour sénéchal des bois du Vernay, Tronquay, le Parc et les Portes. — Le 6 décembre 1666, Antoine le Rey, garde des bois, fait un procès à Pierre Avonde et autres, le sénéchal les condamne à 78 s. 9 d. d'amende et la Table de Marbre confirme la sentence.— Le 7 juillet 1667, Jacques du Bocq et Marin James, acquéreurs de bois, qui devaient couper et recéper leur vente dans 6 semaines, ne l'ont pas fait; le 12 juillet, le sénéchal les condamne à 60 l. d'amende pour retardement et mal usance. — Le 16 juillet 1690, un arrêt du Conseil privé, sur la requête de M. de Choisy, déclare que les officiers du bailliage de Bayeux n'ont point à connaître sur les habitants des bois du Vernay et du Tronquay, érigés en fiefs, lesquels en avaient fait plusieurs habitations par des fieffes que le seigneur de Choisi leur avait fait et qu'ils avaient défrichés. — Le 28 février 1692, les officiers du bailliage de Bayeux et le lieutenant général s'y soumettent. — En 1711, les gardes du seigneur firent un procès-verbal contre des particuliers qui abattaient 7 arpents 1/2 de bois, faisant partie des ventes que led.

seigneur avait fait marquer au bois du Tronquay, pour quoi il fut donné assignation en la juridiction de Balleroy; le seigneur de Castillon prétendit que l'affaire dépendait du bailliage de Bayeux et le seigneur prétendit qu'elle dépendait des Trésoriers de France à Caen; quelle fut la suite?

Il avait des droits de varage aux marais de S. Amador, c'était un droit de 10 d. par bête; en 1524, les droits d'herbage et panage au buisson du Vernay et varage aux marais d'Arganchy, sont adjugés 15 l. 10 s. et le vin accoutumé; en 1656, ces droits étaient au marquis de Montfréville, qui avait acquis la seigneurie du Quesnay-Guesnon; en 1660, sa veuve, dame Jourdaine de Cabourel, pour 100 arpents de bois en revenu et haute futaie cède ses droits de chasse à toutes bêtes au bois du Vernay à cris, lacs, filets, épieux ou autrement avec le droit de varage, panage, à Messire Jean-Paul de Choisy, tant en son nom que comme curateur de ses frères.

Un autre droit honorifique était le patronage et la présentation à la cure, ce droit entraînait le devoir de construire l'Eglise et le presbytère. — En 1695, un mémoire est donné pour savoir la marche à suivre pour l'érection d'une cure; M. de Choisy fait une requête à Monsieur de Bayeux, tendant à obtenir la permission de faire bâtir une église et un presbitaire; l'Evêque fait une information, l'abbé de Cerisi assigné pour comparoir au prieuré de S. Gourgon, fait opposition. Cependant, le 23 février 1696, une ordonnance de Mg[r] l'Evêque érige une cure et église dans les bois du Vernay et, en considération des frais faits et à faire et du fond aumosné par M. de Choisy, lui accorde le patronage laïque avec la présentation à lad. cure, s'en réservant la collation avec le droit du déport (les revenus pendant la vacance);

lettres patentes de Louis XIV en 1696 et arrest du Parlement en 1697. Enfin, en 1698, le seigneur de Balleroy présente et nomme à Mgr l'Evêque de Bayeux la personne de Me Michel Guay, pour être curé de la cure de S. Paul du Vernay.

Il en fut de même du Tronquay. Requête à l'Evêque en 1710, par M. le marquis de la Cour, seigneur de Balleroy; information est faite par le doyen de Thorigny; les gros décimateurs sont assignés: l'abbé et les religieux de Cerisy; le marquis sera patron laïque, attendu que led. seigneur serait obligé de fournir un fond pour entretenir lad. église de luminaire, ornements et autres choses nécessaires au service divin. — En 1711, le marquis aumône à l'Eglise deux acres de terre pour servir de fond pour le trésor de lad. église. Les lettres patentes sont de 1720. — En 1732, Mgr l'Evêque de Bayeux fait collation de la cure en faveur de Me Thomas Guesnel sur la nomination de M. le marquis de Balleroy, seigneur du Tronquay.

Il avait aussi le devoir de fournir aux écoles. La fieffe Michel Gassion fut donnée pour les petites écoles du Vernay. En 1708, le seigneur cède ces huit vergées au maître d'école qui sera établi au Vernay et nommé par led. seigneur et le sr du Jardin, alors curé du Vernay; s'obligeant led. sieur curé de faire deffricher lesd. 8 vergées, les planter et faire bâtir un logement convenable pour tenir lesd. écoles et loger le maître, à la charge par led. maître de tenir son école tous les jours de la semaine excepté le jeudi, pourvu qu'il n'y ait pas de fête, faire le catéchisme tous les mercredi et samedi après midi et faire dire à ses écoles plusieurs prières désignées aud. acte à l'intention dud. seigneur et dud. sr curé. — En 1711, le seigneur renouvelle sa donation desd. 8 vergées.

Nous avons parlé de l'achat des bois de Courteilles, dit fief des Portes, en 1657 ; revoir les détails de cette vente.

Le terrain de Courteille fut fieffé, en 1673, à Jacques Foucher, Thomas le Brun, Gion Dubois, Gilles Foucher, Pierre Martin, Gaspard le Fèvre, le Page, Doitil, Noëlle Bœuf, Pierre Samson, Guillaume et Jean Deslandes, Pierre Bataille, Marin le Breton, Jean Gouesnel, Huet, Colleville, Julien Raoult, Isaac Raoult, à sa veuve, née du Bourguay, ou le Bourgeois, moyennant 2 boiss. 1/2 de petite avoine comble mesure de Baieux, à 16 pots le bois, à charge de labourer, cultiver et planter dans deux ans. Thomas le Brun, qui, en 1673, avait fieffé 4 verg. pour 10 b., cède sa fieffe en 1691 à Gion Dubois, pour 10 b. d'avoine de rente seigneuriale et 60 l. payés comptant ; en 1751, 1 verg. était cédée pour 7 l. 10 s. de rente et 150 l. paiés comptant et en 1752, 3 vergées étaient vendues à le Renard pour 12 b. 1/2 d'avoine seigneuriale et 270 l. payées comptant.

« Monseigneur de Choisy décédi le... février 1660 ; la première nouvelle que j'en entendîmes fut le jeudi au soir le 19 février qu'il arrivi des lettres à la maison ; on fist sonner la cloche tout à l'instant et le lendemain fut fait un service. — Dame Jeanne Huraut, veuve de feu messire Jean de Choisy fut ensépulturée le 15 juin 1669, à Paris. (Arch. Dép. E. Michel). » D'après les Mémoires de Mademoiselle de Montpensier (tome V, p. 79), Jean de Choisy était mort à Blois, presque en même temps que Monsieur (Gaston d'Orléans).

CHAPITRE V

JEAN-PAUL DE CHOISY

Il semble bien que Jean de Choisy n'ait pas attendu la mort pour laisser à son fils Jean-Paul l'administration de ses biens. En 1657, Jean-Paul de Choisy termina le contrat d'échange des bois du Vernay et du Tronquay, et dans ce contrat il est dit seigneur de Balleroy. Dans ses chartes on l'appelle seigneur et patron de Balleroy, seigneur et châtelain de Beaumont, Englesqueville, Cricqueville, St Pierre du Mont, Letanville, Grand'Camp : ainsi la seigneurie de Beaumont, unie à celle de Balleroy en 1150, l'est encore momentanément. Il est conseiller du roy en ses conseils et chancelier de feu Mg[r] le duc d'Orléans, oncle du roi ; en 1665, il est intendant de Sa Majesté en la province de haute et basse Auvergne ; sous son administration se tinrent les Grands Jours d'Auvergne, Fléchier fait l'éloge de son administration, (Intr. des Lettres de la Marquise, p. 243). « Pendant que M. de Choisy réglait les affaires du roi, M. de Balleroi avait soin de ses affaires et laissait la justice à régler à son frère : il se mêlait de régler les bals et de mettre l'ordre dans les assemblées, mais il avait pris tant d'autorité et faisait si cavalièrement les choses que sa mémoire n'est point en bénédiction dans la province. »

Vers le mois de juin 1665, il devint intendant de la justice, police et finances pour Sa Majesté en la généralité de Metz et frontière de Champagne ou Metz, Lorraine et Barrose; il semble bien par ses comptes qu'il ait quitté cette intendance en 1674. Il avait épousé Anne Gruyn du Boucher. Nous citerons quelques extraits d'un « mémoire de la recepte et dépense faite par moi de Cabazac pour M. de Choisy, cons^r du roy en ses conseils et d'honneur en son parlement de Metz, ci devant (on était en 1674) intendant de justice police et finances en la généralité de Metz Lorraine et Barrose, depuis le 7 juillet 1671. Mme de Choisy fit un voyage de Metz à Balleroy. Le 8 juillet 1671, souper à Bar, 18 l.; le 9, diner à Possense, 7 liv. 10 s.; au soupé à Châlons, 12 l. 50; tous les jours en vieux ouin, pour graisser les roues, 15 s. ou 10 s.; le 10, diner à Estoque, 10 l. 15 s.; au souper à Montmirel 12 l. 3 s. 9 d.; le 11, diner à Bussières, 10 l. 17 s. 6 d.; au maréchal pour 2 saignées et une médecine à un cheval, 30 s.; souper à Meaux, 21 l. 25 s.; le 12, dîner et un fruit, 9 l. 5 s. — Le 13 à Paris, 125 bottes de foin, 35 de paille et 7 septiers d'avoine et les droits 67 l. 10 s... ; le 15 à Paris pour un flambeau, 20 s.; le 17, un port de lettres, 11 s.; le 21, pour la dépense de son voyage de Paris à Caen et sa voiture et de là à Balleroy, 21 l.; le 23, dîner à Pontoise, 17 l., souper à Magny, 17 l.; le 24, dîner à Escouen, 13 l. 17 s. 5 d., et souper à Rouen, 18 l. 17 s.; le 26, dîner à Pont-Audemer, 10 l. 17 s. 6 d., souper et déjeuner du 27 à Pont-l'Evêque, 16 l. 17 s. 6 d.; le 27, à Varaville, aux matelots dans les batteaux desquels Madame de Choisy monta et plusieurs avec elle, y but du sidre et au petit matelot, qu'elle fit monter au haut du mât, 3 l. 5 s.; au bac en passant plusieurs fois, 15 s.; 27 au souper et 28 au déjeuner à Caen, 23 l. 10 s.; en confitures que Mme fist porter à Balleroy pour la foire (?), 13 l. 4 s.; cire blanche, 35 s.; aux trompettes et tambours, 3 l.; pour la mesme despense pour Pierre, cuisinier, du 28 juillet au 20 août, 141 l. 9 s. 6 d.; une estrille, 14 s.; une pelle et une fourche pour l'écurie 7 s. 6 d. — Aout, en amandes, amidon et bleu, 2 l. 6 s.; le 5 à un homme envoyé au devant de Monsieur l'Evêque de Bayeux et Monsieur Chamillard et à un autre qui a porté des lettres à Bayeux, 5 s.; 12 août, port d'une cassette où était une jupe pour Madame, 25 s.; au disner à Bayeux, 9 l. 5 s.; à celui qui est alé de Beaumont à Balleroy pour Madame, 10 s.; le 19, port de caisse où estait la chappelle, de Paris à Baieux, 3 l. 12 s.; pour la moitié d'un mouton, 30 s.; le 20, pour une chèvre dont Madame buvait le lait à Balleroy, 5 l. 5 s.; le 21, un fruit sucré et fromage, 5 l. 10 s.; le 27, pour du sucre, des poires de bon Chrestien, des pommes, du vin, du lard et du formage de Pont l'Evesque, 15 l. 13 s.; à la servante de M. Courtemer, pour du beurre, 10 s.; le 30, pour ma despense et du cuisinier à Caen et à Bayeux pour les provisions pour l'arrivée de Mme de Matignon, 45 s.; un gibier et autres choses pour Mme de Matignon et pour le port, 30 l.; 1er septembre, aux charpentiers travaillant au pont du paterre, pour bois, 1 s. 3 d.; le 2, 80 gerbes de paille pour la maison du fondeur, 3 l. 15 s.; le 14, pour la nourriture du cheval qui a porté à Bayeux les lanterniers qui avaient travaillé à une fenestre de Balleroy, 4 s.; le 14 septembre, un poulet pour Madame, 6 s.; au bucheron qui a abattu 5 arbres, 4 s. 6 d.; 220 gerbes de paille du faudeur, 11 l.; le 15, au souper, le 18, au dîner en allant à la S. Floxel, le 17 au souper, le 18, au dîner en revenant, pour l'achapt des chevaux, 26 s. 3 d.; pour les 2 poulains, le grand, 200 l. et le petit, 170 l., le vin aux deux valets, 3 l., au maquignon 15 s. (?), un fer à cheval,

5 s.; pour la façon de 14 pairres de chaussons pour Madame, 30 s.; aux viollons, 3 l.; le 26, pour 3 liv. de sucre et une 1/2 livre de savon, 54 s.; 4 livres de lard, 26 s.; le 10, 4 gelinottes grasses, 55 s.; 1 livre d'amandes, 14 s.; 100 bottes de paille pour les chevaux, 5 l. 10 s.; le 25 octobre, au charpentier pour une demi journée de travail, 5 s.; le 3 novembre, pour des lapereaux, bécasses, poullets, dindonneaux, fruits et sucre, 8 l. 10 s.; le 19 décembre, à Estagre avant Chalons, a la questeuse de l'Eglise, 15 s., au prestre qui a dit la messe, 15 s.; au souper à Chalons, 14 l. 10 s.; le 21, au diner à S. Rémy, 3 l. 10 s.; le 24, au cocher et au postillon de Mgr l'Evêque de Verdun, pour eux et la relevée de leurs chevaux, 12 l. 10 s.; le 25 janvier 1672, à Pierrot, laquais, pour 4 bouteilles d'hipocras, 6 l.; le 15 septembre, à une femme de travailleur blessé, 3 l.; le 21 octobre, des pelles, fourches et eau de vie pour penser les chevaux, 8 s. 6 d.; le 3 décembre, au curé de Varoche, pour des malades, 3 l. »

A Balleroy, M. de Choisy dépensa une grande activité, il continuait l'œuvre de son père, la forge, l'achat du Vernay et du Tronquay et les inféodations, c'étaient les contrats par lesquels il cédait la propriété des terrains à titre des fieffes pour des rentes perpétuelles, irraquitables; c'était là le caractère odieux que l'on pouvait enlever aux rentes en permettant de les amortir, sans qu'il fut nécessaire de supprimer les rentes elles-mêmes, comme le fit la Révolution en prétextant qu'elles étaient seigneuriales, ce qui était une injustice, car ces rentes ne représentaient qu'à peine la valeur de la terre, 3 sous la perche ou 6 l. la vergée. Ces inféodations avaient été commencées par Jean de Choisy. Les premières, en 1650, furent faites du côté droit de l'avenue du Sapin; le terrain était partagé en places de 2 perches de face (environ

44 pieds ou 15 mètres) sur 12 à 13 perches, même 16 de profondeur; il y avait obligation de bâtir sur l'alignement de la première maison bâtie par le seigneur et fieffée à Joachim Courtemer; il y avait 30 places fieffées; ainsi, voici les premiers fieffataires en 1650 : Pierre Lestot, Jean Desmonts, Michel Beziers, Denis le Maître, Nicolas de Cabazac, Robert Eudelin, François Dillays, Nicolas Sevestre (9 et 10e), Raphaël Fontaine, Marin Pichard, curé (12e, 13e, 14e et 15e places, l'école des garçons actuelle, plus un pré joignant sur led. sr curé et buttant sur la fontaine du village), Nicolas Ecolasse, entre la 17e non louée et la 18e il y a une petite rue, Jacques Colleville, Guillaume Huet, Richard James (20e et 21e), Jean Berguet, Gilles le Chevalier, Louis Paysant, (28e, 29e et 30e) à commencer au bout de la grande route vers le puits de la Croix; quelques-unes seulement furent fieffées en 1654, 1656 et 1658. En 1656, 1658, 1668 et quelques-unes plus tard, on fieffa le côté gauche toujours en s'engageant à respecter l'alignement donné par la première maison bâtie par le seigneur et fieffée à Lucas Halley, et les 28 places de 2 perches de face sur 7 à 19 de profondeur, sont fieffées à Denis le Maître, Antoine Le Bœuf, Gabriel le Page, Martin le Bœuf, Jean des Marets, Philippe Varin, Jean Pivet, Michel James, Olivier Samson (10e et 12e), Jean Denise (12e, 13e et 14e), Richard Flambart, Mathieu Ecolasse, Guillemette Busquet, veuve Benoist Michel (20e, 21e, 22e, 23e), Martin Deslandes, Philippe de Ste-Marie, Guillaume Colleville, Jean James (dit Lalande) et enfin Jean de Cabasac, représentant du seigneur, vendit en 1670 à Pierre Marois une maison sur l'avenue et buttant sur Louis James, pour 300 l. et la fieffe de 4 l. Les places de la rue des Forges furent louées moins régulièrement, elles avaient aussi

2 perches de face; on devait bâtir sur la même ligne que les autres, sans rien prétendre aux arbres chesnes de la route des Forges, ni aux haistres de la grande route et principale avenue; l'alignement du côté gauche a été conservé, la profondeur du terrain fieffé s'arrêtait au mur à bâtir sur le pré Bosquet; l'alignement du côté droit était sur les maisons qui, aujourd'hui, sont en retrait, les autres ont empiété; Guillaume Michel (qui joint rue de Gilles et la rue des Forges), Olivier Gassion, Mathieu Bertot (sur la rue des Forges, au coin de la petite rue), Pierre Bazire (qui joint le parc des Fris), Pierre Gaucher (5e et 6e), Jacques le Bœuf (7e et 8e), Gabriel le Page, prestre, (la 10e), Nicolas Madeline, sr de la Guerre, et Gabriel Lelièvre, sr de la Prévotière (11e et 12e). Le 27 octobre 1657, Jean de Choisy voulant gratifier N. Madeline, sr de la Guerre, et G. Lelièvre, sr de la Prévostière, a baillé par forme de fieffe une maison couverte d'ardoise avec sale, cellier, 2 Chambres, 2 greniers, 2 cabinets, héritage planté en pommiers où habite Gaucher, ferronnier, jouxte mond. seigneur, butte sur la grande route et principale avenue de mond. seigneur et d'autre sur la carrière du Collège. Pierre Hardy, Nicolas Veniard, Nicolas et Gion Dubois, Jean Bobehier, Thomas Duchemin, Jacques Hervieu, Antoine Barbey, Gion Dubois, Nicolas de Langallé, Pierre Martin (23e et 24e), Nicolas de Langallé et Richard le Moigne, Jacques Gaultier, Martin Richard à prendre sur le pré de la Roquette, Jean Niobé, sr des Jardins, puis Jacques Anfrie (un ruisseau passant au bout, joignant la voie de Courteille et la rue des Forges).

Le rond ou la place ne commence à être fieffé qu'en 1667; Hébert du Perrey fieffe deux loges sur le Marché et 2 perches de terrain, 10 l.; les autres premiers fieffataires furent Jean Désert, il touche au Rond du Marché, la voie des Halles et la rue des Forges, et il a 3 perches derrières les Halles pour 16 l. de fieffe ; puis Pierre Fouques, Jean le Bœuf, Pierre de Launey et Jean Plouin, Jacques Foucher, Guillaume Michel, Michel le Tulle au coin du marché, Louis Colleville, Claude Heuzé, Henry le Page avait la maison de l'angle de la rue du Sapin, la grande Avenue et du Rond, il s'engage à balayer et netoyer une fois pour toutes entre Paques et la Pentecôte toutes les allées de l'Etoille et la grande allée dite du Mail ; Joachim Courtemer a une maison sur le collège et l'avenue (maison Pinel), Madeleine Delaunay, Nicolas Barbey, Guillaume le Rebours, Brunet, le Page, Charles Perrette butte sur le Rond et le jardin du Collège ; Richard Lemoigne, Georges Richard, Germain de Ver, Guillaume Beaumont ; plusieurs de ces maisons furent plus tard vendues à Pierre Tubœuf pour le collège, Nicolas James, Nicolas Marie. Sur le chemin de Caumont, Jean Beaunoir, Philippe Eudelin, Nicolas James. En 1657, Nicolas Madeline, sieur de la Guerre, et Gabriel Lelièvre, sieur de la Prévotière, prennent une maison couverte d'ardoise avec dépendances, sale, cellier, 2 chambres, 2 greniers, 2 cabinets, héritage planté en pommiers, sur le bord des Carrières, joint le seigneur sur la grande route et principale avenue de la maison dud. seigneur et, d'autre part, sur les carrières du Collège. — En 1685, Jean de Choisy achète les bois de la Chouquaye et de la Londe ; il les partage en 12 lots de 4 vergées le plus souvent, avec charge de bâtir ou de planter, des 2 côtés de l'avenue sur Castillon et Balleroy, moyennant 3 bois. d'avoine et une demi poule par verg. Les premiers fieffataires sont Pierre Lebœuf, Guilbert, James Colleville, Marie Leguelinel, Ecolasse, Huet, Charles Elliot, Jeanne le Bourgeois, veuve Isaac Rauld, Jean Berguet, Antoine le Barbey, le Bourgeois, Huet. Puis il fieffe la Londe et Perigny à Jean Hébert, Michel Dillaye, Antoine Mauny, Michel Chirée, Richard Néel, Michel Chouquet, Olivier Gassion, René Chirée, Abraham Galop, Richard Néel; ces fieffes sont en général sur l'avenue de la Commanderie. En 1683, il constitue une rente de 300 livres en principal de 6000, et en 1685, elle est transportée au profit des prêtres de S. Nicolas du Chardonnet par Mre Delzous, prêtre.

Jean-Paul de Choisy mourut âgé d'environ 65 ans et « son corps a esté inhumé dans l'Eglise de Balleroy, le 30 de juin 1697, après avoir reçu les Sts Sacrements. Le lieu de sa sépulture est dans l'aille du chœur située à l'opposite de la sacristie, du costé de l'arrivée du chasteau... fait présence de Messire François-Thimoléon de Choisy, son fraire, grand-doyen de la cathédralle, de Jacques de Toucher, écuier, seigneur de Petiville, de Pierre d'Argouges et de Me Christophe Galimard. »

Nous lisons dans une lettre de Segrais à Ménage, le 24 avril 1697. (La Normandie à l'étranger, par H. de la Ferrière, p. 397), les détails suivants sur la vie et la mort de Paul de Choisy : « Au point de vue religieux, M. de Choisy a pensé mourir plusieurs fois et on nous l'a dit mort. Il s'est vu en cet estat; néanmoins il vit encore, il se fait porter dans les allées et à une église qu'il fait bâtir. L'abbé de Choisy, mon confrère de l'Académie, est venu ici lui rendre ses devoirs et l'a si bien gouverné qu'il l'a réconcilié avec la religion qui ne lui tenait pas fort à cœur, comme vous savez, et commencé par de grandes aumônes et s'attache uniquement à la perfection d'une église qu'il a fait bastir et où il veut estre enterré. L'abbé en a esté récompensé dès ce monde, parce que le grand doyenné de Bayeux estant devenu vacant par la mort de M. l'abbé de Franqueville, les chanoines de cette cathédrale l'ont élu au préjudice de jeunes abbés et de vieux confrères qui se sont donné bien du mouvement pour remplir cette place qui ne vaut pourtant que 1000 ou 1200 livres présentement, au lieu qu'elle en valait 2000 autrefois. »

CHAPITRE VI

FRANÇOIS-TIMOLÉON, ABBÉ DE CHOISY

Jean-Paul de Choisy n'avait point d'enfants ; son frère, l'abbé de Choisy, hérita de la seigneurie de Balleroy. Dès ce moment il dut revendre la seigneurie de Beaumont le Richard et nous ne voyons pas qu'il en ait porté le titre. D'Argenson nous dit qu'il avait « de l'esprit et de la mémoire, sa conversation était intéressante et curieuse, mais il s'est toujours senti de son éducation efféminée et n'étant plus d'âge à s'habiller en femme, il ne s'est jamais trouvé capable de penser en homme. » Voici comment il se juge lui-même dans ses Mémoires : « Une dame qui a tout l'esprit du monde a dit que j'avais vécu 3 ou 4 vies différentes : homme, femme, toujours dans les extrémités, abîmé dans l'étude ou dans les bagatelles, estimable par un courage qui mène au bout du monde, méprisable par une coquetterie de petite fille et, dans ces états différents, toujours gouverné par le plaisir. » Il reçut la tonsure en 1657, il eut l'abbaye de S. Seine près Dijon. Une maladie le convertit : il fit partie d'une ambassade extraordinaire auprès de l'empereur de Siam en 1685 : « Il fallut que le cardinal de Bouillon lui donnat 1000 écus, ses usuriers lui fournirent le reste et mirent sur sa tête à la grosse aventure ; il voyagea avec l'évêque de Metellopolis, vicaire apostolique, qui lui donna les ordres en 4 jours, au moyen de quoi il partit de France clerc tonsuré et arriva prêtre à Siam. » La relation imprimée de son voyage acheva de le faire connaître et lui ouvrit les portes de l'Académie en 1687. Il publia une vie de Salomon, une Imitation de Jésus-Christ, des histoires de piété, sinon vraiment belles, au moins charmantes à lire, une histoire de l'Eglise à la portée de tout le monde ; elle est, d'après d'Argenson, suffisamment bonne, très agréable et peut-être la meilleure que les femmes puissent lire. Laffetay (Hist. du diocèse de Bayeux) nous raconte, d'après Jacques Descrametot, les cérémonies de son installation comme grand doyen ; faisons seulement remarquer que Paul de Choisy mourait à la fin de juin 1697 et que l'installation se faisait le 11 avril : « Messe solennelle du Saint-Esprit, précédée d'une procession autour du chœur avec les beaux ornements. De là on entra processionnellement au chapitre. Le chapitre dura jusqu'à midi et fut continué après les vêpres ; le lendemain, nouveau chapitre après la messe ; à 11 heures, M. l'abbé de Choisy fut élu ; après l'élection, le greffier du chapitre, accompagné de trois scrutateurs, préconisa au pupitre le doyen élu. Ensuite on retourna en procession au chapitre, pour revenir au chœur. Etant arrivé, le chantre entonna le *Te Deum* : orgue, musique, toutes les cloches de la ville sonnèrent. Le 13, M. le Doyen, accompagné de six chanoines députés, entra sur les dix heures du matin : il baisa l'autel et donna pour son oblation huit louis d'or. De là il fut conduit par les six députés pour jurer au chapitre sur le pain et le vin. Pendant *None*, il fut mis en possession par le chantre, dans le chœur. Après la prise de possession, il retourna au chapitre pour recevoir sa juridiction en touchant les sceaux. Ensuite les six chanoines l'accompagnèrent au doyenné dont il prit possession au haut de l'escalier en touchant les clefs. De là il rentra à l'Eglise par la porte S. Thomas et il fut au chapitre où il complimenta la compagnie. L'après-midi, il fit distribuer dix sols à chacun des pauvres. » Deux ans et demi après, l'abbé renonçait à cette dignité.

Il semble qu'il n'administra pas lui-même ses affaires de Balleroy, les actes sont faits par Me Jacques du Touchet, chevalier, seigneur de Besnouville et Petitville, ou par Philippe de Méhérenc, escuier, sieur de Bellefontaine, ou par Maistre Guillaume Soudier, sr de S. Blaise, au nom de Messire François-Timoléon de Choisi, prêtre, prieur de S. Lo de Rouen, de S. Benoît du Sault, doyen de l'Eglise cathédrale de Baïeux, seigneur de Balleroy et des fiefs du Tronquay, du Vernay, etc. Dans une des lettres autographes à Philippe de Méhérenc, il se plaint des lenteurs des notaires: il était sans argent et son fondé de pouvoirs, malgré de belles protestations, ne paraissait pas avoir beaucoup de confiance.

Le 6 novembre 1700, il vendait à Mme Françoise de Brancas de Bréssons, épouse de Mgr Alphonse-Henri-Charles de Lorraine, prince d'Harcourt, la terre et seigneurie de Balleroy, le Tronquay et le Vernay, assistaient au château de Balleroy, jardin, parc, haute, moyenne et basse justice, droit de chasse, rivière, pêche, forge, four à chaux, forêts, bois taillis et de haute futaie, cens, rentes seigneuriales, foncières, fiefs, droits de bannalité, droits de patronage, maisons, ferme... tout ce qui était dans le château... lesquelles terres... mouvantes, savoir, celle de Balleroy, de la châtellenie de Condé-sur-Noireau et celles du Vernay et du Tronquay, du Roi à cause de la Tour du Louvre. Cette vente faite moyennant la somme de 400000 liv. dont 10000 paiées comptant, 290000 après le décret volontaire desdites terres pour sur lad. somme être paié ce qu'il conviendra aux créanciers du seigneur vendeur et le surplus s'il y en a être paié aud. seigneur vendeur et sur les 100000 l. lad. Dame princesse devait retenir en ses mains 66000 l., savoir 60000 pour le fond ou domaine de 3000 l. de rente annuelle due à Dame Anne Gruyn, veuve du seigneur de Choisy, frère dud. seigneur et 6000 l. pour le fond des 300 l. de pension viagère due aux religieuses de Popincourt, pendant la vie de Dame... de Choisy, sœur dud. vendeur, l'une des religieuses. Le principal desd. sommes devait être payé aud. seigneur vendeur, savoir les 60000 l. sept ans après le décès de la dame veuve de Choisy avec les intérêts et les 6000 l. deux ans après la mort de lad. religieuse; les 34000 l. restant seraient payées en deux paiements égaux de 17000 l. dans cinq ans après lad. vente et le second un an après. Le 23 janvier 1701, lecture en est faite aux paroisses de Balleroy, le Vernay, le Tronquay.

Le 17 août 1701, il y eut clameur lignagère de la vente à la requête de Messire Jacques de la Cour, chevalier, seigneur de Manneville, conseiller du Roy en ses conseils, maître des requêtes, ordinaire de son hôtel, et dame Madeleine-Charlotte-Emilie le Fèvre de Caumartin, fille de Louis le Fèvre de Caumartin, fils de dame Madeleine de Choisy.

Le 19 décembre, une sentence des requêtes adjugeait la clameur au profit du seigneur de la Cour. Le 22, par une transaction, l'abbé de Choisy prend lesdits seigneur et dame de la Cour pour ses débiteurs et décharge la princesse d'Harcourt. Le 8 avril 1702, par une transaction avec la princesse d'Harcourt, le s^{r} de la Cour et son épouse s'obligent à paier dans un an du jour de lad. transaction à lad. princesse 16800 l. à laquelle avaient été liquidés les treizièmes dus à M. de Matignon, à cause de la terre de Balleroy; ici le 13e n'est que du 25e à peu près ou 4 %.

Le 19 avril, M. de la Cour prenait possession et, le 22 décembre, il avait payé à l'abbé de Choisy 12000 l. de plus qu'il ne devait.

CHAPITRE VII

JACQUES DE LA COUR
MARQUIS DE LA COUR-BALLEROY

Le 17 août 1701, clameur lignagère de la vente de la seigneurie de Balleroy est faite à la requête de Messire Jacques de la Cour, chevalier, seigneur de Manneville, conseiller du roy en ses conseils, maître des requestes, ordinaire de son hôtel, et dame Madeleine-Charlotte-Emilie le Fèvre de Caumartin, fille de Louis le Fèvre de Caumartin, fils de Madeleine de Choisy; le 19 décembre 1701, une sentence des requêtes adjuge la clameur au profit du seigneur de la Cour.

Celui-ci se substitue aux droits et charges de Madame d'Harcourt et, le 19 avril 1702, il prend possession du château.

Les de la Cour étaient d'une ancienne famille Normande. Cette famille avait d'abord pris le nom de du Four, de *foro*, que l'on a quelquefois traduit par du Marché; Aïulphe, seigneur d'Hermanville, le plus ancien des ancêtres connus, était avec sa femme, Tusseline, fondateur de l'abbaye de Prémontrés d'Ardennes en 1122; son fils Guarinus, Guérin en fut le 1er abbé et un autre fils, Vaultier, Gautier, Walterus, y était religieux. Un de ses descendants, Guillaume, prêtre, prit, en 1479, le nom de la Cour, du fief de la Cour, sur Maltot et Athis; il céda son droit d'aînesse à son frère. (Arch. Départ., D., 88, Jean de la Cour, *omniger dominus temporalis de Maletol*, juré à l'Université de Caen 1506).

En 1481, devant les notaires de Caen, Guillaume du Four, écuier, seigneur de Maltot et de la Cour, fils de Gabriel du Four, épouse Madeleine le Sens; le 8 juillet 1566, un arrêt des francs fiefs obtenu par Germaine de la Rivière, veuve de Pierre de la Cour, établit que la généalogie pour la justification de noble noblesse de ses enfants et la mutation du nom de du Four en de la Cour est vérifiée; leurs preuves de noblesse furent admises par Montfault, Roissy et Chamillard. Jean de la Cour fut vicomte de Caen en 1609; son fils aîné, Louis, fut aussi vicomte de Caen (D. 472). Roulland de la Cour esc., s[r] du Motel, était gouverneur de Caen en 1632; ses héritiers sont Jean, esc., s[r] du Buisson, Pierre de la Cour, maître des comptes à Paris 1659. Aux archives du château on possède les authentiques des lettres du grand chambellan de France, « 1er gentilhomme de nostre chambre, 1er maistre de nostre hostel », le nommant, en 1620, secrétaire ordinaire de la Chambre du roi; en 1636, « de sa commission d'intendant de la justice et finances, président en nostre conseil souverain de Pignerol et intendant de la justice, police et finances tant dudit Pignerol et aux terres en dépendantes que delà les Monts, comme aussi nos armées en Italie, en l'absence des intendants »; enfin, en 1638, de sa réception dans le tiers-ordre des Capucins de S. François avec sa femme et ses enfants.

Il avait épousé Catherine Morel; son fils Pierre fut conseiller d'Etat, président de la Chambre des Comptes; l'autre, Thomas, chevalier de Malte, était capitaine de vaisseau en 1650 : on va voir le grand éloge de Louis de la Cour dans les lettres de marquisat. Jacques de la Cour, seigneur de Balleroy, était le fils de Thomas.

En 1704, Louis XIV donna à Mruly des lettres patentes (l'authentique en est au Chartrier) par lesquelles le « roi pour récompenser les services rendus à nos prédécesseurs et à nous depuis plus de 500 ans par les ancêtres de notre amé et féal Jacques de la Cour, seigneur du Tronquay, le Vernay, le Parc, les Portes et Balleroy, dans des emplois convenables à l'ancienneté de leur noblesse, tant près de nos personnes que dans nos armées et notre conseil, notamment ceux du feu sieur Louis de la Cour, où il a fait paraître son zèle pour l'Etat et une expérience consommée dans les affaires les plus importantes et par lui unit et incorpore lesdits fiefs du Tronquay, le Vernay, le Parc et les Portes, lesquels relevaient de Sa Majesté, sçavoir ceux du Vernay, le Tronquay, le Parc à cause de sa duché de Normandie et celui des Portes du domaine de Bayeux, et les érige en titre, nom et dignité de marquis et avec changement et commutation de nom desd. fiefs en celui de la Cour, attendu que led. fief du nom de la Cour, situé dans la paroisse de Maltot proche Caen, possédé de temps immémorial par les auteurs de l'Exposant se trouve aujourd'hui sorti de la branche, auquel fief pour rendre lad. érection plus susceptible de cette dignité, nous avons joint, uni et incorporé celui de Balleroy, relevant de notre cher et bien amé le s[r] Goyon de Matignon qui aurait consenti, pour en jouir par le sieur Jacques de la Cour, impétrant desd. lettres et dame Madeleine le Fèvre de Caumartin, son épouse, leurs enfants et postérité, nés et à naître en légitime mariage tant mâles que femelles, audit nom et titre de marquisat de la Cour, voulant Sa Majesté que lesd. sieur et dame et leurs successeurs se puissent qualifier marquis de la Cour... A la charge de relever du roi à cause de sa duché de Normandie en une seule foi, hommage, droits et devoirs accoutumés, unissant auxd. fiefs le fieu, terre et sieurie de Balleroy, rentes seigneuriales, circonstances et dépendances pour en jouir comme un seul fief ne faisant qu'un seul préciput et ce moyennant le consentement du sieur de Matignon à la charge que led. fief de Balleroy relèverait comme il faisait dud. sieur de Matignon... Enregistré en la cour du Parlement, le 8 mai 1705, en la cour des Comptes le 2 décembre 1705. Le 10 mai 1704, Messire Jacques Gohyon, sire de Matignon, comte de Thorigni, seigneur châtelain de Condé, consent, à condition de rendre aveu dud. fief de Balleroy à la châtellenie de Condé.

Jacques de Balleroy se retira dans son château avec sa femme, Emilie de Caumartin; mais il dut souvent aller à Paris pour ses affaires, qui avaient été embrouillées par l'achat et l'entretien de son château; ses démêlés avec le brasseur d'affaires Oursin, l'agiotage et la banqueroute de Law ne simplifièrent pas la difficulté. « Il était froid et mystérieux, dit Caumartin, finassier et malin comme un Normand, intelligent, peu élégant, pas homme du monde... Il avait peu de points de sympathie avec sa femme si fine, si parisienne; du moins il avait les sentiments les plus tendres pour elle. » Elle restait à Balleroy, s'y plaisait dans la solitude aux pratiques de piété, aux bonnes œuvres; elle ne semble pas avoir trempé dans le jansénisme ni dans les idées sceptiques de son temps. Pour la distraire, ses nombreux correspondants, son mari d'abord, les Caumartin, lui écrivaient des lettres intéressantes qui ont été publiées par M. de Barthélemy. Une de ses distractions était la prise de tabac. Malgré tout elle devait s'ennuyer. « Depuis que je suis à Paris, lui écrivait son mari le 30 janvier 1721, je m'ennuie autant à Paris que je vous ai vu vous ennuyer à Balleroy. » Il mourut d'apoplexie à Paris, le 19 mai 1725.

Voici une copie du billet de part, dont 2 exemplaires sont au Chartrier :

« Vous êtes prié d'assister au convoy de Haut et puissant seigneur Messire Jacques de la Cour, marquis de la

Cour, seigneur de Balleroy, Vernay, le Tronquay et autres lieux, décédé en son hostel, rue des Saints Pères; qui se fera ce jourd'huy dimanche 20e may 1725 à sept heures du soir en l'Eglise de S. Sulpice sa paroisse et au Transport qui se fera ensuite en l'Eglise de S. Nicolas des Champs, lieu de sa sépulture; Et aux messes qui se diront mardy 29 dudit mois depuis 9 heures du matin jusqu'à midy à la Chapelle de la Sainte Vierge en ladite Eglise de S. Nicolas des Champs. Messieurs et Dames s'y trouveront s'il leur plait. Requiescat in pace ».— L'Eglise S. Nicolas des Champs était le lieu de sépulture des Caumartin. En exécution de son testament, on distribua à l'issue des messes paroissiales 100 l. aux pauvres de chacune des paroisses de Balleroy, Angerville, le Tronquay, le Vernay.

Par son testament, il laissait une rente de 300 francs pour faire dire une messe pour lui, sa femme, sa mère et sa tante, Jeanne de Fusée, au lieu et heure que sa femme et ses enfants jugeront convenables et le prêtre qui jouira de la rente sera à la disposition du clergé de la paroisse le dimanche; il donne une rente de 300 francs aux dames de la grosse abbaye de Caen pour la pension d'une demoiselle des parentes du testateur ou de sa femme, surtout du nom de la Cour ou de Caumartin, jusqu'à leur mort ou mariage ou entrée en religion; il donne 300 livres de rente viagères à Mlle de Villons, 60 livres à Mme de Chicheine; l'exécuteur testamentaire est M. de Voisenon, son parent ».

CHAPITRE VIII

JACQUES-CLAUDE-AUGUSTIN DE LA COUR

Jacques de la Cour laissait deux enfants : Jacques-Claude-Augustin, colonel de dragons, chevalier de l'ordre de Saint-Louis, et Louis-Jacques, chevalier non profès de Saint-Jean de Jérusalem de Malte ; le chevalier de la Cour, en 1750, était chevalier profès, commandeur d'Auxerre ; les preuves de noblesse de celui-ci pour être reçu chevalier de Malte fournissent de précieux renseignements sur sa famille. Augustin était né le 20 janvier 1694 ; en 1714, il était cornette, il reçut commission de mestre de camp (colonel) d'un régiment de dragons. Peu d'années après, son oncle Caumartin de Boissy avait tout espoir de lui donner sa fille ; on apprit tout d'un coup que les relations étaient rompues, que Mademoiselle de Caumartin épousait un de Ségur et, « le mardy 22 may 1720, Augustin de la Cour épousait dans l'église de Balleroy demoiselle Marie-Elisabeth de Matignon, fille de très haut et très puissant seigneur Monseigneur Charles-Auguste de Matignon, maréchal de France, Gouverneur général du pays d'Aunis, et de feue très haute et très puissante dame Elisabeth Berthelot, ses père et mère. La bénédiction nuptiale était donnée par Messire Léonor de Matignon, abbé commendataire de l'abbaye de Lessé (en 1729, évêque de Coutance et prieur du Plessis-Grimoult). Augustin de la Cour était aide de camp du Maréchal. Le 20 juillet 1721,dans la même église de Balleroy, on baptisait Charles-Auguste de la Cour, ondoyé le 27 octobre; il avait pour parrain Mgr Charles-Auguste de Matignon, comte de Gassé, baron des baronnies de Bricquebec et Orglandes, maréchal de France, gouverneur général des villes et païs de la Rochelle, païs d'Aunis, îles de Rhé, Oléron, terres y adjacentes; la marraine était la marquise de la Cour.

De ce mariage il eut encore Louis, chevalier de la Cour, mort à 20 ans, en 1745; Jean-Paul-François le vicomte de la Cour, lieutenant des vaisseaux du roy; François-Auguste, chevalier de Balleroy,décapité en 1794; Louise-Jacqueline-Aimée qui épouse, en 1750, Marin de Boylesve, seigneur de la Maurouzière, et dont une fille épousa Marin Senot de la Londe, seigneur de Cahagnolles; Elisabeth-Louise-Eléonore qui épouse, en 1752, Simon Piarron de Chamousset, maître des requêtes et président du Grand Conseil; enfin Marie, non mariée.

Le service militaire et les relations du monde ne l'absorbaient pas complètement, il aimait les études littéraires et historiques. Quand l'abbé Alary voulut, en 1724, fonder une petite académie libre, qu'il recevait dans son logement, en l'entresol de l'hôtel du président Hénault, place Vendôme, « M. de Balleroy, mon cousin, dit d'Argenson, fut l'un des premiers choisis »; son beau-père s'y trouvait aussi, M. de Barberie et M. d'Argenson; M. de Balleroy lut son travail sur l'histoire des traités depuis la paix de Vervins, et des notes sur l'histoire d'Allemagne. En 1728, il devenait enseigne des gardes du corps du roy et lieutenant en 1734. Peu après il était envoyé comme brigadier de cavalerie sur les frontières de la Moselle.

En 1735, il était chevalier de Saint-Louis et ses mérites militaires et littéraires lui valurent d'être nommé gouverneur du duc de Chartres, fils du duc d'Orléans et petit-fils du Régent, alors âgé de 10 ans. Il possédait la confiance du duc d'Orléans et l'amitié de son élève, mais par suite il devait être la victime des brouilles qui existaient entre le duc et le cardinal de Fleury. « Son Eminence, dit d'Argenson en 1739, a joué un tour indigne à M. de Balleroy en se refusant à ce que son fils dansât au bal de M. le Dauphin, comme ne devant ni le père ni le fils monter dans les carrosses du roi. M. de Balleroy a prouvé par sa généalogie qu'il était d'une très ancienne noblesse de Normandie, quoique avec peu d'illustration, mais de belles alliances non interrompues. Le card. a fait 10 mensonges sur cette affaire. M. de la Cour, père de M. de Balleroy a été six ans maître des requêtes. Voilà toute la tache de cette famille. Heureusement qu'après ces mensonges la petite vérole de M. le duc de Chartres interrompit ces bals et sur ce M. de Balleroy s'est mis à ne plus mettre les pieds chez l'Eminence. Il y a des gens auprès du roi par lesquels il prend des ordres directs de S. M. pour tout ce qui regarde le prince et il emporte l'avantage sur toutes les questions qui se présentent. » (Mémoires d'Argenson). En 1738, il avait eu le brevet de maréchal de camp ; en 1742, il devint 1er écuyer du duc d'Orléans ; en 1743 et 1744, il avait reçu commission pour l'armée de Flandre ; le 2 mai 1744, il était nommé lieutenant général et le 1er juin envoyé avec le maréchal de Noailles. Il était au siège de Fribourg en Brisgau, les ponts enlevés furent reconstruits, dit d'Argenson, le marquis de Balleroy, lieutenant général des tranchées, les défendit courageusement et tout à coup il reçut la lettre suivante : « Monsieur le marquis de Basleroy, je vous fait cette lettre pour vous dire que vous ayés à vous retirer dans vos terres en Normandie, aussitôt que la présente vous aura esté remise et à y demeurer jusqu'à nouvel ordre de ma part. Sur ce je prie Dieu qu'il vous ait, M. le marquis de Basleroy, en sa sainte garde. Ecrit au camp devant Fribourg le 21 octobre 1744. Louis. »

Les Mémoires d'Agenson, et ils sont suivis par Lacretelle, Hist. de France, et Picot, Mémoires, disent que les deux proscrits, M. de Chatillon et M. de Balleroy sont sacrifiés à la Châteauroux et que sans cela elle ne pouvait pas revoir le roi. Lors de la maladie du roi à Metz, le duc de Chartres avait insisté auprès du roi pour le renvoi de cette femme ; on prétendit que c'était sur le conseil de son gouverneur, le marquis de Balleroy. « Cette disgrâce durera, dit d'Argenson, jusqu'à ce que le roi devienne dévot. La Gazette du 28 novembre 1744 dit que le duc de Chartres ayant quelque sujet de se plaindre du marquis de Balleroy, 1er escuier, et l'ayant communiqué au duc d'Orléans, ces deux princes en ont parlé au roy qui a exilé ce 1er escuyer. Les autres prétendaient que Balleroy s'était opposé au mariage du duc de Chartres avec Mlle de Conti. » Nous lisons dans un papier des Archives, mais sans avoir pu contrôler, que l'exilé écrivit aux deux princes pour en avoir un démenti ; ils ne le firent pas et il renvoya les 12000 l. de retraite du duc d'Orléans en disant qu'il ne l'avait pas mérité, puisqu'il n'avait pas été assez heureux pour graver dans le cœur de son élève les principes et les sentiments d'honneur et de vérité. Cependant le duc d'Orléans lui conserva ses bontés et une partie de sa pension. Suivant un mot de l'époque « on avait écarté le Burrhus. » A ce sujet nous trouvons dans les pièces jointes au procès des frères Lacour-Balleroy, en 1794 (Arch. Nation. W. 340) une curieuse correspondance de Soulavie avec Charles-Auguste de Balleroy en 1791. A ce moment Soulavie, ancien vicaire général de Châlons, devenu l'un des membres de la Société des Amis de la Constitution, ou des Jacobins, l'un des premiers à prêter serment à la Constitution et à se marier, ami de Chabot, Collot d'Herbois, Grégoire et Fauchet qui le maria, préparait avec l'assentiment, les papiers et les confidences du duc de Richelieu, une édition des Mémoires de ce duc; c'était le duc même qui avait conseillé à Louis XV de renvoyer Balleroy. Soulavie, dans une lettre de novembre 1791, demandait à Charles Auguste des renseignements sur le rôle de son père en 1745 à la maladie de Louis XV; n'était-ce pas Augustin de Balleroy qui avait composé le discours adressé par Fitz-James, év. de Soissons, au roi, en lui donnant l'extrême-onction; l'évêque Fitz-James, répond Charles-Auguste, n'avait pas besoin de mon père qui ne s'était jamais appesanti sur les matières théologiques. L'abbé Soulavie remarque que M. Augustin de Balleroy était très intimement lié avec l'évêque de Soissons par des sentiments communs, parce qu'ils étaient tous les deux honnêtes gens, un peu jansénistes, et à cause de l'amitié qu'il y avait entre M. de Fitz-James et Matignon, beau-frère de M. de Balleroy (M. de Matignon avait épousé Diane de Clermont d'Amboise, nièce de l'évêque, et celle-ci, en secondes noces, épousa la Vaupalière, beau-père de Philippe de Balleroy, fils de Charles-Auguste). M. de Balleroy, ajoute Soulavie, était d'ailleurs fort éclairé en matière de religion, il composa les deux discours que M. de Fitz-James prononça au roy avant le viatique et l'extrême-onction; ce fut le duc de Richelieu qui conseilla à Mme de Châteauroux d'exiger du faible monarque la punition d'un acte de vertu sévère qui honorait M. de Balleroi. Soulavie, le 16 novembre 1791, signait curé de Sevent (Sept-Vents, Calvados, où il est venu une ou deux fois), résidant au séminaire de Bayeux, où il était, dit-il, pour enseigner aux ordinands un traité pratique des sacrements et quelques principes sur la nouvelle constitution du clergé. Votre père était un homme de bien et vertueux. Quoi qu'il en soit, cette correspondance avec un ami de la Révolution servit à l'accusateur public pour établir les attaches des frères Lacour-Balleroy avec l'ancien régime : l'on doit observer que sous l'ancien régime, le père des frères Balleroy, gouverneur du père de Philippe-Egalité, avait balancé la faveur du tyran Louis XV avec son infâme maîtresse, la duchesse de Châteauroux.

Augustin de la Cour-Balleroy se retira-t-il complètement à Balleroy ou considéra-t-il son exil plutôt comme un ordre de ne pas reparaître à la Cour? Dans les actes on met généralement cette mention : demeurant ordinairement à Paris, paroisse S. Eustache, et de présent en son *chasteau*, paroisse de Balleroy. En 1745, sa femme, Elisabeth de Matignon, mourut à Paris et fut enterrée dans l'église S. Eustache. — Le 11 mai 1749, haute et puissante dame Charlotte-Madeleine-Emilie le Fèvre de Caumartin fut inhumée dans le chœur de l'Eglise, du côté de l'Evangile, par M. Le Guays, curé du Vernay, en présence des curés nombreux du voisinage. Elle était toujours restée à Balleroy. Combien d'inquiétudes et de sacrifices devait lui demander cet impôt du sang, que payait si largement sa famille. En 1743, son fils est à l'armée de Flandre à Dettingen, son petit-fils Charles-Auguste, colonel de Chartres-Infanterie est blessé à Dettingen (v. Gazette de Fr. 13 juillet 1743); en 1744, son fils est à Fribourg; ses petits-fils, M. le chevalier de la Cour, Louis, et M. le vicomte de Balleroy, Jean-François, gardes marines, font leur 1re campagne sur le Content et subissent de grosses difficultés de traversée. En 1746, le vicomte de Balleroy est blessé à l'épaule près du cap Clarre, S.-O. de l'Irlande; le 29 octobre, le comte de Balleroy est blessé à Raucoux par une balle qui lui enfonça dans la cuisse gauche 2 clefs et un anneau, ce qui préserva l'os et la vie, on le crut mort, dit la Gazette de France. Le 27 mars 1747, le comte, colonel-lieutenant du régiment d'Orléans-Infanterie, était fait brigadier à 27 ans. Quelle émotion pour la bonne grand'mère en recevant cette lettre, datée du camp de Lawfeld, 2 juillet 1749 : « Nous venons, ma chère bonne mament, de gagner une bataille; j'ay un coup de fusil très léger dans le bras, qui ne m'a pas empêché, après avoir été pensé, de recharger à la tête de la brigade. Mon frère (François-Auguste, âgé de 20 ans, capitaine aide-major) se porte bien et moy aussi. Ne soiés point inquiette de nous et soiés sure de notre tendre et respectueux attachement. » Dans sa lettre à la Reine, le roi attribuait la victoire à la protection de la Sainte Vierge et promettait d'éclatantes actions de grâces; parmi les régiments qui avaient le plus souffert, il signalait celui d'Orléans.

Rentré à Balleroy, Augustin de la Cour ne fut pas inactif : le bois ne suffisait pas à ses forges, il fit faire des recherches pour trouver du minerai et trouva les mines de charbon de Littry, vers 1741. D'Argenson prétend qu'il sacrifia une grande partie de sa fortune à l'ouverture et à l'exploitation de ces mines. En 1752, nous voyons qu'outre ses appointements de colonel de dragons, 2386 l., et ceux de 1er écuyer, 10700 l. qu'il perdit par la mort du duc d'Orléans, il avait le tiers du produit de la mine, soit 51615 l. 16 s.; alors il vendit à M. de la Maisonfort, lieutenant général, la moitié de son tiers pour 40000 l., en se réservant 3000 boisseaux de charbon par an; il vendit tout en 1755, mais à sa mort il léguait à son fils avec les 3000 boisseaux la charge de poursuivre et défendre à risque et fortune le procès au sujet du droit à la mine de Littry.

(C. 3023) Le hasard fit découvrir au sieur Auvray une mine de charbon, en 1742; c'était la première qu'on trouvait dans l'Ouest de la France où l'on faisait venir le charbon d'Angleterre, dit un mémoire en 1774, des concessionnaires de M. de Balleroy contre les intéressés dans a Compagnie de Paris. Le s[r] Auvray en parla à M. de Balleroy et lui persuada de demander la permission de faire des fouilles; le roi accorda en promettant de concéder un privilège exclusif de cette mine, et le contrôleur général obligea M. de Balleroy à faire dresser un procès-verbal par le sieur Baron, directeur général des mines; celui-ci vint passer un mois avec un directeur et des ouvriers des Flandres. En 1743, le contrôleur exigea des essais de ce charbon en présence des intendants de Caen et de Rouen, et en 1744, le privilège était accordé sur une étendue de 10 lieues. En 1747, la première fosse donnait chaque jour 800 boisseaux de charbon, à cause de la guerre; pour assurer le débit, M. de Balleroy obtint un privilège pour l'établissement de deux verreries, dont la Compagnie ne s'occupa point. Une deuxième fosse fut ouverte; il fallait des capitaux, M. de Balleroy s'associa une compagnie de Paris en lui vendant les deux tiers de son privilège pour 150000 liv. Le 6 juin 1747, il était déchargé de toute inspection et la compagnie restait maîtresse de tout; elle reprenait sans intérêts les avances faites et pour le surplus des profits, M. de Balleroy en aurait le tiers qu'il céda à ses concessionnaires; les concessionnaires reprochaient à la compagnie d'avoir négligé les verreries, d'avoir, après la guerre, refusé des fonds au s^{r} Auvray, qui dut abandonner l'usage de la machine à feu qui épuisait les eaux et bientôt abandonner la mine elle-même; puis, en 1757, la mine fut retirée à Auvray et confiée à des incapables, disaient les concessionnaires. En 1784 (C. 3024), l'intendant Feydeau de Brou note que c'est une chose bien indécente que la première concession faite à M. de Balleroy et le gain qu'il a fait sur cet objet, cela tourne nécessairement au détriment de la province. Le marquis recevait tous les ans 3000 bois. de charbon.

Il fallait des débouchés : sans doute, à l'hôpital général de Caen on employait par jour 1 l. 2 s. de charbon de terre au lieu de 4 l. 10 s. de bois; à la fenderie des grosses forges de Balleroy, au lieu de 3000 sacs de bois à 45 s., ce qui faisait 16750 l., on dépensait 4000 l. de charbon, qui coûtaient 1250 liv.; mais après la guerre de Sept Ans, les Anglais nous inondèrent de leur charbon et en réduisirent le prix de moitié; en même temps ils distribuèrent largement les espèces sonnantes et les ouvriers prétendirent que le charbon de Littry était inférieur à celui d'Angleterre. Déjà, en 1749, les intéressés s'étaient joints aux concessionnaires pour demander la protection du ministre; ils avaient fait porter du charbon dans quelques ports; d'après une lettre du ministre Rouillé, en 1750, on se plaint que leur charbon soit inconnu; les intéressés envoient 1000 quintaux à Brest; le procès-verbal d'essai, fait à Brest le 6 avril 1750 par le maître forgeur des Ancres, dit : « Ce charbon dure au feu, fait bien le four, chauffe bien et net le fer, ne se consomme pas si promptement que celui de Saint-Etienne (C. 3023) et peut produire environ une moitié en sus d'ouvrage; mais il est infé-

CAEN, — IMP. DOMIN

Église de Balleroy

rieur à celui d'Angleterre qui chauffe plus promptement et donne moins de fumée»; d'après le procès-verbal d'essai fait à Saint-Calais, le 8 juin 1750, « le charbon est bon, vif, âpre et collant, de bonne durée, aussi bon et même meilleur que celui d'Angleterre, sauf qu'ils ne savent pas s'il conservera, étant gardé, sa qualité ». En 1754, M. de Trudaine demande l'avis des entrepreneurs de forges, verreries et des principaux ouvriers : la qualité et la quantité seront-elles suffisantes? autrement il serait inutile d'interdire le charbon d'Angleterre; que les intéressés fassent des magasins dans les différents ports de guerre. En 1772, les intéressés se plaignent de leur marché : et pourtant le charbon de qualité supérieure sert pour les fourneaux en le purgeant des parties sulfureuses et des pyrites, il est très bon pour les maréchaux; celui de qualité inférieure est très employé pour la cuisson de la chaux. En 1774, lettre de Bertin disant que les mines de Littry sont sur le point d'être épuisées, au moins sur la veine en exploitation; il faudra de nouveaux travaux et personne ne veut s'en charger; il est question d'abandonner les travaux, la compagnie s'ennuie de faire des avances. En réalité l'affaire n'était pas bonne, tous se plaignaient : marquis, intéressés, concessionnaires. A sa mort, le marquis léguait la suite du procès à son fils. « Il y avait, dit M. Le Duc, dans la Compagnie des mines entente et échange d'idées et de personnel entre la mine d'Anzin et celle de Littry; les clauses de la constitution de la Compagnie en 1747 régissaient encore la mine de Littry en 1880. Vers l'an III, une machine, la première machine à vapeur employée dans les mines, servit à l'extraction du charbon et à l'épuisement de l'eau. »

Un rapport des intéressés en 1783 (C. 3779) constate que les mines de Littry sont utiles pour la chaux; les fours ont augmenté et on a tiré meilleur parti des terres, on a défriché des terrains incultes, ce qui augmente les impositions et occupe beaucoup d'hommes pour tirer la pierre. La mine de Littry a approvisionné Rouen aux dépens de l'Anglais et le gouvernement a mis une imposition sur le charbon étranger, ce qui augmente les revenus du roi; on transporte le charbon à Bayeux à dos de cheval et à Caen par mer; on les porte à Isigny, à 5 lieues de Littry, où on les embarque pour Caen. Les intéressés insistent pour la route de Cerisy, Littry, Bayeux, Caen, et le marquis pour celle de Cerisy, Littry, Balleroy, Caen.

Nous pouvons terminer cette notice sur Jacques-Claude-Augustin de la Cour en disant que sa forge, les mines de Littry et les routes d'accès à Balleroy lui avaient suscité bien des tracas et des ennuis; il eut aussi souvent à défendre ses droits seigneuriaux, quoique bien souvent il ait fait remise de ce qui lui était dû. En 1748, il avait acheté du marquis de Bellemare la terre et seigneurie de Montfiquet, que celui-ci avait échangée avec Jean-Jacques des Essarts contre la terre de Secqueville-en-Bessin : cette terre rapportait à Augustin de la Cour, en argent : 122 liv. 15 s. 11 d.; en orge, 12 bois. à 2 l. 10 s.; en avoine comble, 45 bois. à 1 l. 13 s. 6 d.; en avoine ratée, 136 bois. et 1/2 quarteron à 1 l. 6 s. 10 d.; 8 chapons gras à 1 l. 3 s. 6 d.; 3 chapons maigres, à 15 s.; 28 poules et suite et 1/3 à 14 s.; 2 poules et 1/2 de cour à 10 s. Il avait également acheté le fief noble, terre et seigneurie du Coesel, sur la Bazoque ; les droits seigneuriaux en étaient en argent : 12 liv. 7 s. 2 d.; 4 bois. d'orge à 2 l. 10 s.; 37 bois. 3/4 d'avoine comble à 1 l. 13 s. 6 d.; 37 bois. 3/4 d'avoine ratée à 1 l. 6 s. 10 d.; 2 chapons maigres à 15 s.; 44 poules et suite à 14 s.; 1 poule de cour à 10 s. Il était également seigneur de Bretteville;

c'était un fief de Vaubadon, dont il ne restait, comme aujourd'hui, que l'emplacement, une motte près du montoir Pivet, à la Couture, la ferme de Vaux en dépendait et celle du petit Val, mais il devait sur ce fief une rente de 100 livres au chanoine de Bretteville qui, en 1773, était l'abbé de Loucelles. Il avait aussi le titre de sieur d'Angerville, comme tuteur des mineurs de la Cour. Jacques-Claude-Augustin mourut le 21 février 1779, de la maladie de la pierre, ainsi que le démontra l'autopsie du chirurgien Carville. Les dettes étaient nombreuses : les créanciers firent la vente des biens de la succession à son fils aîné, Charles-Auguste, pour 545060 liv. de principal et 10000 livres de pot de vin, à charge de rembourser les créanciers et, comme il avait opté préciput sur le marquisat, il dut payer à chacun de ses frères, Jean-François-Paul et François-Auguste, 2246 liv. de pension viagère et 777 liv. 15 s. 6 d. de rente perpétuelle pour leur portion dans le tiers coutumier des biens du seigneur marquis : il devait aussi continuer les dots de ses sœurs mariées, l'une à Piarron de Chamousset, l'autre au sieur de Boylesve de la Maurouzière. Mme de Chamousset mourut le 10 février 1779 : elle laissait sa fortune à son frère Charles, mais avec charge de donner 25000 liv. de rente à son frère François et à sa nièce Elisabeth de Boylesve et elle donnait en plus ses meubles à François à charge de régler ses dettes. A l'occasion de ses funérailles (Arch. nat., W. 340) le sacriste des religieux mineurs conventuels d'Angers, reçut 12 liv. 8 s. pour l'assistance au convoi et les messes; celui des Augustins, 4 livres pour l'assistance seulement; à l'Eglise, pour le service entier à 3 messes à basse voix, il fut payé 76 liv. 12 s. ; pour les 12 hommes qui portèrent, 12 livres; l'envoi de 200 billets, 6 livres; la procession des filles et garçons, 8 livres; 9 flambeaux, 2 liv. 5 s.

CHAPITRE IX

CHARLES-AUGUSTE DE LA COUR (1720-1794)

Nous avons déjà parlé de ses états de service jusqu'à la bataille de Lawfeld 1747, nous les reprendrons d'après une pièce officielle : en 1738, il fut enseigne de la colonelle du régiment de Chartres-Infanterie ; colonel de ce régiment en 1741, il fut chargé de garder les lignes de Dunkerque, il se distingua à la tête de son régiment à Dettingen en 1743, et reçut 2 coups de feu et eut le pied droit cassé ; en 1744, il fut aux sièges de Menin, Ypres et Furnes, de Tournay et Ath 1744 ; le 7 avril 1746, il fut colonel-lieutenant du régiment d'Orléans-Infanterie, et il fut blessé de 2 coups de feu ; brigadier en 1747, il fut également blessé à Lawfeld et reçut à cette occasion une pension de 3000 francs ; en 1748, il fit partie de l'avant-garde du corps de M. de Contades pour ravitailler Bergop-Zoom et il fut chargé de garder Hanelt. A partir de 1756, il fut employé en Bretagne et chargé de la défense particulière de Brest et du commandement de la province en l'absence du commandant en chef, d'Aiguillon. Maréchal de camp en 1758, il dut, sous les ordres de d'Aiguillon, repousser les Anglais débarqués à Saint-Cast : il s'y conduisit bravement et habilement : les jansénistes, les parlementaires et la Chalotais ont prétendu que d'Aiguillon s'étant caché, l'honneur de la journée revenait à Balleroy et à d'Aubigny. On a prêté à la Chalotais ce mot que d'Aiguillon s'étant caché dans un four, il se serait couvert de plus de farine que de gloire. Ce mot et le fait en lui-même ont été très contestés : ce fut l'élan patriotique des paysans qui entraîna la victoire. C'est à cette occasion que le roi aurait récompensé Balleroy en lui donnant les belles tapisseries de la salle à manger du château. Il remplit ses fonctions d'Inspecteur tant pour le détail des troupes que pour les embarquements et il ne cessa d'être employé qu'au mois de juillet 1763 ; le 25 juillet 1762, il était devenu lieutenant-général; en 1780, il demanda à Maurepas le gouvernement d'Arras, ne l'obtint point et, comme le temps de la guerre était fini, il abandonna la vie militaire. Nous trouvons dans ses comptes de 1773 à 1789, qu'il recevait 6081 liv. 2 s. au chapitre des grâces du roi, c'était sa pension sur le trésor royal ; en 1789, il ne reçut que 5378 l. et, en 1790, 2929 l. 5 s., et rien en 1791.

En Bretagne, il trouvait son frère François-Auguste qui, après l'avoir suivi dans les régiments de Chartres-Infanterie et Orléans-Infanterie, était devenu aide-major général de l'infanterie en 1757, sous les ordres de d'Estrées, de Clermont et de Contades ; il était en 1759 jusqu'en 1774 aide-major général à l'armée de Bretagne, successivement sous d'Aiguillon et Belle-Isle ; ses relations avec les d'Aiguillon furent l'occasion d'une correspondance qui vient d'être publiée ; en 1759, il était colonel, il fut brigadier en 1769 et maréchal de camp en 1780 ; il avait eu les distinctions de chevalier de Saint-Louis en 1757 et commandeur de Saint-Louis 1779.

En 1752, Charles-Auguste épousa Adélaïde-Sophie de l'Epineau, veuve de M. de Pleures, intendant de l'Aunis, apparenté aux de Marguerie de Vierville. De son mariage il eut trois enfants : Thaïs-Pauline-Simone, qui devint très jeune marquise de Jaucourt, dont la fille Eléonore épousa Guy Emeric de Durfort, duc de Lorges de Civrac; Augustine-Marie-Louise, qui épousa le comte d'Hervilly, et Philippe-Auguste, né le 3 mars 1763. Après la mort de son père, 1773, Charles-Auguste continua de s'appeler le comte de Balleroy, quoiqu'il eût le titre de marquis de Balleroy; il demeurait ordinairement en son hôtel, paroisse Saint-Sulpice. Il administra soigneusement sa fortune qu'il trouvait bien grevée de charges; le 6 décembre 1773, il commença par vendre à messire Marie-Charles-Pierre Letellier, seigneur de Vaubadon : 1° le bois taillis, le lieu tenant sur Vaubadon et le Tronquay; 2° la teneure et mouvance desdits bois; 3° la mouvance de 72 vergées au Tronquay, originairement fieffées à M. d'Argouges; 4°.... ; 5° la mouvance de 20 vergées, près la terre de Quiry; 6° le fief et seigneurie de Bretteville à Vaubadon; 7° la terre et teneure de Vaux à le petit Val, la dite ferme relevant de la seigneurie de Vaubadon, à la charge : 1° de paier 100 liv. de rente fourni à M. l'abbé de Saint Sever à cause du fief de Bretteville; ils auront le droit de pêcher en la Drôme, ladite vente moiennant 69797 liv. de principal et 1200 liv. de pot de vin. En 1780, au mois de décembre (v. ses comptes), en exécution du testament de Madame de l'Epineau, sa mère, Mme de Balleroy m'a remis 300000 livres qui doivent être placés sur Balleroy, en amortissement d'autres dettes, au moyen de quoy mon fils devient créancier sur la dite terre de 10 m l. (10 000 livres) de rente annuelle et perpétuelle.

Charles-Auguste de Balleroy subit l'influence d'une des maladies de son époque, l'absentéisme : il signait ses actes : résidant ordinairement à Paris, en son hôtel rue de la Planche ou rue du Gros Chenet. Il ne pouvait s'écarter du milieu de la cour, milieu de plaisirs, de fêtes et d'honneurs qui n'était pas, malgré sa bonne volonté, favorable au rétablissement de sa fortune. Il s'occupait de l'avenir et de l'éducation de ses enfants. Philippe-Auguste, en 1774, à 11 ans, était cadet gentilhomme pensionnaire de l'école militaire de Paris; en 1782, il avait été admis à monter dans le carrosse royal et à suivre les chasses; le numéro de la Gazette de France du 4 mars 1783, signalait que le 13 janvier il avait eu l'honneur de monter dans les carrosses de Sa Majesté et de chasser avec elle.

« Le marquis de Balleroy, disent les lettres de Mme d'Hervilly, aimait tendrement ses filles et venait les embrasser à la dérobée, car Mme de Balleroy avait des principes d'éducation plus sévères que les siens. Ses filles n'entraient chez elle qu'à des heures réglées, venaient lui baiser la main et travaillaient en silence près d'elle, puis régulièrement on se promenait : mais elles furent élevées chez leurs parents et leur éducation fut très soignée. Lorsque l'aînée fut en âge d'être mariée, on lui annonça qu'elle allait épouser M. le marquis de Jaucourt, homme d'une grande naissance, mais il avait 50 ans et elle 18; le mariage fut conclu quelques jours après; mais lorsque sa sœur se trouva en semblable position, son père la prit un jour à part : Votre mariage est arrangé avec le comte d'Hervilly, il est fort jeune et vous plaira, j'espère. Votre mère aurait voulu agir avec vous comme avec votre sœur, mais je n'ai pu me résoudre à vous voir verser autant de larmes qu'elle. Vous allez faire une promenade au bois de Boulogne où vous le rencontrerez et vous me direz vos impressions. A la promenade un jeune homme petit, mais d'une jolie figure et d'une tournure élégante, s'élança sur le marchepied et vint saluer Mme de Balleroy et, nous disait ma grand'mère (de Mlle d'Hervilly), il était charmant; le mariage fut conclu et sans larmes versées.

Le 7 octobre 1778, le mariage de Louis-Charles d'Hervilly, marquis de Chenoise, fils de Louis d'Hervilly, de Leschelle, diocèse de Laon et de feu Rose de Castille de Chenoise, et Louise de la Cour, fille de Charles et de Adélaïde-Elisabeth-Sophie de Lepineau, fut célébré en l'église de Balleroy par Mg^{r} Joseph-Dominique de Cheylus en présence de.... Jacques-Raphaël-François de la Cour, prêtre, chanoine et archidiacre de l'Église de Bayeux, vicaire général du diocèse, conseiller du roy en sa cour de Parlement de Normandie, et des le Tellier de Vaubadon.

Cependant Charles-Auguste ne restait pas indifférent aux intérêts de Balleroy : nous connaissons ses démarches incessantes pour les routes de Balleroy soit pour relier le bourg aux villes de Caen, Bayeux et Saint-Lo, soit pour améliorer l'intérieur même du bourg. Ses largesses et ses aumônes pour les habitants étaient abondantes et continuelles : nous en avons pour preuves deux ou trois quittances, citées ailleurs, de fournitures de pain et remèdes en 1793; nous en citerons également comme preuve une pétition annexée aux pièces du procès des frères Lacour; elle est cotée comme n'ayant pu servir au procès et pourtant elle aurait dû les faire grâcier par de prétendus philanthropes et démocrates, surtout avec le défaut de preuves : elle est intitulée Pétition des pauvres de Balleroy, et cependant elle n'est signée que de deux d'entre eux; faut-il nous en étonner, lorsque nou pensons aux graves dangers auxquels on s'exposai, dans ces époques de fraternité, en paraissant prendre le parti des aristocrates. (Arch. Nat. W., 340).

Aux citoyens composant le Comité de sûreté et de surveillance du district de Bayeux; reçue le 12 novembre 1792. Vous exposent les citoyens pauvres de la commune de Balleroy soussignés et au nom de tous les autres que depuis un mois que le citoyen la Cour est détenu avec sa famille dans votre maison d'arrêt, ils manquent du nécessaire; que les maladies et les infirmités dont la plupart d'entre eux sont tourmentés ont besoin cependant des secours continuels qu'il leur a procuré, dans tous les temps et qu'ils les demandent inutilement ailleurs et qu'ils ne peuvent les attendre que de sa bienfaisance qu'il leur a toujours donné, depuis 20 ans qu'il est dans le pays : pain, viande, linge, bois, couvertures, habits, médecin et médicaments; que la citoyenne d'Hervilly, sa fille, pensait (*sic*) elle-même les playes de ceux qui en avaient; la petite vérole, dont tous les enfants de l'endroit sont attaqués, rend encore son absence plus sensible; que d'ailleurs ils ne peuvent sans douleur le voir à son âge sujet aux mêmes besoins dont il les a si souvent garanti. Ce considéré, citoyens, ils vous donnent la présente pétition à ce qu'il vous plaise ordonner que le citoyen Charles-Auguste la Cour et sa famille sera par vous interrogé et remis en liberté dans le plus court délai que faire se pourra et que dans le cas (ce qu'à Dieu ne plaise) où vous ne jugeriez pas convenable de lui rendre sa liberté entière ordonner qu'il sera détenu dans sa maison sous la garde de deux gendarmes et sous la surveillance de la municipalité et de la Société populaire et vous ferez justice. Présenté le 9 novembre 1793 an II de la République, une et indivisible. Signé : Ch. Lemoigne, Ch. Hervieu.

En 1787, le roi l'appela à faire partie de l'assemblée provinciale des notables de la généralité de Caen.

La Révolution approche; les idées de liberté et d'égalité, antiféodales, font des progrès; il ne reste pas étranger à ces idées et devant ses juges, en 1794, il peut répondre

(Arch. Nat. W, 340): « J'avais même, dès 1786, fait remise aux habitants de Balleroy des droits de banalité et même, depuis 20 ans que je suis propriétaire, je n'ai jamais exigé aucuns droits de pure féodalité. »

La déclaration des Droits de l'homme et du citoyen, proclamée le 1er août 1789, fut suivie dans la nuit du 4 août de la suppression des privilèges féodaux et des dîmes, et peu à peu, lisons-nous dans le même interrogatoire de Charles-Auguste : « J'ai fait enlever tout ce qui pouvait sentir ou avoir trait à la noblesse et à la royauté et à la féodalité ; j'ai fait brûler mes titres purement féodaux... et s'il s'est trouvé quelque chose chez moi qui puisse rappeler les droits ci-devant de noblesse, c'est qu'elles sont échappées involontairement à ma vigilance. »

Comme tous les nobles menacés, lui et son frère François, par une curiosité bien compréhensible, se tenaient au courant de tout ce qui se disait ou se faisait ; les journaux se transmettaient en secret, les lettres parlaient à mots couverts (Arch. Nat. W, 340). C'est une lettre de M. de Guerchy, du régiment d'Artois, le 15 juillet 1789 : on estime que cette lettre est contre ceux qui avaient la confiance de la nation : « Monsieur, les traits de fermeté et de patriotisme, qui caractérisent vos opérations, ont acquis des droits sacrés et imprescriptibles à l'admiration des cœurs français ; si j'ay jamais regretté de n'être pas à mes drapeaux, c'est lorsque j'ay appris qu'ils s'étaient déployés pour célébrer la première aurore de notre régénération. » — En 1790, on écrit : « M. le duc d'Orléans a renvoyé tous ceux qui logeaient chez lui. M. le chevalier de Damas lui a répondu : Je suis bien touché que la position dans laquelle vous êtes, vous force à éloigner les serviteurs de S. A. S. Mgr le duc d'Orléans votre père et comme je conserverai le plus profond respect pour sa mémoire et la plus vive reconnaissance pour ses bienfaits, je désire conserver le logement qu'il avait eu la bonté de me donner et comme vous comptés le louer, je vous prie de m'en dire le prix pour que je voie si mes affaires me permettront de le payer. » En juin 1789, M. de Mathon, lieutenant-colonel du régiment des gardes françaises dit à M. le duc du Chastelet sa peine de voir dans son régiment les innovations multipliées, les humiliations données au sergent, qui rompent la chaîne précieuse qui existait entre le soldat et l'officier. — La Fayette rend compte au roi de la défaite et de sa retraite en 1791: « Je suis battu. Bender a saisi l'avantage à l'heure où le sommeil enchaînait mon courage; mes soldats de Paris intimidés d'avance, leurs rangs assez mal pris et bien plus mal gardés, les terribles hulans redoublant nos allarmes, nous-mêmes contre nous tournant nos propres armes, les cris : à la lanterne et d'autres cris affreux, enfin toute l'horreur d'un combat malheureux: que pouvait une milice en ce moment funeste? 200 sont morts, la fuite a sauvé le reste. — Il y a aussi des correspondances avec des contre-révolutionnaires. Le 21 septembre 1791: « Je n'ai que le temps de vous adresser les 2 brochures ci-jointes dont une pourra vous intéresser : nous voilà arrivés à l'époque de ce grand dévouement, longtemps désiré. Dieu veuille bénir une coalition qui n'a pour objet que le rétablissement de l'ordre et de la paix.» -- Le 22 août 1791: « Vous avez dû recevoir la déclaration de 290 membres de l'assemblée nationale sur les décrets de l'assemblée, qui suspendent l'exercice de l'autorité royale : je vous l'adressai par lettre d'avis, parce qu'on ne parlait de rien moins alors que de faire pendre sur le champ les colporteurs et distributeurs de cette brochure. Notre évêque constitutionnel a été dénoncé hier à l'Assemblée comme un prêtre fanatique, qui dans les Eglises et places publiques prêche la loi agraire, l'insubordination et l'anarchie; il y a eu une motion pour que ce monstre évêque fut mis en état d'arrestation; l'assemblée a ordonné que le tribunal de Bayeux informerait contre Claude Fauchet et que tous les 8 jours le ministre de la justice rendrait compte de la procédure. M. d'Artois et M. de Calonne sont partis le 13 pour se rendre à Pilnitz en Saxe, où ils ont dû avoir une conférence avec l'empereur et le roi de Prusse : voilà bien des allées et venues qui n'aboutissent pas à grand chose. »

Correspondance entretenue sûrement avec un prêtre ou autre ayant intérêt de se cacher en 1793 : le 23 septembre 1793... «On est séparé de ses amis depuis 5 ans : j'ai trouvé un asile dans cette maison et nous venons d'être obligés de la quitter... j'ai loué un petit logement dans la ville voisine » (ce devait être près de Paris, les arrestations n'avaient pas encore commencé dans le pays de Balleroy, ce prêtre avait 70 ans); déjà le 30 juillet il avait écrit : «Mon cher ami, j'ai reçu votre mandat de 1145 liv. 12 s. 6 d. sur Cuchetet. »

Le 25 mai, une lettre de Mme Penfenteniou de Balleroy (femme de Jean-François, vicomte de Balleroy) : « J'ai reçu une lettre de notre ami commun, que j'ai été obligé d'aller lire à la poste suivant un arrêté du département du Finistère. »

Une autre lettre *essentielle* d'une des femmes de Balleroy, ne laissant aucun doute des manœuvres employées par cette famille pour faire passer des fonds à un émigré. Le 24 novembre 1792, d'après une lettre de Rennes : « Nantes et ses environs nagent dans le sang, les brigands interceptent toute communication... des commissaires qui n'entendent rien à la marine, vouloir jouer le rôle d'amiral, c'est une chose inconcevable... nous n'aurons jamais une bonne administration que lorsqu'on confiera chacune de ses parties à des gens expérimentés : je suis fils d'un grand marin, mais je rougirais d'accepter un emploi relatif à la marine, quoique j'y entende quelque petite chose. » Une autre lettre également datée de Rennes, le 12 avril 1793, donne des nouvelles d'une expédition militaire à laquelle le correspondant prit part contre les rebelles... « Ceux-ci prirent la fuite... leur chef, qui était le laquais d'un émigré, tomba le premier sous nos coups; son maître qui était dans la troupe s'enfuit avec elle... je frémissais d'horreur d'un carnage que nous avons été forcés de faire; qu'ils sont coupables les chefs de ces rebelles qu'on assure être des émigrés et des prêtres insermentés; avec quel art perfide ils égarent nos malheureux laboureurs. »— On ne voit pas en quoi cette lettre pouvait faire condamner les frères Lacour-Balleroy.—Voici un autre billet trouvé dans les papiers de François-Auguste, le chevalier. Il déclare pour sa défense que ce billet remontait à 4 ans et avait été imprimé dans les journaux. A la lecture, ce billet laissait voir deux sens, selon qu'on unissait ou séparait les 2 hémistiches.

A la nouvelle loi	Je veux être fidelle
Je renonce dans l'âme	Au régime ancien
Comme article de foi	Je crois à la loi nouvelle
Je crois ce qu'on blâme	Opposée à tout bien
Dieu vous donne la paix	Messieurs les démocrates
Noblesse désolée	Au diable allez-vous en
Dieu confonde à jamais	Tous les aristocrates
Messieurs de l'assemblée	Ont seuls tout le bon sens

Ce billet est qualifié un attentat à la souveraineté du peuple en la personne de ses représentants.

M. le marquis de Balleroy allait et venait de Paris à Balleroy (v. interrog. Arch. Nat. W, 340); il était à Paris à la fin de 1790 et à Balleroy en juin et juillet 1791. Après le 10 août 1792, où son gendre d'Hervilly courut les plus grands dangers, en portant l'ordre du roi qui commandait aux Suisses de cesser le feu, il quitta Paris avec sa fille, Mme d'Hervilly, et ses petites-filles, quand ils furent certains que M. d'Hervilly était hors de danger. D'après les mémoires de Mme d'Hervilly, le voyage se passa bien jusqu'à Argences : « On se bornait en entrant dans les agglomérations à faire crier : Vive la nation, par les laquais, qui étaient derrière sur le siège. A Argences, on prétendit que le laquais n'avait pas voulu crier : on le fit descendre en disant qu'il fallait le fusiller. M. de Balleroy et Mme d'Hervilly, qui nourrissait la petite Thaïs, descendent de voiture et demandent la vie du malheureux; l'enfant tendait ses petits bras aux assassins, qui les entraînaient devant le maire. Celui-ci combla d'éloges les patriotes : « Sans doute, mes amis, vous avez bien mérité de la patrie; il faut la purger de ces aristocrates, mais que ce soit à la clarté du soleil et non maintenant» et avec l'accent et les gestes les plus effrayants, il les fait enfermer dans la mairie. Quelques instants après, il vient les rassurer et les fait remonter en voiture. Longtemps après, Mme de Caffarelli, fille de Mme d'Hervilly, reçut une lettre d'un vieillard mourant qui demandait que son fils conscrit lui fût rendu et lui rappela la scène d'Argences. Sur ce point, Napoléon était très sévère et cependant il céda aux prières de Mme de Caffarelli et accorda le congé; mais le vieux père était mort.

A partir de ce moment, Charles de la Cour resta fixé à

Balleroy avec une partie de sa famille. « Mon épouse, répond-il dans son interrogatoire (Arch. Nat. W, 340), dont je suis civilement séparé, est partie au mois de juin 1791, malade, aux fins de prendre les eaux à Aix-la-Chapelle... elle était munie d'un passe-port, et elle ne put revenir; j'en reçus quelques lettres, qui étaient timbrées du sceau du Comité de surveillance et je n'en ai pas reçu depuis 7 à 8 mois... Mon fils, marié en 1784, a pris son domicile chez son beau-père; la dernière lettre, reçue de lui, était de Spa, où il était aux eaux avec son épouse et il lui apprenait que son épouse était accouchée d'un garçon, il y a deux ans. Je n'ai point eu de nouvelles de mon frère (Jean-François) depuis 2 ans et de mon gendre depuis le 9 août 1792.» A la fin de septembre 1793, il fut rejoint à Balleroy par son frère le chevalier François-Auguste; celui-ci déclare dans son interrogatoire que, le 10 août 1792, il était à Rueil; il a habité Paris, et il peut présenter son certificat de serment civique, qu'il avait prêté le 26 septembre 1792 à la section de la Fontaine-Grenelle, sa carte civique de la municipalité de Paris, deux quittances de contribution volontaire, une de contribution patriotique, ses quittances des impositions mobiliaires en 1790, 1791 et 1792; son dessein, en venant à Balleroy, était d'habiter avec son frère et ses enfants; lui aussi n'avait pas eu depuis bien des années de correspondance avec son frère, marié à Brest, ni avec son neveu.

La division à Balleroy et dans toute la France augmentait à mesure que l'on imposait la liberté, l'égalité et la fraternité : le 21 mars 1793, la Convention avait pris des mesures exceptionnelles au nom du Salut public et de la Sûreté générale; elle avait voté la formation des comités révolutionnaires dans les communes, pour surveiller les étrangers ; ces comités s'attribuèrent le droit de délivrer les passe-ports, les certificats de civisme et de résidence et le droit d'arrêter les suspects. Le 10 août, on proclamait le gouvernement révolutionnaire, le tribunal révolutionnaire et, le 17 septembre, la loi des suspects, qui devaient être mis en état d'arrestation. Ces sociétés devaient maintenir l'effervescence populaire par les fausses nouvelles et par la délation se contrôler les unes les autres. A Balleroy la loi fut vite exécutée et nous retrouvons dans le Comité de surveillance et la Société populaire (Appendice) des hommes qui, avant et après la Révolution, furent des conseillers de fabrique, des conseillers municipaux très modérés, mais que la peur et une prudence politique, parfois difficile à justifier, entraînaient à la remorque des autres : la peur, jointe au remords d'avoir acheté les biens d'église, leur donnait du zèle. « L'an 1793, le 10 octobre an II de la République Française, une et indivisible, les citoyens Charles Jehanne, Jean-Louis Benoist, Louis-Bernard Gassion, Denis Héricy, Cotentin, Caillon, J.-B. Thorel, Ch.-Fr. Fournel et Fr. Thouroude nommés membres du Comité provisoire de surveillance de cette commune, par procès-verbal d'hier du Conseil général de la commune et de la Société populaire de Balleroy (la liste citée note donne la date du 18 pour la constitution de cette société) assemblés sur la réquisition du citoyen Cotentin, commissaire député du canton pour délibérer sur les moyens de sûreté qu'exigent les circonstances et prendre tous les moyens qu'exige le salut de la République. Les citoyens Thomas James, Fr. Courtemer, Antoine Philippine et Michel Mignot étaient absents pour commission. Ils se forment provisoirement en attendant l'approbation des représentants du peuple sur leur nomination. Le cit. Jehanne a pris la présidence en l'absence de James et Caillou les fonctions de secrétaire. Le cit. président a représenté que quoique la loy contre les gens suspects ne fût point encore parvenue officiellement dans cette commune, néanmoins elle était connue de tous les membres, qu'on ne pouvait désapprouver le comité d'avoir fait exécuter d'avance une loi dont l'exécution lui est spécialement confiée; que cette même loy ordonnait de mettre en état d'arrestation tous les cy-devant nobles, père, mère, enfants, frères, sœurs et agents d'émigrés; que Charles-Auguste la Cour est dans ce cas, il proposait au comité de délibérer sur le champ, s'il fallait mettre ledit Lacour en état d'arrestation ainsi que son frère, sa fille et toutes les autres personnes résidantes au château. La proposition mûrement examinée, tous les membres présents ont arresté à l'unanimité que Charles la Cour et les personnes désignées seraient provisoirement mises en état d'arrestation dans la maison dudit la Cour, qu'il sera donné une réquisition au commandant de la garde nationale de fournir dans le jour un caporal et 6 fusiliers qui iront aux frais dudit la Cour garder les issues de sa maison et empêcher qu'aucune des personnes désignées en puisse sortir. Il a esté sur le champ dressé un mandat d'arrêt contre Charles la Cour, son frère, sa fille, ses petits enfants et 2 étrangers, les citoyennes Guenaud et Quary (Arch. Nat. W, 340) résidentes ou plutôt de passage chez lui. — Le 11 s'est présenté le cit. Maletguy, brigadier, commandant le détachement de la gendarmerie de l'Yonne, en détachement à Bayeux, sous l'autorité du cit. Pigeon, commandant temporaire de la place de Bayeux, porteur d'un ordre de faire partir 12 gens d'armes pour Balleroy, pour emmener le soir le cy devant comte de Balleroy et comme ils craignent une insurrection dans le bourg, il recommande la plus grande fermeté et honnêteté et il leur est dit de se joindre avec 8 hussards. Lecture prise, le comité est unanimement d'avis que sans doute on avait trompé le cit. Pigeon sur les dispositions des habitants qui ont toujours montré pour les lois la soumission la plus entière. Une preuve de cette soumission est l'établissement qu'ils viennent de faire d'un comité de surveillance dont la première opération a été de faire mettre en état d'arrestation Charles la Cour, cy devant comte de Balleroy,et autres personnes, quoique la loy sur les gens suspects ne soit pas encore parvenue officiellement dans la commune». Faux bonshommes qui affectent la soumission à la loi et qui avouent agir pour le mal sans mandat. Le zèle des meneurs est évident, celui de l'ensemble de la population l'est moins, comme le montre la pétition des pauvres (citée page 249). Le comité dit ne douter nullement que le cit. Pigeon soit commandant temporaire de la place de Bayeux, mais il ignore jusqu'à quel point s'étendent les pouvoirs du cit. Pigeon et il n'a pas cru pouvoir se dessaisir des personnes qu'il a fait mettre en état d'arrestation et dont la garde lui est confiée, jusqu'à ce que le département ou quelque autre autorité supérieure, à lui connue, lui ait indiqué l'endroit où ces personnes doivent être renfermées. Le 12, le cit. Maletguy revint avec une lettre du Comité de surveillance de Bayeux, faisant connaître les pouvoirs du cit. Pigeon. On fait la réponse suivante au Comité de surveillance de Bayeux : «Citoyens, vous ne devez pas être surpris que dans une campagne nous ayons ignoré que le cit. Pigeon était commandant temporaire de la place de Bayeux, puisque son nom même nous était inconnu. Nous sommes bien loin de ne pas reconnaître l'autorité des citoyens constitués en place et nous croyons fermement que le vrai républicain doit être soumis à toutes les autorités établies par la loi et que de là dépend la tranquillité publique et l'affermissement de notre sainte révolution : tels sont les principes sur lesquels tous les membres de votre comité sont parfaitement d'accord. Aussitôt que la lecture de votre arrêté nous a eu donné connaissance de l'autorité du cit. Pigeon, nous avons remis au pouvoir des cit. gens-d'armes toutes les personnes que nous avions cru devoir mettre en état d'arrestation et la tranquillité avec laquelle cette opération s'est exécutée est la preuve la plus convaincante que le cit. Pigeon avait été mal instruit sur le compte des cit. de notre commune. Voulant tous le bien, mais novices encore dans la carrière où nous entrons, n'étant pas même certains de l'approbation des cit. représentant la nation, nous pensons qu'on ne pourrait sans injustice nous faire un crime d'ignorer une loi que nous n'avons vue que très imparfaitement dans les papiers publics. Vous trouverez toujours en nous des frères et amis que vous ne rougirez jamais de reconnaître. » Quelle pleutrerie !

Le 13 octobre, le cit. Benoist, maire, leur communique la loi du 12 août et celle du 17 septembre sur les gens suspects. Lecture prise, le comité a vu qu'il a manqué à une des formalités prescrites, en ne mettant point les scellés sur les papiers de Charles la Cour; les cit. Jehanne et Fournel sont nommés commissaires pour aller apposer de suite les scellés et, le 14, ils viennent représenter le procès-verbal de l'apposition des scellés. Comme ils méritaient d'être traités de pharisiens, race de vipères. Le 17 octobre, le gardien des scellés demande qu'il lui soit remis un fusil, sans lequel il ne peut répondre de la garde qui lui est confiée; il devra s'adresser à la municipalité qui pourra lui remettre sur son récépissé un fusil provenant du désarmement à la charge de le remettre à la première réquisition. Un rapport des membres du comité révolutionnaire de Balleroy et de la municipalité de Balleroy constatait qu'un inventaire avait révélé la présence de 18 couverts d'argent, 8 cuillers à ragoût, 4 sceaux, 2 blasons soutenus par 2 lions, dans l'un 3 cœurs et dans l'autre un lion couronné et 3 étoiles, le tout armoiré; chez le jeune Lacour, un cadre doré avec armoirie à 2 écussons, dans lequel est un évêque; dans la chapelle, un calice en argent, 2 burettes, avec plateau, le tout avec armoiries, un requilaire (*sic*) en soleil entouré de gloire et en argent doré et marqué sur le derrière 2 blasons et n'avons plus rien trouvé contre la république.

Le cit. La Cour, dit Balleroi, fut détenu en la maison d'arrêt de la cy-devant Charité (aujourd'hui gendarmerie de Bayeux). D'après le décret du 17 frimaire, les biens des père et mère dont les enfants sont émigrés appartiennent aux émigrés (?); dès lors la présence dudit Lacour à l'opération d'inventaire est inutile. L'inventaire ne fut terminé à la bibliothèque de Bayeux que le 26 thermidor an II (15 juillet 1794) (Bibliothèque de Bayeux, manuscrit 14, commission des arts), et la presque totalité des 584 articles provenait de la succession de Balleroy (nº 30); la bibliothèque avait 3680 volumes, il y avait beaucoup de cartes, 4 bustes en bronze. Le comte de Balleroy resta en prison à Bayeux, jusqu'au 15 mars 1794 où il fut envoyé à Paris; le même jour, Mme d'Hervilly quitta la prison, délivrée sur les instances des habitants de Balleroy, disent ses Mémoires.

Les frais de voiture et de nourriture des deux Balleroi

pour les conduire à Paris au tribunal révolutionnaire et ceux de retour de la berline et des gendarmes à Bayeux s'élevèrent à 1674 liv. et ils furent payés au greffier du tribunal révolutionnaire et pris sur les 4210 livres, trouvées dans une cassette, saisie dans l'inventaire et reconnue pour être celle de Fr. Auguste; 674 livres furent payées en un assignat de 400 liv., 2 de 50, 2 de 20, un de dix et 5 liv.; il était remis 5 sous; par ailleurs on avait pris 1000 livres. L'envoi de toutes pièces et effets appartenant aux Lacour avait été fait à Fouquier-Tinville par les cit. Hallot et Martin, de Bayeux.

Le tribunal criminel révolutionnaire tint séance à Paris le 6 germinal an II (26 mars 1794) à 6 heures du matin. « Sont comparus: Charles-Auguste Lacour-Balleroy, lieutenant-général et ex-chevalier de Saint-Louis et François-Auguste Lacour-Balleroy, né à Paris et y demeurant section de la Fontaine-Grenelle, ci-devant, ex-chevalier de Saint-Louis et ex-commandeur de Malte. Il n'y a pas de témoins. (Arch. Nat. W, frères Lacour, 340). »

L'acte d'accusation porte qu'il est constant que depuis le commencement de la Révolution, notamment en 1791 et 1792, il a été pratiqué des manœuvres et intelligences tendant à favoriser par tous les moyens possibles les projets hostiles des ennemis extérieurs et les complots des ennemis intérieurs contre la liberté et la souveraineté du peuple, notamment en entretenant des correspondances contre-révolutionnaires avec lesdits ennemis, en leur fournissant des secours en hommes et en argent et en fomentant par des complots et des écrits la guerre civile en France.

Charles-Auguste Lacour dit de Balleroi est-il auteur ou

complice de ces manœuvres et intelligences? François-Auguste est-il auteur ou complice? — La déclaration du juré est affirmative sur les 3 questions.

L'interrogatoire de Charles-Auguste se poursuit : Qui vous a envoyé la déclaration des 290 députés sur les décrets? — Je ne sais. Il déclare avoir lu les brochures qu'il recevait, laissant de côté les réflexions, n'avoir gardé certaines lettres que par curiosité, n'avoir pas pris part au fédéralisme et avoir été bien fâché, s'il y avait pris part, avoir fait disparaître de chez lui les emblèmes de la noblesse et de la féodalité, n'avoir pas recélé chez lui des prêtres réfractaires ni des émigrés, rentrés en France. — La mort du cy devant roy et de la cy devant reine ne vous a-t-elle pas affecté ?— Oui, comme on est affecté de la mort de son semblable.—Aimez-vous la constitution républicaine? — Je ne la connais pas assez pour la juger, tant par théorie que par expérience : je désire très vivement le bonheur de ma patrie dont le mien est inséparable.

On reprend pour François-Auguste Lacour, le jeune, l'interrogatoire qu'il a subi à Bayeux devant le comité de surveillance : il déclare n'avoir été chez son frère que depuis 10 à 12 jours avant d'avoir été arrêté, n'être plus commandeur de Malte depuis le décret qui a détruit les ordres; son dessein était d'habiter avec son frère et ses enfants. Sur interrogatoire, il déclare qu'il n'a entendu de son frère que des propos très civiques et bien conformes à la révolution; il n'a pas entendu que son frère ait eu de correspondance avec son fils; il n'est pas marié lui-même et n'a pas d'enfants; il n'a pas d'autre sœur, mais un frère âgé de 70 ans, marié à Brest, mais il y a bien des années qu'il n'a pas eu de correspondance avec lui. — Aimez-vous la Révolution qui change l'état monarchique en Républicain? — Je désire que la république fasse le bonheur de la nation (en marge : normand). — Croyez-vous qu'elle pourra le faire? — Je l'espère. — Ne vous êtes-vous pas apitoyé sur le sort du cy devant roy et de la cy devant reine en apprenant leur mort ? — Je plaindrai toujours la destruction de tout individu. — A-t-on mal fait de les condamner à mort ? — Je m'occupe de mes affaires, je me soumets à la loi et je ne me melle point des grands événements. — L'on ne vous demande point si vous vous êtes mêlés à la mort du roy, mais si on a bien fait de le condamner à mort, et l'on vous demande par conséquent votre opinion sur ce sujet. — Je ne doute pas que ceux qui l'ont jugé n'aient eu leurs raisons pour le condamner à mort. — Quels sont vos moyens d'existence? — Une légitime et une pension accordée à mes services militaires. — A combien peut se porter de revenu annuel ces deux objets? — 5 à 6000 livres à peu près, car je ne puis le dire au juste vu l'instabilité de tant de pensions et ma détention qui m'a empêché de vacquer à mes affaires particulières. — N'avez-vous pas eu de correspondance avec les émigrés, les prestres réfractaires, ces ennemis de l'Etat et les personnes suspectes et n'avez-vous point recueilli quelques-uns? — Non. Il a remis son brevet de commandeur de Saint-Louis au comité de liquidation et il s'était défait de la croix plus de 6 mois avant le décret; il l'avait vendue à un marchand forain à Rueil, avec le cordon rouge. »

Voici le réquisitoire prononcé contre les deux frères Balleroi :

Vu par le tribunal révolutionnaire l'acte d'accusation porté contre Charles-Auguste et François-Auguste Lacour-Balleroy. Antoine-Quentin Fouquier, accusateur public du tribunal révolutionnaire, établi à Paris par décret de la Convention nationale du 10 mai 1793, l'an 2e de la République, sans aucun recours au tribunal de cassation, en vertu du pouvoir à lui donné par l'article 2 d'un autre décret de la Convention du 5 avril (?) suivant, portant que l'accusateur public dudit tribunal est autorisé à faire arrêter, poursuivre et juger sur la dénonciation des autorités constituées ou des citoyens.

Expose que, par arrêté du Comité de sûreté générale de la Convention nationale du 15 ventôse (?) présent mois, Charles Lacour-Balleroy, ex-noble, ex-comte, ex-marquis et chevalier de Saint-Louis et lieutenant-général des armées du ci-devant roi et François-Auguste Lacour-Balleroy, ex-noble et commandeur de Saint-Louis et ex-maréchal de camp... ont été renvoyés au Tribunal révolutionnaire, où ils ont subi interrogatoire devant l'un des juges les 25 et 26 courant; que l'examen fait desdits interrogatoires, ensemble des pièces envoyées à l'accusateur public, il en résulte que les frères Balleroy n'ont pas manifesté hautement leur peu d'attachement à la Révolution et au gouvernement républicain, se sonte ntendus clandestinement avec leurs ennemis; que leurs parents et leurs proches étant émigrés, ils ne sont restés dans l'intérieur de la République que pour y seconder les desseins perfides des ennemis du dehors (pas de preuves). Pour se bien pénétrer de la sincérité de cet exposé, l'on doit d'abord observer que sous l'ancien régime le père des frères Balleroy, gouverneur du père de Philippe Egalité, avait balancé la faveur du tyran Louis XV avec son infâme maîtresse la duchesse de Châteauroux (la preuve est bien faible), que les enfants étaient au moment de la Révolution comblés des faveurs de la ci-devant royauté, ensuite que l'aîné Balleroy, seul marié, a sa femme, son fils, son gendre et un frère émigrés, également parents de l'autre frère et coaccusé Balleroy; l'argenterie, les bijoux à l'usage des deux frères, trouvés armoriés entre leurs mains, prouvent qu'ils n'ont pas perdu l'esprit de faire passer à leur postérité ces chimères féodales.

Outre ces observations générales, il existe, d'après des pièces, contre chacun d'eux des faits qui leur sont personnels, lesquels en corroborant les preuves communes amènent nécessairement la conviction qu'ils doivent être rangés au nombre des ennemis de la chose publique. Les premières pièces contre Balleroy l'aîné sont 3 lettres des 22 août, 21 et 30 septembre 1791, écrites de Paris,sans signature,où il lui est passé des brochures, et il est facile de présumer d'après le style des lettres quelles étaient ces brochures. L'on y voit ces mots : Nous voilà donc arrivés à l'époque de ce grand dénouement longtemps désiré. Dieu veuille bénir une coalition qui n'a pour objet que l'établissement de l'ordre et de la paix; et dans une lettre du 30 septembre : que l'on veut pas abdiquer la royauté,... que le roy en homme bien élevé vient aujourd'hui nous faire ses adieux et nous remercier d'avoir bien prendre sa place et le débarrasser des soins de la royauté et même des prérogatives de la ci-devant couronne; on ne peut porter l'honnêteté plus loin; aussi vous proposons-nous de le recevoir avec transport et de lui accorder un fauteuil. Il est facile de distinguer d'après ce persiflage que celui qui l'écrivait et celui à qui on l'écrivait voyait avec peine tous les pas que nous faisions vers la République.

6 autres lettres de Rennes, des 18 janvier, 24 mars, 12 avril, 17 et 19 mai, 25 aoust 1793; elles sont d'un ami intime des Balleroi et de leur famille et notamment d'Hervilly, son gendre, que la renommée, d'après la lettre du 19 mai, indiquait comme général des rebelles; une preuve de cette amitié, c'est que l'anonime auteur de ces lettres était à même d'épouser la fille d'un ex-président de chambre des comptes, demande à Balleroy l'aîné de le faire marier... le nomme son exécuteur testamentaire dans la lettre du 18 janvier, à laquelle Balleroy aîné a répondu; l'anonyme dit avoir fait à l'instant du procès du roi tous ses efforts pour l'examiner, a imprimé et cherché à ramener dans les 83 départements, a écrit et à Malesherbes et à son client, et tout fait pour soutenir la royauté expirant. Les autres lettres, sous un vernis de patriotisme donné avec tant de légèreté qu'on distingue facilement le persiflage, qu'on peut con-

naître facilement ses sentiments contre la République ; l'honneur lui a fait une loi, dit-il, de quitter une terre sur laquelle l'honneur et la liberté n'ont plus d'asile, et lorsque Balleroy l'aîné lui a répondu, le 30 aoust, l'on ne peut douter que ce ne soit sur le même ton. — Une lettre de sa belle-sœur, du 25 mars, ne laisse aucun doute sur les manœuvres pratiquées dans cette famille pour faire passer des fonds aux émigrés ; ajoutez à cela que Balleroy aîné se trouve encore muni de plusieurs pièces ou pamphlets, qui sont contre ceux qui avaient alors la confiance de la nation ; que ces correspondances n'indiquent aucun sentiment d'attachement à la Révolution et au gouvernement révolutionnaire, et dans ses interrogatoires sur sa pensée sur la mort du tyran et le régime actuel il n'a jamais répondu, ainsi que son frère, que d'une manière évasive : alors il ne peut rester aucun doute qu'il voit avec peine le règne de la liberté succéder à celui de la tyrannie.

L'autre frère partageant cette façon de penser, elle serait plus que suffisante pour le faire reconnaître comme un des ennemis de la République ; cependant l'on peut ajouter que l'on a trouvé dans ses papiers une pièce de vers intitulée : serment civique, à double sens qui est un (*sic*) diatribe contre la représentation nationale et le gouvernement démocratique, en outre une espèce de prédiction dans le même genre, qui sont des preuves non équivoques des sentiments contre-révolutionnaires de celui qui les possède.... L'accusateur public a adressé la présente accusation contre Charles-Auguste et François-Auguste Lacour-Balleroy, pour avoir conspiré contre le peuple Français en entretenant des correspondances et intelligences avec les ennemis de la République et en cherchant à avilir la représentation nationale, ce qui est contraire à l'art. 4 de la section 1re du titre 1er du Code pénal ; en conséquence l'accusateur public requiert qu'il lui soit donné acte de la présente accusation, qu'il soit ordonné qu'à sa diligence et par un huissier du tribunal, porteur de l'ordonnance à intervenir, lesdits frères Balleroy, détenus en la maison d'arrêt de la Conciergerie, seront échoués sur les registres d'icelle pour y rester comme en maison de justice, comme aussi que l'ordonnance à intervenir sera notifiée tant à la municipalité qu'aux accusés. Signé : Fouquier.

L'ordre de prise de corps rendu et la déclaration du juré portait que depuis le commencement de la Révolution, en 1791 et 1792, il a été pratiqué des manœuvres et intelligences tendant à favoriser par tous les moyens les projets hostiles des ennemis extérieurs et les complots des ennemis intérieurs contre la liberté et la souveraineté du peuple, notamment en entretenant des correspondances contre-révolutionnaires avec les dits ennemis, en leur fournissant des secours en hommes et en argent, et en fomentant par des complots et des écrits la guerre civile en France; qu'il est pareillement constant que lesdits Balleroy frères sont auteurs et complices de ces manœuvres et intelligences.

Le tribunal, après avoir entendu l'accusateur public, condamne les deux frères Balleroy à la peine de mort, conformément à l'art. IV du titre 1er de la 2e partie du Code pénal, ainsi conçu : Toute manœuvre, toute intelligence avec les ennemis de la France tendant soit à faciliter leur entrée dans les dépendances de l'empire Français, soit à leur livrer des villes, forteresses, etc., soit à leur fournir des secours en soldats, argent, vivres ou munitions, soit à favoriser d'une manière quelconque le progrès de leurs armes sur le territoire français ou contre nos forces de terre ou de mer, soit à ébranler la fidélité des officiers, soldats et autres citoyens avec la nation française, seront punis de mort.

Déclare leurs biens acquis à la République, conformément à l'art. 2 du titre 2 de la loi du 10 mars 1793, dont il a été fait lecture, ordonne qu'à la requête de l'accusateur public le présent jugement sera exécuté dans les 24 heures sur la place publique de la Révolution de cette ville, imprimé, publié et affiché dans toute la République.

Fait et prononcé le 6 germinal an II, à l'audience du tribunal où siégeaient Fr. Dumas, vice-président, Etienne Foucault et Ch. Brault, juges, Pesme, greffier.

Les deux frères furent exécutés le jour même, 6 germinal an II, et leurs corps furent enterrés au cimetière de Picpus.

Puis Fouquier-Tinville donna l'ordre de mettre les biens en séquestre; l'acte lui-même est aux Archives du château.

Paris, 11 germinal de l'an II de la République une et indivisible. L'accusateur public près le Tribunal révolutionnaire. Aux citoyens administrateurs du directoire du département de Paris:

Citoyens, je vous préviens que par jugement du Tribunal, dont l'état est à fin du présent, les particuliers dénommés ont été condamnés à la peine de mort et que par le même jugement leurs biens ont été acquis à la République, en conséquence je vous invite à faire faire les diligences nécessaires pour procéder à la séquestration des biens de ces condamnés dans l'étendue de ce département. Salut et fraternité. A. Fouquier. Par jugement du 6 germinal, Charles La Cour-Balleroy, âgé de 74 ans, né dans la commune de Balleroy, district de Bayeux, département du Calvados, y demeurant, cy devant lieutenant général des armées de France, ex-noble, marquis et chevalier de Saint-Louis, et François-Auguste Lacour-Balleroy, frère du précédent, âgé de 67 ans, né à Paris, y demeurant section de la fontaine Grenelle.

Nous verrons comment leurs biens furent administrés. Une pièce curieuse des Archives du Calvados (5 Q, Emigrés, la Cour-Balleroy) est le mémoire présenté par le citoyen Hérils, traiteur à Bayeux, des comestibles qu'il a fournis aux cit. Lacour-Balleroy pendant leur détention à la maison d'arrêt de Bayeux; le premier mémoire présenté s'élevait à la somme de 927 liv. 1 s.; il fut payé par le citoyen Deby, receveur du citoyen Lacour; le paiement du second mémoire, s'élevant à 1086 livres, fut remis à la iquidation définitive, selon la loi du 1er floréal, vu qu'il s'élevait au-dessus de 800 livres.

Nous l'avons vu, Mme la marquise, comtesse douairière de Balleroy, née de l'Epineau, avait émigré avec sa fille Mme de Jaucourt et sa belle-fille Mme la comtesse Philippe de Balleroy, et elle mourut à Neubourg, dans l'électorat de Bavière, le 7 août 1799; par un testament du 20 juillet 1799, elle constituait Mme d'Hervilly et Mme de Jaucourt ses légataires universelles et laissait à son fils une rente viagère de 15 000 francs.

ANNEXE A L'HISTOIRE DE CHARLES-AUGUSTE DE LA COUR-BALLEROY

Jean-François-Henri-Paul de la Cour, le deuxième des enfants d'Augustin de la Cour, avait été officier de marine; en 1792, il demande un titre de commandeur de Saint-Louis (v. ses lettres aux Archives de Balleroy); de Milan, où était le comte de Provence, on lui répond que le paquet des renseignements est perdu; il renouvelle sa demande, en 1799, de Londres; on lui reproche d'avoir, en 1782, quitté son poste et de ne l'avoir repris qu'après 2 ordres formels de Lamotte-Piquet et d'avoir fui à Quiberon en 1795; or, dit-il, il n'était pas en mer en 1782 et, en 1795, il était à Londres où il a soigné d'Hervilly son neveu; enfin on lui donne un satisfecit, et c'est tout. Cependant (Arch. du Cal. 59, Emigrés, Lacour), le 6 brumaire an X (10 nov. 1702), Jean-Paul-François-Henry, ci-dev. chef d'escadre, fait une pétition; il a été, dit-il, inscrit à tort sur la liste des émigrés du département du Finistère; âgé de 75 ans, tourmenté par une goutte presque continuelle et plus encore par le souvenir de la perte de ses deux frères, morts victimes des fureurs révolutionnaires, il a besoin d'être rassuré sur les suites de cette inscription qu'il attribue bien plus à l'erreur qu'à la malveillance. Il demande au préfet d'ordonner que l'exposant pourra continuer d'habiter la commune de Cahagnolles, où il réside depuis quelque temps chez ses neveux (les Senot de Cahagnolles.) Il mourut le 14 mars 1802 (22 ventôse an X).

CHAPITRE X

MADAME D'HERVILLY
AUGUSTINE-MARIE DE LA COUR-BALLEROY

Nous rang ons Mme d'Hervilly à la suite et au rang des seigneurs et châtelains, parce que de fait après la mort de son père, elle a administré le château et ses revenus et elle a eu ur les habitants, par l'affection et l'autorité qu'elle avait su gagner, l'influence d'un vrai seigneur. Nous en avons déjà dit un mot en citant la pétition des pauvres de Balleroy en faveur de son père (v. ses Mémoires et ses Lettres chez les Caffarelli, château de Léchelle, Aisne) ; elle fut enfermée à la prison de l'ancien couvent de la Charité à Bayeux, avec son père, son oncle et sa fille Thaïs, qu'elle allaitait; les deux autres filles furent renvoyées et revinrent au château de Balleroy; puis Thaïs elle-même fut recueillie par sa berceuse et ramenée à Balleroy. D'après Mme d'Hervilly, le geôlier en chef, Mallet, dit Mous ache, était dur et cruel ; il leur fit subir toutes sortes de vexations et de tracas : Henri, ou M. Bret, était doux on passait des billets dans les ourlets du linge à blanchir. Pendan la captivité , Mme d'Hervilly fut nourrie avec son père et son oncle par le traiteur Hérils et quand ses filles furen délivrées, elles revenaient de temps en temps à Bayeux et étaient nourries par le même traiteur, qui recevait également les serviteurs.

Le représentant du peuple Bourret vida la prison : Mme d'Hervilly fu retenue d'abord, puis Mme de Guébriant intervint, Mme de Bonnechose fit des démarches et jeta de l'argent, enfin les habitants de Balleroy, au nombre de plus de 300, se rendirent auprès de Bourret, restèrent trois jours campés sur la place sous les fenêtres de la prison, redemandant Mme d'Hervilly à grands cris; les trois filles furent conduites auprès de Bourret, qui remit la prisonnière à la liberté au risque de se compromettre. « Jamais triomphe ne valut celui-là; ces bons habitants enlevèrent ma mère, dès le soir 15 mars, ils la reconduisirent à Balleroy au milieu des vivats, dit Julienne d'Hervilly; à une demi-lieue du château tout le reste de la commune s'y trouva : deux seuls habitants, anciens domestiques de mon grand-père (nous pouvons supposer Moreau et Maire) qui l'avaient dénoncé, restaient dans le village et quand on passa près de leurs maisons, les cris de : vive Mme d'Hervilly, vive M. de Balleroy, redoublèrent tellement qu'ils durent être la punition de leurs torts. » Ce même jour 15 mars, le père et l'oncle de Mme d'Hervilly quittaient la prison de Bayeux, pour aller à celle de la Conciergerie et à l'échafaud. — « Quelque temps après, un habitant du village vint en courant annoncer des représentants du Peuple qui venaient la prendre : vite, elle se mit au lit, les fenêtres furent fermées; mais ils nommèrent, pour juger si l'on pouvait la transporter, un apothicaire-médecin, ennemi de mon grand-père et zélé patriote; elle se crut perdue, mais cet homme, bien meilleur que nous ne l'avion cru, fit un rapport si favorable qu'on remit à l'emmener à une autre fois : on revint souvent la chercher, mais toujours il assura qu'elle était hors d'état d'être transportée : il se nommait Vimard. » L'abbé Bidot raconte le stratagème de Vimard et de Denis Héricy pour la faire croire malade : dans une de ces visites domiciliaires, il la fit frotter d'orties et déclara qu'elle avait la millière et qu'elle avait besoin de grands ménagements.

Barbazan arriva à Bayeux dans les premiers jours de nivôse an IV (1796) ; il prit des mesures très sévères pour savoir s'il n'y avait point de dépôts d'armes cachés. Il surveillait d'autant plus spécialement notre canton, qu'il était en ce moment la proie des chouans, de la bande des frères David, de Cerisy-la-Forêt, et Colin, de Saint-Germain d'Ectot. Le 14 mars 1796, ils avaient commis un meurtre à Litteau ; peu après ils tenaient tête, à Vaubadon, aux troupes de Barbazan et ils durent se retirer dans le bois du Tronquay, c'est de là qu'ils vinrent tuer le vicaire constitutionnel du Tronquay, l'abbé Hébert ; ils furent pris à Lamberville, sauf Jean David qui fut pris plus tard par le cit. Lelarge, maréchal des logis de gendarmerie de Balleroy ; ils furent tous fusillés ou, comme dit l'état civil, ils moururent incontinent dans la rue des Boulevards (rue Tardif), à Bayeux.

Mme d'Hervilly prolongea sa maladie jusqu'à la mort de Robespierre ; les visites domiciliaires devaient être d'autant plus fréquentes que son mari était l'un des chefs de la malheureuse expédition de Quiberon, 1795, dont l'insuccès fut dû à la fois à son inhabileté et à son inexpérience et aussi à la division de l'autorité des chefs ; son frère était aide de camp de son mari et l'emporta en Angleterre quand il fut blessé, et son oncle, le chef d'escadre Jean-Paul-Henri, était à Londres, où il assista à la mort de M. d'Hervilly. Elle recevait aussi de temps en temps les visites des autorités militaires parce qu'on la soupçonnait de cacher des prêtres réfractaires : ainsi, elle avait chez elle l'abbé Devy comme précepteur de ses enfants. Une de ses lettres à sa fille Ernestine, datée de Paris, le 12 août 1796, lui dit ces paroles: « Quand le soir il me reste une heure de libre, je vais la passer chez une femme aimable et qui connaît aussi le malheur par expérience (Mme de Grimaldi). Le matin je trouve chez elle ce que M. Devy vous donne (la messe). » Les Mémoires nous parlent d'un prêtre qui avait échappé aux recherches en passant de chambre en chambre, de grenier en grenier. Quand les patriotes étaient signalés, Julienne d'Hervilly, âgée de 12 ans, montait à cheval, allait à Cahagnolles, prévenait ses cousins, les Senot de la Londe, de se mettre sur leur garde et se retrouvait là pour les visites. Peut-être aussi la soupçonnait-on d'accaparer des grains et des récoltes. Et cependant elle était signalée par le Comité de surveillance de Balleroy comme républicaine. Le 24 floréal an II (13 mai 1794), elle fut le témoin de la visite du château, le 28 thermidor (15 août 1794), de l'inventaire des papiers, livres, tableaux et statues. Le 6 fructidor an II, 23 août 1794, la citoyenne Renée Guenand (la même probablement qui avait été arrêtée avec toute la famille) faisait une pétition au nom de Mme d'Hervilly, pour demander que le cit. Malherbe lève les scellés apposés sur un passage d'une garde-robe d'un salon qu'elle habite et dont la privation est une gêne habituelle, et ceux d'un garde-meuble dans lequel est un rouet à filer, des laines à tapisserie et du fil; la municipalité de Bal-sur-Drôme, considérant qu'il ne peut résulter aucun dommage pour la République (je le crois) permet. Le lendemain Malherbe, levait les scellés.

La loi du 21 prairial an III (9 juin 1795) restituait les droits d'hérédité; par celle du 13 ventôse (3 mars 1795), les propriétaires par indivis avec les condamnés pouvaient jouir provisoirement de la totalité des biens en attendant la liquidation de leurs droits; enfin un arrêté du 17 frimaire (1décembre 1795) accordait à la cit. Lacour d'Hervilly l'effet de sa demande; conformément à la loi, elle héritait d'un tiers de la succession de son père Charles-Auguste, condamné et décapité; les 2 autres tiers par indivis appartenaient à la République par représentation de son frère et de sa sœur émigrés; Mme d'Hervilly eut donc la jouissance provisoire de toute la fortune de son père, sauf à attendre la liquidation. Pendant ce temps Mme d'Hervilly demeura souvent à Caen, rue des Carmes ou de l'Egalité, division du Nord; son fondé de pouvoirs était Michel-Victor Tostain ou Tostain le jeune, le receveur des domaines était Barbazan (est-il parent du général Barbazan?) Elle toucha les revenus de l'intégralité des biens non vendus jusqu'au 28 ventôse an IV (18 mars 1796); alors elle soumissionna tous les biens aliénables de la succession, les 2/5 à peu près, car les bois n'étaient pas aliénables; il en fut passé contrat, en payant les 2/3 de la valeur et l'autre tiers lui fut abandonné. Les biens qui restaient à vendre étaient 300 arpents de taillis inaliénables de leur nature, elle avait un tiers et sur les 2 autres tiers, dévolus à la République du chef de ses frère et sœur, elle dut être indemnisée de la vente faite de 2 fermes pendant la confiscation et en plus des 2/3 de la dette de 200.000 livres dont elle était créancière envers son père, par concession de Mme de l'Epineau. C'est le 21 pluviôse de l'an VI (9 février 1799), qu'elle fournit le compte de sa jouissance provisoire, et, d'après l'art. 121de la loi du 1er floréal an III et l'art. 3 de la loi du 30 thermidor an IV, elle fournit une déclaration détaillée des biens et de leur situation. A cette occasion elle fit, le 18 brumaire an VII (8 novembre 1799), une pétition pour réclamer les papiers de son père, mort victime de la *tirannie décemvirale*, dont les biens avaient été confisqués. Les bois taillis avaient donc bien des fois changé de propriétaire : le 9 frimaire an VI (29 novembre 1798), on lui retira la jouissance provisoire de tous les bois et un arrêté du 7 messidor an VII (25 juin 1800) réduisit ses droits à un 6e sur les bois. Aussi Roger et le Tellier, gardes des bois du Tronquay et de Longeau, se plaignent-ils en pluviôse an VIII de n'avoir pas été payés des 3 derniers mois de l'an V à cause du changement opéré dans la régie des bois : « jusqu'au 9e mois de l'an V ils étaient régis par la cit. d'Hervilly, qui les a payés jusqu'à cette époque ; ils furent alors régis par la République qui n'a payé qu'à partir du 1er vendémiaire an VI ». Le directeur des domaines répond que la cit. d'Hervilly a perçu la totalité du produit des bois pour l'an V, tandis que la République n'a commencé à toucher le produit qu'à partir de la récolte de l'an VI.

C'est à l'occasion de l'achat des 2/3 de la succession que fut dressé l'inventaire, fait par Thomine et Gassion (v. Appendice) et qui nous a déjà servi pour calculer la proportion des impôts au loyer. En faisant, le 2 prairial an IV (21 mai 1797), la soumission d'acquérir les 2/3, elle consigna le quart présumé de la valeur des biens ; ils furent achetés 339324 liv. 5 s. 6 d. ; on voulut considérer la maison des forges comme bien national, mais la loi du 24 prairial an III en prononçait la restitution : on eût fait une gendarmerie, Mme d'Hervilly ne refusait pas de louer ; on voulait également déclarer biens nationaux la maison de la juridiction (maison Juhel aujourd'hui) et la halle, mais il fallut reconnaître les droits de Mme d'Hervilly. Le 11 floréal an VIII (30 avril 1801), on fit un tableau des rentes de la succession ; nous l'avons déjà vu, c'était inutile, puisque la plupart de ces rentes étaient considérées par les débiteurs comme féodales et seigneuriales et qu'elles ne furent plus recouvrées. Mme d'Hervilly fut obligée de présenter ses comptes et nous avons à en signaler quelques détails. Le 24 pluviôse an III, Sébastien Genest, dit Desbouillons, présente son mémoire, en tout 64 livres 15 s., dont 8 fers pour 10 liv., 1 rassis 10 sous et le reste en pansements et drogues à la bidette boiteuse, saignée et médecine et 2 lavements à une jument; certifié par Dutheil, commis pour le soin des chevaux, par la municipalité de Bal-sur-Drôme, Deby, ci-devant payeur, par le Directoire de Bayeux et enfin celui du Calvados; il en est de même pour le mandat de 135 livres à Denis Voisin pour son gardiennat des scellés, celui de 450 livres à le Maire, gardien de l'argenter e, et à Dutheil, ils ont 30 sous par jour chaque; enfin un mandat de 7125 livres à la cit. d'Hervilly, créancière de son père, par acte fait par Anne Morel, veuve Lépineau, et la rente passée à l'exposante en 1778. Le 7 ventôse an IV, une demande lui est faite de réparer un passage: « Citoyenne, le commandant de la force armée en cantonnement à Balleroy, a fait observer à la municipalité qu'une porte de communication entre le cimetière et le parc a été brisée et par conséquent donne passage libre à tous individus et à toute heure, passage qui devient dangereux par les circonstances et met la commune dans le cas d'être attaquée par les malveillants. Ensemble l'administration remarque que cette porte étant ouverte, met le cimetière au pillage des hommes ainsi que des bestiaux. Connaissant votre zèle pour la chose publique et sachant parfaitement que vous aimez à faire ce qui est nécessaire pour la sûreté des habitants de la commune, la municipalité espère que vous donnerez des ordres pour intercepter toute communication. 2 germinal an IV.

Salut et fraternité. Lemaire agent.» Dudouet reçoit 2400 livres en assignats pour avoir bouché la communication et fait une cheminée. Signé Poutrel, président. Le compte du 9 frimaire an VI (29 novembre 1798) fut assez difficile à établir. Pour satisfaire aux dispositions de l'arrêté du 9 frimaire on a dû, à cause de la variété des lois sur le mode de paiement des fermages et la diversité des monnaies établir la recette et la dépense par années en assignats valeur nominale, en assignats aux mercuriales et en numéraire; l'arrêté de jouissance provisoire est du 27 prairial an III (15 juin 1795 v. s.), par la loi du 2 thermidor an III pour le mode de paiement des fermages de la récolte de cette année, le prix a été payé moitié en assignats valeur nominale et moitié en assignats aux mercuriales arrêtés par le département. Le 9 pluviôse an V, l'administration a aliéné 2 fermes au Tronquay, la comptable a droit au tiers du revenu des 2 fermes, tenues par Jacques Juhel et Guillaume Chuquet; la comptable est créancière sur la terre de Balleroy de 2 rentes, l'une de 4000 liv. par contrat du 11 avril et l'autre de 6000 livres du 30 avril 1776; elles sont susceptibles de la retenue des contributions, soit le 5e, ce qui de 10000 fait 8000. Les comptes sont vérifiés en l'an VI, par la commission alors composée de Cotentin président, Caillou, secrétaire, Dubourg, Lecarpentier, Guérin et X. Les fermages de l'an III se montent à 30873 liv. 10 s.; cette somme, calculée d'après les mercuriales (1 liv. fait 40 liv. en assignats), donne celle de 1250067 liv. 19 s. 1 d.; en l'an IV il y a diminution : Molandin (aujourd'hui ferme du Parc) était louée à Langlois 1931 liv. au lieu de 3862; l'herbage sous la forêt à Lavarde 1200 liv. au lieu de 2400; le charbon de terre de Littry 950 liv. au lieu de 1500; Montfiquet et le Coesel 1500 liv. chacun au lieu de 3000; le total était de 11106 liv. 5 s.; en l'an II, les fermages avaient été au-dessous de ceux de l'an IV. Les impositions pour l'an III furent payées en assignats valeur nominale et en l'an IV en assignats à raison de 30 capitaux pour un, soit en tout, pour les bois de Planquery et le Vernay, 7391 liv. 2 s. 9 d. en numéraire, et en assignats 593130 liv. 15 s. 6 d.

C'est donc le 28 ventôse an IV (16 mars 1797) qu'elle avait racheté la partie aliénable de la fortune de son père et elle continua à en jouir jusqu'en 1806; à ce moment elle fit avec son frère et avec sa sœur, la marquise de Jaucourt, Thaïs de Balleroy, un pacte de famille par lequel tous les biens, qu'elle avait rachetés de la succession de son père ou dont elle avait hérité, étaient remis en commun pour être partagés entre eux. Son frère eut le château et elle retourna vivre soit à Caen, soit chez ses filles; l'aînée, Ernestine, née en 1782, épousa en 1802 M. de Raymond de la Nougarède, qui était à Quiberon avec M. d'Hervilly, elle mourut peu après son mariage; la deuxième, Julienne, née en 1784, morte en 1854, épousa le comte de Caffarelli, aide de camp de Napoléon Ier et frère du baron, préfet du Calvados; celui-ci, ancien oratorien, redevint curé dans le diocèse d'Albi; Julienne a laissé des Mémoires; elle a été la mère du comte Eugène de Caffarelli, de la comtesse Bogouen et de la comtesse de Bernetz; la troisième fille, Thaïs, née en 1792 et morte en 1884, épousa son cousin le comte d'Hervilly et fut la mère de la comtesse de Kergolay.

DERNIERS MARQUIS DE BALLEROY

Philippe-Auguste-Jacques naquit à Paris en 1763 et fut baptisé à Saint-Cloud; il eut pour parrain très haut, très puissant et très excellent prince Mgr Louis-Philippe, duc d'Orléans, et pour marraine haute et puissante dame Madame Diane-Jacqueline-Josèphe-Henriette de Clermont d'Amboise, veuve de Matignon de Gacé; en 1776, il fut cadet gentilhomme pensionnaire de l'École militaire de Paris; en 1778, sous-lieutenant au régiment de le Sarre et, en 1782, capitaine au régiment d'Orléans-Cavalerie; en 1783, nous l'avons vu, il avait l'honneur de monter dans les carrosses de Sa Majesté et de chasser avec elle; il devint mestre de camp au régiment de Rohan-Soubise en 1784; en 1791, colonel du 22e d'infanterie; il émigra, devint aide de camp du marquis de la Vaupalière, à l'armée des Princes, colonel-capitaine dans le régiment du Roïal-Louis en 1794-1795; il fut aux ordres de son beau-frère d'Hervilly à Quiberon et fut créé chevalier de Saint-Louis en 1796. En 1784, il avait épousé Albertine Maignard de la Vaupalière, fille de Diane de Clermont-Renel et petite-fille de Fitz-James et arrière petite-fille de Berwich; sa sœur épousa M. de Langeron. Il semble, d'après une déclaration dans l'interrogatoire de Charles-Auguste de la Cour, que Philippe aurait eu un autre fils vers 1792. Mme de Balleroy accompagna sa belle-mère dans la captivité; elle était grande amie de Mme de Volude de Lage, grande amie elle-même de Mme de Polastron, épouse morganatique du prince d'Artois, plus tard Charles X. Albertine de Balleroy, noyée accidentellement à Paris le 21 brumaire an IX (11 novembre 1801) mourut chez le marquis de la Vaupalière : elle avait eu un fils né pendant l'émigration. Le marquis rentra en France en frimaire an XI. Mme d'Hervilly régla la situation de la fortune en France avec son frère et Mme de Jaucourt en 1806; Philippe, maître du château, devint maire de Balleroy en 1807; il avait le caractère difficile, il ne put s'entendre avec M. l'abbé Moulland, soutenu par les anciens constitutionnels-révolutionnaires de Balleroy, devenus conservateurs, et il donna sa démission vers 1810. Il vendit, en 1819, son château à M. de la Londe Bigard, maire de Versailles, avec faculté de rachat. Il avait épousé Mlle Rose de Cyresme-Banville et il en avait eu une fille, Augusta, en 1805, et il la maria avec M. de Louvencourt, elle mourut presque aussitôt après son mariage, en 1824. Il se retira à Versailles où il mourut en 1840, une année seulement après la fin de ses procès et le règlement de ses affaires avec les Civrac et les d'Hervilly.

Son fils, Auguste-François (Franz en allemand) Joseph, né à Frauenfeld, en Suisse, avait été élevé par son grand-père, M. de la Vaupalière. Sous-lieutenant au 8e chasseurs en 1813, aux dragons de la garde, lieutenant en 1816, aide de camp du duc de Bellune en 1817, il fit les campagnes de 1814 et celle de France en 1815; il fut à Gand en 1815, en Espagne en 1823; il fut chevalier de la Légion d'Honneur et de l'ordre de Saint-Louis; il se retira et, en 1827, il épousa Mathilde-Clémentine d'Orglandes, fille du comte d'Orglandes, chambellan du roi et pair de France, et d'Aménaïde d'Andlau, fille du fameux Helvétius et sœur de Mme de Mun. En cette année 1827, il rachète le château de Balleroy et, peu d'années après les fêtes de l'entrée du marquis et de la marquise dans leur bourg et leur château, la marquise mourut, laissant deux enfants, M. Albert de Balleroy et Mlle Emilie de Balleroy, qui devint la comtesse de Chaumont-Quitry. Le comte de Balleroy, dit Bidot, se tint à l'écart sous le règne de Louis-Philippe; en 1840, par la mort de son père, il reçut le titre de marquis et ses concitoyens en firent un maire et un conseiller général.

Son fils Albert s'adonnait, comme sa mère, à la peinture; très populaire, il fut nommé au scrutin de liste le premier des députés du Calvados à l'assemblée nationale en 1871, mais la perte presque simultanée de plusieurs enfants lui donna le coup de mort en août 1872; de son mariage avec Marguerite Roslin d'Ivry, il ne leur restait à sa mort que Jacques-Marie-Honoré de la Cour de Balleroy, aujourd'hui marquis de Balleroy; de son mariage avec Marie de Mornay-Montchevreuil, il a eu 3 enfants, Blaise, Philippe et Marguerite.

CHAPITRE XI

BALLEROY PENDANT LA RÉVOLUTION

Il est difficile de faire cette histoire : les souvenirs locaux ne sont pas assez précis, soit sur les faits eux-mêmes, soit sur leur date ; l'abbé Bidot pouvait en recueillir, mais il est si peu véridique ; les Archives municipales sont pauvres en documents, peut-être parce que certaines familles influentes ont été trop mêlées aux événements et ont cru bon de faire disparaître les documents ; enfin les Archives départementales ne sont pas classées sur cette époque et les recherches seraient trop longues.

La déclaration des Droits de l'homme et du citoyen, proclamée le 1er août 1789, fut suivie dans la nuit du 4 août de la suppression des privilèges féodaux et des dîmes. C'était une fortune pour les habitants de Balleroy, du Tronquay et du Vernay : les rentes foncières qu'ils devaient sur leurs fieffes, furent assimilées à des rentes féodales et seigneuriales, parce qu'elles étaient irraquitables : la loi retirait au seigneur sa garantie et le droit d'exiger les rentes, mais la conscience obligeait les débiteurs à continuer le paiement des rentes et, de fait, les papiers du château mentionnent deux ou trois reconnaissances de ces rentes malgré le privilège que la loi donnait à ces débiteurs ; ainsi le 11 brumaire an XI, Michel Vautier, huissier, reconnaît 13 liv. de rente foncière, non exempte, rue du Sapin; le 26 vendémiaire, Jeanne Fouques, veuve de François le Bœuf, reconnaît une part de 50 sols de rente, pour une maison, rue du Sapin, appartenant à Jean le Bœuf et ses cohéritiers, fils de François le Bœuf. Peut-être le remords de cette injustice fut-il un fort appui pour la peur dans certains partisans des idées nouvelles de la Révolution et explique-t-il l'acharnement que l'on mit à supprimer les seigneurs propriétaires, les papiers des titres de propriété et les registres eux-mêmes où l'on fit *biffrer* les noms des débiteurs. Qu'en revint-il à la France? Certains propriétaires étaient dépouillés, d'autres avaient moins à payer; en furent-ils plus riches? Nous le verrons plus tard, quelque-uns, peut-être; le peuple, non.

Il fallait de l'argent : on eut recours à la contribution patriotique, dite volontaire. Dans son mémoire sur les revenus de la cure, 22 octobre 1790, M. Littré affirme avoir payé son tiers de la contribution patriotique. Le 1er décembre 1789, le marquis de Balleroy fait la remarque suivante : « Je déclare avec vérité que la somme de 6000 livres (au-dessus 4500) dont je contribuerai aux besoins de l'Etat excède les fixations établies par le décret de l'Assemblée nationale du 6 oct. 1789 concernant la contribution patriotique, et je m'engage à payer 6000 livres en 3 paiements avant l'expiration du 3e terme, fixé par l'art. 11 du décret de l'Assemblée. » Sur ses comptes de 1790 il faisait la remarque que si les charges annuelles avaient diminué par la suppression de la dîme, l'imposition avait augmenté de 6587 liv. 12 s. 9 d. Nous aussi n'avons-nous pas vu les charges ecclésiastiques et religieuses, à la charge de l'Etat, diminuer, tandis que les impôts augmentent?

La loi du 2 novembre 1789, qui mettait tous les biens

ecclésiastiques à la disposition de la nation, n'avait aucun effet pour Balleroy, puisqu'il n'y avait pas chez nous de biens ecclésiastiques et, d'ailleurs, la vente des biens seigneuriaux à Balleroy porte la mention : néant, car les biens seigneuriaux ne devaient pas être vendus, mais, comme en 1905 pour le même genre d'opérations spoliatrices, on nomma des séquestres, on fit des inventaires (26 novembre).

En date du 22 décembre, un décret acheva l'organisation électorale et municipale. La France était partagée en départements, districts ou arrondissements, cantons et municipalités, avec des comités de département, district et canton; au chef-lieu du canton avaient lieu les assemblées des électeurs primaires, qui éliraient les électeurs du second degré, ceux-ci, au district, devaient nommer tous les fonctionnaires, ecclésiastiques et autres. En vertu de cette loi, le 17 novembre 1790 (Archives Cal., L. M, commissaires du roi), on dressa le tableau des citoyens éligibles et actifs de Balleroy; les citoyens actifs étaient ceux qui payaient une contribution foncière équivalente au prix de trois journées de travail et non domestiques; nous y signalons : les officiers municipaux, Charles Houel, avocat, maire; Michel Gassion, Antoine Philippine, Jacques Hélaine, Jean Désert, notaire, Toussaint Lefèvre, Mignot, avocat, procureur de la Commune, c'est-à-dire chargé de défendre ses intérêts, mais sans avoir voix délibérative au Conseil. Parmi les notables étaient : Gelin, Jehanne, François Courtemer, Chuquet, Thomas James, Louis Sire, Antoine Néel, François Cotentin, Caillou, Pierre Gaugain, Claude Heuzet, François Lenormand, Littré, curé, Gassion, Jean James, dit Lalande, Jean Chuquet, tonsuré, Denis Héricy, Georges James, dit Lepri, Pierre Tubeuf, en tout 123. Parmi les membres actifs : Jean le Bourgeois, dit Marionnette, et Thomas de Than. Le 12 mai 1790, en l'église paroissiale de Balleroy, les citoyens éligibles et actifs des municipalités du canton, se réunirent sous la présidence provisoire de Toussaint Lefèvre des Longchamps, doyen d'âge; Antoine Le Carpentier était secrétaire provisoire. Ch. Houel, avocat et maire, fut nommé président par 176 voix sur 178,et Antoine Le Carpentier secrétaire par 136 voix; il devait y avoir de nombreuses abstentions ou absences puisque Balleroy seul avait presque les 178 électeurs. Ils prêtèrent le serment d'être fidèles à la nation, à la loi et au roi; puis on élut 3 scrutateurs. Le procès-verbal fut signé par Houssin, curé et maire de Campigny, Godet, curé et maire de Castillon, Lemoigne, curé et maire de Montfiquet, Chuquet, curé et maire du Tronquay, Brasard, curé et maire de la Bazoque, etc.; puis on nomma 9 électeurs, conformément à l'ordonnance de MM. les commissaires du roi du 30 avril, ce qui supposait 900 citoyens éligibles et actifs dans le canton; sur 900, 178 seulement étaient venus voter. Parmi les 9 électeurs nommés, citons Louis-Bernard Gassion, notable, adjoint de Balleroy.

Ce fut le 12 juillet 1790, avant la fête de la Fédération, que fut votée la constitution civile du clergé; le roi, tourmenté par les justes inquiétudes de sa conscience, fit attendre sa sanction jusqu'au 26 décembre. Entre ces deux époques il y eut de grandes agitations dans les esprits et surtout parmi les membres du clergé: se soumettrait-on ou non? Il semble bien qu'à Balleroy il y eut deux opinions, celle du curé, l'abbé Littré, et celle du second vicaire, l'abbé Beaufils; celui-ci, depuis longtemps vicaire, avait dû se montrer favorable aux idées nouvelles; l'abbé Littré avait d'abord demandé un second vicaire, comptant sur l'abbé Beaufils, puis voyant le changement d'idées de celui-ci, il déclara qu'il pouvait s'en passer, et cependant il se chargeait à ses frais de payer un prêtre auxiliaire, l'abbé René Bitot, de Caumont, nouvellement ordonné. Il y eut donc dans sa conduite et ses procédés des hésitations, des tergiversations et comme il ne pouvait ni ne voulait dire les vraies raisons de sa conduite, il est facile de s'expliquer les lettres suivantes, qui indiquent un commencement d'agitation. Le 22 octobre 1790 (Arch. Calv., L, v. culte), Littré déclarait la nécessité d'avoir 2 vicaires, ses infirmités le mettant hors d'état de remplir ses fonctions curiales; le 28 décembre, l'abbé Beaufils, originaire de Cerisy (Arch. Calv. L,v.), envoyait une pétition au directoire du district, il rappelait qu'il était vicaire depuis 10 ans; M. Lemoigne, surchargé d'années et d'infirmités, s'était donné un suppléant en sa personne : enlevé à ses paroissiens qui le regardaient et l'aimaient comme un père, il eut pour successeur un ecclésiastique plus jeune, d'une santé dès lors faible et chancelante, qui conserva son coopérateur. Surtout depuis 2 ans, celui-ci est dans l'impossibilité de faire son ministère. L'abbé Beaufils est surpris que M. Littré lui ait ce matin demandé son changement : il demande qu'on signifie au sieur Littré de le maintenir. Le district demanda la réunion du conseil général : celui-ci assemblé en *l'autel* (hôtel, maison commune) de la Commune, le 30 décembre 1790 et composé des citoyens Houel, maire, Antoine Philippine, Gassion, Geslin, Thouroude et Bidot, officiers municipaux, Caillou, James des Landes, Docquet, Gallot, et Lafosse, fait une enquête sur la pétition de M. Littré : celui-ci est appelé et déclare que sa santé est moins mauvaise et qu'il peut se passer d'un second vicaire, et la majorité du Conseil adhère à sa déclaration, sauf

Houel et Caillou qui le déclarent aussi incapable que jadis. En même temps Beaufils provoquait d'autres démarches (Arch. Calv. L., m, police du culte); en janvier 1791, les citoyens actifs de Balleroy se réunissaient en assemblée particulière chez le sieur Héricy, aubergiste, après avoir prévenu le conseil municipal: ils rédigèrent une pétition très habile au directoire du district:

Ils rendaient à l'abbé Lemoigne les mêmes hommages que l'abbé Beaufils, et dans les mêmes termes que celui-ci, ils rappelaient les grands services d'un second vicaire à l'abbé Lemoigne et à l'abbé Littré : depuis 2 ans celui-ci, d'une santé déjà faible et chancelante, ne fait aucunes fonctions curiales, les médecins les lui ont interdites depuis plus de 4 ans. Lesdits citoyens actifs ont appris avec d'autant plus de plaisir sa demande d'un traitement pour un second vicaire qu'elle leur assure un vicaire dans les vertus et le zèle duquel ils avaient placé leur confiance dès il y a longtemps. Mais le but de l'abbé Littré était d'appeler un autre ecclésiastique. Aujourd'hui le conseil général atteste que ledit sieur Curé est en état de remplir ses fonctions et cependant en chaire hier led. sieur Curé a assuré que ses forces ne lui permettaient plus de remplir ses fonctions; d'où vient cette contrariété? Dans ce discours il annonce la révocation de M. Beaufils et installe un ecclésiastique fraîchement promu au sacerdoce, révocation qui a révolté tout le monde. Cet ecclésiastique ne peut être licencié sans une ingratitude marquée, surtout à l'instant où la loi constitutionnelle améliore son sort et interdit aux Curés la faculté de révoquer leur vicaire sans cause réputée légitime. Les citoyens actifs terminent en demandant 2 vicaires à la charge et aux salaires de la nation avec le maintien de l'abbé Beaufils. Suivent 69 signatures.

Bel exemple d'association cultuelle réunie au cabaret et faisant la leçon au Curé! Le Directoire du district prescrit, le 8 janvier, une enquête sur l'état de santé du curé et maintient Beaufils jusqu'à ce que le curé ait pris les moyens indiqués par la loi pour en venir à la révocation du sieur Beaufils, s'il persiste à la demander; le Directoire du département maintient cet ordre. Le 22 janvier, la municipalité se réunit : le curé est invité à comparaître; il demande du temps et la communication des pièces, la municipalité refuse. Le curé déclare qu'il fait la plus grande partie de ses fonctions curialles et qu'au refus même du sieur Beaufils de célébrer, depuis les deux derniers mois de l'an dernier des baptêmes et mariages, il les a faits lui-même. Il a toutefois pris pour le soulager un prêtre qu'il se charge de loger, nourrir et payer à ses propres frais par un sentiment de patriotisme pour la patrie et par le zèle qu'il a d'obliger ses paroissiens, il a même payé une contribution exorbitante; tant qu'il pourra se trouver à l'église, il ne veut pas charger le trésor national d'une pension exorbitante. Il a déclaré à nouveau qu'il faisait la plus grande partie de ses fonctions curiales, célébrer des mariages, baptêmes, prêcher, confesser, etc., et qu'au surplus il avait pris un prêtre pour le suppléer. D'après cette lettre, le procureur de la commune était J.-L. Ecolasse.

Le 27 novembre 1790, un décret de l'Assemblée nationale oblige tous les évêques et prêtres *conservés en fonction* à prêter le serment auquel ils sont tenus d'après le décret du 24 juillet dernier, de veiller avec soin sur les fidèles de la paroisse qui leur est confiée, d'être fidèles à la nation, à la loi et au roi et de maintenir de tout leur pouvoir la constitution décrétée par l'Assemblée nationale et acceptée par le roi, il en est de même des ecclésiastiques fonctionnaires publics; ce serment sera prêté dans l'église en présence du conseil général de la commune et des fidèles, un dimanche à l'issue de la messe, après une déclaration présentée au moins deux jours à l'avance; les évêques et fonctionnaires qui n'auront pas prêté le serment seront réputés avoir renoncé à leur office et il sera pourvu à leur remplacement et s'ils s'immisçaient dans leurs anciennes fonctions publiques, ils seraient poursuivis comme perturbateurs du repos public. Le 4 janvier 1791, l'Assemblée décrète que le serment sera prêté purement et simplement dans les termes du décret sans qu'aucun des ecclésiastiques puisse se servir de préambule, d'explication et de restriction. La loi fut exécutée à Balleroy.

Le 28 janvier 1791, M. Littré adresse aux officiers municipaux une lettre où il expose ses sentiments au sujet du serment : Si vous exigez que ce serment soit presté purement et simplement, quelque bon patriote que je me flatte d'être, quelques respects et soumissions que j'aye pour les décrets de l'auguste assemblée nationale, ma religion et ma conscience ne me permettent pas de le prononcer. Il se rappelle tout ce qu'il doit à César et à Dieu : oui, dans tout ce qui concerne les objets civils, politiques et temporels, je le dirai hautement, je serais même prêt à le signer de mon sang, je serai fidèle à la nation, à la loy et au roy, je maintiendrai de tout mon pouvoir la constitution décrettée par l'assemblée nationale et le roi, mais une loi, supérieure à toutes les lois humaines, me dit de professer publiquement que je ne puis comprendre dans mon serment les objets qui dépendent essentiellement de la puissance spirituelle. Je déclare que j'excepterai très expressément de mon serment tout ce qui concerne les objets purement spirituels et qui intéressent la religion catholique et romaine, dans laquelle je veux vivre et mourir; faites-moi connaître si vous êtes disposés à recevoir un tel serment, afin que je me tienne prêt à le prononcer devant vous dimanche prochain 30 du présent mois.

Sur le *verseau* est écrit : Nous soussignés déclarons nos sentiments conformes à ceux de M. le Curé de Balleroy, contenus dans le présent. Signé : Poutrel, Bitot.

Le même jour 28 janvier, Beaufils, vicaire de Balleroy, se présente au greffe de la municipalité, se déclare dans l'intention de prêter le serment prescrit par le décret de l'Assemblée nationale du 27 novembre, à l'issue de la messe paroissiale, le dimanche 30. « Le 29 janvier, le conseil général de la commune décide de se transporter ledit jour de demain en l'église pour être présent à la prestation du serment de l'abbé Beaufils et le recevoir et aux fins de maintenir la paix et la tranquillité il sera donné réquisition à M. le commandant de la garde nationale pour faire prendre les armes à 10 heures du matin à une garde suffisante. La lettre du curé restera aux archives, mais on refuse de recevoir le serment proposé, en vertu de la loi du 4 janvier qui ordonne que le serment soit prêté purement et simplement sans préambule, explications ou restrictions. Connaissance de ce refus est donnée au curé : vous le voyez, ou bien jurer purement et simplement ou ne pas jurer, telle est votre position et il n'y a pas de milieu. Le 30 janvier, le conseil général est escorté d'un piquet de la garde nationale pour assister à la grand'messe et recevoir le serment du sieur abbé Beaufils. Après l'Evangile, M. le Curé a monté à la chaire et après le prône il a lu un discours ayant pour épigraphe : Rendez à Dieu ce que vous devez à Dieu et à César ce que vous devez à César. Ledit s[r] curé, après avoir établit que l'homme chrétien doit à Dieu et à César, a dit qu'il serait au désespoir qu'à son égard il y ait insurrection ou division soit pendant la messe ou après. Alors M. le maire a dit au sieur curé : Je vous deffends de la part de la nation, de la loi et du roi de continuer votre discours. Led. sieur curé a insisté à fois répettées pour continuer sa lecture en disant : Ecoutez jusqu'à la fin, je ne cherche à faire peine à personne. M. le maire a toujours insisté dans sa défense en lui disant : Prêchez l'Evangile, mais ne dites rien du serment : Les décrets de l'Assemblée nationale défendent à tout fonctionnaire ecclésiastique de se permettre à cet égard aucun préambule, restriction ni modification. M. le Curé a annoncé qu'il allait lire sa lettre à la municipalité. M. le Maire lui a dit : Votre lettre est aux archives, les citoyens peuvent en prendre connaissance quand ils le voudront. Alors M. le Curé est descendu de la chaire et aussitôt il s'est élevé une émotion considérable commencée par plusieurs femmes et qui a duré environ une demi heure et qui a cessé à l'instant où le sieur abbé Beaufils a déclaré qu'il renonçait à la qualité de vicaire en cette paroisse et qu'il préfèrerait paître l'herbe plutôt que d'être la cause de la moindre émotion dans la paroisse. Le calme rétabli par la municipalité et le sieur abbé Poutrel qui célébrait la messe et qui monté sur une stalle a annoncé la démission et renonciation du sieur abbé Beaufils, on a continué et fini la messe tranquillement. »

L'abbé Poutrel semble avoir été bon prêtre, mais d'un caractère faible et hésitant; aussi nous pouvons nous imaginer les troubles qui l'agitèrent à partir du 28 janvier, jour où il avait avec son curé refusé le serment, au 20 février (Arch. du Calv. L. m, serments). Extrait du Registre des délibérations de la municipalité de Balleroy, contenant ce qui suit :

Du dimanche 20 février 1791. à Balleroy. Le conseil général de la commune de Balleroy est parti, sur les onze heures du matin, accompagné d'un détachement de la garde nationale, commandé par M. Houel, lieutenant, pour se rendre à l'église parroissiale dud. lieu. Arrivés dans lad. église, le conseil général s'est placé dans la nef, vis à vis la chaire où, monté M. Poutrel, vicquaire de la ditte parroisse, a prononcé le serment suivant : Je jure de remplir les fonctions de mon état avec exactitude, d'être fidelle à la nation, à la loi et au Roy, et de maintenir de tout mon pouvoir la constitution, décrettée par l'Assemblée nationalle et sanctionné par le Roy.

« Ce serment presté, M. le Maire au nom de la Commune a prié M. Poutrel d'entonner le *Te Deum*, ce qu'il a consenti faire au contentement de tout le peuple assemblé, lequel contentement a été manifesté par un battement de mains et par des cris répétés : Vive notre vicaire, vive l'aumonnier de la garde nationnalle.

Le *Te Deum* chanté au son de toutes les cloches de la paroisse, le corps municipal, M. Poutrel placé à la gauche de M. le Maire, s'est rendu, toujours accompagné du détachement de la garde nationnalle en la maison commune où il a rédigé le présent procès-verbal, lequel il a signé avec mondit sieur Poutrel pour valloir et servir ce que de raison, lesdits jour et an que dessus. Signé : Houel, maire, Poutrel, v. de B., F. Thouroude, Gelin, G. Bidot, C. Jehanne, A. Philippine, J. L. Ecolasse, officiers municipaux et procureur de la commune, Caillou, Bazire, Courtemer, Gallot et Delande, notables, et Gaugain, segraitaire-greffier.

La présente expédition conforme audit registre délivré par moy segrétaire-greffier de la municipalité de Balleroy, ce 21 février 1791. Gaugain, 1er greffier. »

Le 17 mai 1791 mourait Me Philippe Littré, à l'âge de 43 ans, il était inhumé par Me Chefdeville, curé de Vaubadon, en présence de Lemoigne, curé de Montfiquet, Fouques, vicaire de Littry, et Docquet, prêtre. Le 11 mars, son traitement (L. v, traitem. ecclés.) avait été fixé à 1500 livres ; celui de l'abbé Poutrel, vicaire à 700 livres. Le 2 avril 1791 (district de Bayeux, élection de

Curé), les électeurs du district se réunissent à Bayeux aux ci-devant Cordeliers, de là ils se rendent en procession à la Cathédrale, assistent à la messe... enfin s'ajournent au 11; le 12 après midi Beaufils est élu à la cure de Vouilly par 46 suffrages sur 49 et, le 13 au matin, Poutrel est élu à la cure de Balleroy par 44 suffrages sur 51. Brazard, vicaire de Planquery, est élu à la Bazoque, Guérin à Litteau, J.J. Docquet à Castillon, Arthur à Campigny, Lavarde à Cahagnolles, Godefroy à Ellon, Gilles Youf à Couvert, en 1810, il devient curé de Bazeuville. Une lettre du procureur-syndic du district de Bayeux du 23 mai, fit connaître l'élection de l'abbé Poutrel; l'institution canonique lui fut accordée le même jour par Claude Fauchet, évêque du Calvados, en conformité de la proclamation du roi du 24 août 1790; il fut installé le 5 juin à 10 heures du matin avant la messe paroissiale par M. Emile Lefebvre, maire, en présence de Philippine, Jacques Geslin, Thouroude, Gilles Bidot, Charles Jehanne, officiers municipaux; Jacques Heleine, procureur de la commune, assisté de Pierre Gilles et Gaugain. « En présence du peuple et du clergé, nous avons reçu le serment : Je jure de veiller avec soin sur les fidelles, d'être fidelle à la nation, à la loi et au roi, de maintenir de tout mon pouvoir la constitution décrétée par l'assemblée nationale et acceptée par le roy.» L'abbé Beaufils avait été élu curé de Saint-Quentin par les électeurs de Saint-Lo, il opta pour la cure de Vouilly. L'abbé Bitot fut obligé d'émigrer à Londres, il figure sur une des listes d'embarquement de Bernières en septembre 1791 et sur une liste des prêtres réfugiés à Portsmouth; il était logé *at sir Wigg, n° 10, Cloch Lane, Portsea.* Une lettre partie de Balleroy et adressée à Bitot à Londres fut saisie par Joseph Lebon, à Arras, et envoyée au Comité de surveillance. Jacques Bonnel, Charles Jehanne et Pierre Thouvenin déclarent qu'ils l'ont soumise, le 3 floréal an II, au Comité de Caumont (Lettre annexée aux registres du Comité de surveillance de Balleroy. (Arch. du Calv.). Le 20 vendémiaire an X, la municipalité de Balleroy délivrait au citoyen André Bitot (ce doit être le même que René Bitot, prêtre de Balleroy, inscrit sur les listes d'embarquement) prêtre, une attestation comme il a exercé la place de vicaire en cette commune depuis le 1er janvier 1791 où, par son refus de prêter le serment, il fut obligé de quitter. Après le Concordat, il devint curé de Litteau, y mourut en 1812, domicilié sur la Bazoque, où il fut enterré.

Il y eut des difficultés pour la succession financière de l'abbé Littré : la municipalité de Balleroy (L, Pétitions) fit ses observations au directoire du district relativement à une somme de 529 liv. 18 s. 6 d. qui restaient dans les mains du feu sieur curé; celui-ci devait employer ladite somme en réparations au presbytère, d'après un arrangement du 26 mai 1783 entre les héritiers du sieur Lemoigne, ancien curé, et M. Littré qui reçut alors 2400 livres; M. Littré y a employé 1400 livres 15 s. en réparations et 454 liv. 6 s. 6 d. en augmentations qui ont rendu le presbytère plus logeable et plus commode; les héritiers doivent 529 liv. 18 s. 6 d.; le directoire donne pouvoir de poursuivre. Le 18 juin, une autre pétition réclamait des vases sacrés en remplacement de ceux qui avaient été volés. Le 26 août 1792, un décret condamnait à la déportation les prêtres qui auraient refusé le serment à la Constitution, excepté les sexagénaires et les infirmes.

(L, v. Traitem. eccl.). Le 29 janvier 1792, eut lieu une grande cérémonie civile et religieuse à la fois, puisque la religion était civile: devant le conseil général de la commune, accompagné d'un détachement de la garde nationale commandé par M. Néel, capitaine en second, pour se rendre à la messe paroissiale, M. l'abbé Néel, vicaire, prêta le serment; le conseil général était placé dans la nef vis-à-vis de la chaire, les officiers municipaux assistaient; on entonna le *Te Deum* et le contentement du peuple se manifesta par un battement de mains. L'abbé Néel avait un traitement de 700 livres.

La garde nationale avait été établie par la loi du 16 juillet 1789; elle avait du mal à s'organiser dans les provinces, certaines communes y étaient réfractaires. Balleroy méritait des félicitations: le 30 juillet 1791, la municipalité, manifestant le plus grand désir de concourir de tout son pouvoir à défendre la liberté, demande des armes et des munitions. « Le 20 juillet 1792, an IV de la liberté (District de Bayeux, Correspondance), le conseil général permanent ayant pris lecture de votre lettre sur les mesures que vous avez prises, ne peut que les approuver; mais nous croyons que vous pouvez diminuer vos fatigues, dans un temps surtout, où les habitants de la campagne ont besoin de toutes leurs forces pour la récolte; vous pouvez réduire votre nombre de 3 officiers municipaux, en activité à la maison commune, à un pris parmi vous et les notables de votre commune pour rester en surveillance permanente pendant la nuit. Nous savons combien la garde nationale de Balleroy a toujours marqué de zèle pour l'ordre et le maintien de la Constitution... Vous pouvez commander une garde de 5 hommes qui resteront toujours en activité et pendant la nuit particulièrement et ils ne pourront s'absenter pendant le jour de leur service spécial pour être toujours prêts d'obéir à vos ordres. » Dès le 2 mai 1792, il est réglé que la garde nationale des communes du canton de Balleroy formeront un bataillon de 4 compagnies, non compris la 5e compagnie de grenadiers; depuis le 2 mars le commandant de la garde nationale était Cotentin, commissaire du gouvernement. Le 23 mai 1792, on réforme la distribution des compagnies du canton: «1° les scrutateurs seront élus dans les formes prescrites; 2° les grenadiers seront fournis par chaque compagnie en proportion de sa force, on ne doit présenter que des hommes bien faits et d'une taille point inférieure à 5 pieds 4 pouces; 3° on fera de même pour les canoniers à l'exception de la taille.» Les gardes nationaux de Vaubadon étaient même trop zélés ou trop simples : le 29 octobre 1792, une enquête doit être faite à Vaubadon où le courrier de la Malle-poste de Paris à Cherbourg a été attaqué; l'enquête constate qu'alors tous les citoyens étaient debout, faisaient des patrouilles toutes les nuits, que si le conducteur de la malle avait répondu, on n'aurait pas tiré sur lui; ces gens simples, et par cela même, inquiets dans des moments de révolution ne peuvent être incriminés conclut l'enquête. — Le registre de l'Administration municipale de Ballcroy, page 240 (il n'en reste que 4 pages) nous dit que le 29 nivôse de l'an IV de la liberté, an 1er de la République (19 janvier 1793), Pierre Frémont est nommé chef de bataillon de la garde nationale et Pierre Gaugain adjudant et porte-drapeau; les citoyens de la Bazoque, Planquery, Cahagnolles et Litteau avaient refusé de réorganiser la garde nationale. Le service de la garde nationale était assez pénible ; on demande aussi des volontaires.

(L. Distr. de Bayeux, n° 2). Une pétition des citoyens composant le conseil général de la commune de Ballcroy, le 28 septembre 1792, demandait un mandat de 4995 livres pour équiper les volontaires du canton; il y en a

37 enrôlés, y compris 9 citoyens que le canton a fournis pour son contingent en exécution de la loi du 8 juillet dernier ; le district décide que 9 forment le contingent que la commune de Balleroy devait fournir pour le complément des bataillons déjà formés et que l'équipement de ces volontaires de complément doit leur être fourni à l'armée; on expédiera un mandat de 3780 livres pour l'équipement des 28 volontaires nouveaux inscrits. Le nombre de ces volontaires était devenu très grand, lorsque, le 20 avril 1792, la guerre avait été déclarée à l'Allemagne et qu'on avait fait entendre le cri d'appel : La Patrie est en danger. Le 25 novembre 1792, les citoyens Henry, Baugat et L. Laforge demandent leur solde depuis l'époque de leur nomination provisoire; le district de Bayeux expose que le directoire du département n'a autorisé leur élection que s'il y avait 100 hommes; cependant, la compagnie de 82 hommes ne peut être régie par de simples chefs de chambrée, ils n'ont pas droit au supplément de solde. Le 30 on déclare qu'il est juste de payer à Baugat et à Malherbe un restant d'indemnité pour la recrue de 10 hommes qu'ils ont procurés aux volontaires nationaux, incorporés au 10e bataillon du Calvados; Baugat, capitaine de la 2e compagnie du 10e bataillon du Calvados aura 15 sols par jour. — Le 2 décembre, le citoyen Henry, capitaine de la compagnie des volontaires de Balleroy, demande un congé, vu qu'il craint que ses volontaires ne lui obéissent point et ne soient dans le cas de se livrer à des excès envers lui. Il avait été nommé par 49 volontaires; peu après des divisions graves s'étaient élevées entre lui et les volontaires nationaux de sa compagnie; la division n'a fait que s'augmenter par de nouveaux volontaires; il n'y a qu'à ordonner le licenciement du sieur Henry; d'ailleurs il

ne serait pas admis comme fusilier, n'ayant que 4 pieds 10 pouces. Le directoire n'a aperçu dans la conduite du cit. Baugat, sergent, rien de répréhensible.

En directoire, le 5 novembre 1792, il fut réglé de séparer du presbytère le pressoir et la grange, qui étaient destinés à l'exploitation des dîmes et que réclamait le citoyen Poutrel. La municipalité se croyait tenue au logement du curé, mais non à l'entretien de ces immeubles.

On devait tout organiser et toucher à tout : le 10 mars 1792, des ordres sont donnés pour établir une brigade de gendarmerie nationale et, le 17 avril, il est passé un bail de la maison du sieur Hervieu au prix de 400 livres. Le 6 pluviôse an IV de la liberté, an I de l'éga ité (26 janvier 1793), se réunit l'administration municipale du canton de Balleroy (Arch. du Calv., registres de l'adm. municip. du canton de Balleroy, p. 240). Etaient présents le citoyen Poutrel, président, Lemaire Arthur, Dufayel, de Caen, Manvieu, Olivier Gueroult, Duhamel, Gouesmel, le cit. Morice, commissaire du pouvoir exécutif. On lit les lois envoyées par le commissaire du pouvoir exécutif, puis une lettre relative au versement des contributions foncières du canton au magasin militaire; on décide d'écrire une lettre pour représenter l'impossibilité de faire ce versement en nature. On lit une autre lettre sur les certificats à donner aux étrangers ; il faut se mettre sur ses gardes contre les tentatives des émigrés ; on lit plusieurs lettres sur l'emprunt forcé, des pétitions et enfin des affiches pour la bannie des contributions. Le 12 pluviôse, on nomme une garde pour le receveur de l'emprunt et pour les fourrages dus par le canton ; on adjuge la bannie des contributions des communes et enfin une commission pour vérifier chez les cultivateurs.

«Le citoyen Feste ayant donné sa démission de concierge des prisons et le citoyen Michel Costel s'étant présenté et ayant paru désirer occuper cette place, nous l'avons nommé concierge de la maison d'arrest.» Le 29 nivôse, on lit un arrêté du département, relatif au port d'armes sans permis et à la défense de porter des habits uniformes sans être autorisé par les autorités constituées. Le citoyen Héleine est nommé adjoint.

La contribution des fourrages et la nomination d'une commission pour vérifier chez les cultivateurs, mentionnées dans le document ci-dessus, nous rappellent les nombreuses réquisitions et inquisitions de cette époque; souvent, il est vrai, on leur donne l'épithète de volontaires. En l'an III, Deby dut recueillir les perceptions faites en vertu du civisme des citoyens (59, mobilier, district de Bayeux) 6902 liv. 4 s. 6 d. seront distribués sous la surveillance de la municipalité aux volontaires du canton, partis en 1792. En 1791, Balleroy donne 31 chemises, 3 paires de bas et 19 paires de souliers pour les volontaires. Il y avait des réquisitions pour toutes sortes de fournitures pour l'armée; les chapeliers, par exemple Floxel le Vernu, faisaient des chapeaux pour l'armée; d'autres fournissaient des fourrages pour l'armée ou pour les chevaux de la poste et pouvaient réquisitionner des journaliers pour les aider; les hommes et les femmes devaient, dans la forêt de Cerisy, couper et brûler successivement les fougères, mousses, genêts, bruyères, chardons, orties, joncs marins, pariétaires mercuriales, fumeterre, buglose, bourrachès, etc., propres à la fabrication du salpêtre, qui se préparait à Bayeux dans l'église Saint-Laurent; ils devaient récolter et écraser des faînes (Hist. du Tronquay, par Legras). La misère était grande : dès le 27 juillet 1792 (district de Bayeux, Correspondance) « désirant subvenir aux besoins de la classe indigente de votre commune, nous avons arrêté de prendre sur la modique somme de *monnaye* de cuivre et *mélail* des cloches dont nous pouvons disposer celle de 100 livres dont vous voudrez bien ne vous servir que pour procurer des facilités d'échange aux plus nécessiteux. » Le 25 octobre, on constate que le renchérissement du blé a excité l'inquiétude du peuple; elle semble justifiée par les enlèvements que les étrangers font dans nos halles et dans les greniers des cultivateurs; on doit prendre des mesures, il faut rechercher s'il n'y a point des exportations des petits havres de nos côtes. En réalité l'or et l'argent disparaissaient, les assignats étaient sans valeur, les denrées s'élevaient à des prix fabuleux, les cultivateurs n'approvisionnaient plus les marchés. En septembre 1793, pour éviter la misère et les accaparements, on vota la loi du maximum, qui fixait le prix maximum des denrées et obligeait à vendre les denrées qu'on avait chez soi et à en fournir les halles (V. Registres du Comité de surveillance de Balleroy). Le 14 octobre 1793, Jacques Marie nous dit que, conformément à la loi qui fixe le prix du cidre (3 s. 6 d. le pot, et 100 livres le tonneau de 700 pots), ayant débité le sien hier au public, le nommé Pigny maréchal à Planquery, s'est vanté d'avoir bu du cidre au nommé Marie au prix de la taxe, mais qu'il ne voulait pas vendre le sien au prix fixé, attendu que ceux qui l'ont fixé sont des f... sots et il a refusé d'en vendre audit Marie. Le 2e jour de la 1re décade du 2e mois de l'an II de la République (23 octobre), dénonciation est faite contre Pierre Hébert, de Litteau, par Jacques le Peltier, de Vaubadon, pour n'avoir pas voulu vendre aux termes de la loi et au prix de la taxe : renvoyé au Comité de surveillance de Litteau. Le 4e jour, dénonciation par la municipalité du Tronquay contre plusieurs particuliers : renvoyé au Comité de surveillance de Bayeux. — Dénonciation par Louis Docquet, de Balleroy, contre Michel Rouget, de Planquery, qui n'a point voulu vendre de cidre. Il sera fait une réquisition au maréchal des logis, citoyen Le Large, aux fins d'envoyer un gendarme pour ramener ledit Rouget, et ce sur le champ. Il a dit qu'il n'avait point vendu de cidre à Docquet et qu'il avait refusé de lui en vendre au tonneau parce que son intention était de le vendre au pot, que d'ailleurs ses tonneaux ne supporteraient pas la voiture. Le comité ne voulant point qu'on puisse le taxer de vexation s'il empêchait les citoyens de vendre au pot le cidre provenant de leur cru et ne voulant point non plus qu'on le puisse taxer de négligence pour la *stricque* observation des lois, s'il ne faisait point livrer les marchandises de 1re nécessité à ceux qui en ont besoin, ont arresté qu'on inviterait le comité de surveillance de Bayeux à indiquer la marche à suivre. — Le 10e jour de la 2e décade de brumaire (7 novembre), il sera fait ce soir une perquisition chez les marchands et autres particuliers de la commune aux fins de recouvrer des marchandises de 1re nécessité et afin de les faire exposer en vente, pour que le peuple puisse s'en procurer pour son argent et au prix du maximum et punir les marchands qui se trouveront en fraude. On voit les vexations auxquelles donnait lieu cette loi et la municipalité de Balleroy se plaignait souvent que les halles fussent dépourvues (L, Avis sur les pétitions, reg. 6e) nº 257, plaintes sur l'approvisionnement de la halle en avoine; nº 860, état des chevaux, bœufs et charettes réquisitionnés du 21 frimaire an III, état des peaux, suifs, nerfs de bœufs; nº 901, état des grains et légumes à la halle; nº 1295, pétition du 27 nivôse an III relative à l'approvisionnement de la halle par 'es communes qui s'y refusent; nº 944, le 12 prairial an III, on demande des subsistances; nº 1082, on se plaint encore que le marché est dépourvu de subsistances et, nº 557, 24 brumaire an IV, pétitions pour l'approvisionnement de la halle; de même, nº 69, on demande que les communes désignées pour l'approvisionnement du marché exécutent l'arrêté pris à ce sujet le 17 vendémiaire an IV; nº 556, Jean Moreau, le 23 brumaire an IV, demande à être déchargé de réquisition pour fournir du foin; nº 929, le 28 novembre, la municipalité demande à être déchargée d'une voiture à fournir pour la République; nº 964, d'une partie du contingent de fourrages pour le magasin; le 30 janvier 1793 (6e registre), Jehanne Charles réclame 42 livres pour 400 bouteilles qu'il doit fournir; nº 9331, la municipalité, le 17 ventôse an II, demande une augmentation de subsistances; nº 9337, le 17 ventôse an II, Balleroy demande à prendre, pour la halle de mardi, 50 boisseaux de blé destinés pour la commune d'Isigny et qui sont présentement à Balleroy; le district accorde, la municipalité aura le blé, à charge de remplacer ou de payer le prix; nº 9586, une pétition est faite, le 23 ventôse an II, pour que l'on cultive les terres de la Cour-Balleroy; nº 10553, Bazire, meunier, demande que l'on fasse prendre 3 porcs mis en réquisition chez lui ou qu'on l'autorise à les vendre et il offre d'en fournir d'autres, ces porcs étaient graissés pour l'hôpital. Le 27 floréal an II, Castillon demande à être déchargé du contingent à la halle de Bal-sur-Drôme et à obtenir des subsistances; nº 11561, Balleroy demande à être déchargé de la réquisition pour fournir des voitures et des chevaux pour la réparation des routes, la réquisition est réduite à 20 toises; nº 12612, le 11 vendémiaire et le 26, une pétition est faite relative aux subsistances et à la semence des terres et une autre pour appliquer à Balleroy l'arrêté pris à Bayeux pour l'approvisionnement du beurre, des œufs et des denrées de 1re nécessité; or le beurre ne pouvait être vendu au marché, il n'était livré qu'au citoyen qui présentait un billet bleu, blanc ou rouge, suivant la quantité octroyée à chacun par l'Administration (Pezet, Bayeux à la fin du XVIIIe siècle); no 11743, pétition du 8 thermidor an II, pour obtenir des subsistances et se faire régler la manière dont doit être administrée la récolte prochaine; no 12520, pétition de la Société populaire, le 30 vendémiaire an III, pour faire approvisionner le marché de beurre et autres denrées de 1re nécessité et faire exécuter la loi du maximum; no 12500, pétition de Balleroy pour être déchargé de toute réquisition et obtenir une augmentation de contingent, et ce graduellement, en subsistances; no 12692, le Large, maréchal de log s de gendarmerie, demande 4 boisseaux d'avoine, etc., par mois pour les chevaux de la brigade; par ordre du directoire, la municipalité de Castillon les fournira. Ceci nous montre que tout se fournissait aux hôpitaux, armée, poste, gendarmerie par voie de réquisition; et même les communes riches fournissaient aux communes pauvres, ainsi, pendant la Révolution, Balleroy, Montfiquet et le Tronquay furent constamment secourus par les communes voisines, qui ne semblaient pas se presser de fournir les subsistances nécessaires. En revanche, les anciens droits se perdaient : no 233, le 29 germinal an III, les habitants demandent à être autorisés à mettre leurs bestiaux dans la forêt de Cerisy; un arrêté du département du 3 messidor an III porte qu'ils seront évincés de leur plainte.

Ce qui augmentait la misère, c'était le cours forcé des

assignats et leur avilissement. Pour le comprendre nous avons les comptes de Mme d'Hervilly établis par années en assignats valeur nominale, en assignats aux mercuriales et en numéraire : en l'an III, les travaux au bief du moulin se faisaient à 30 livres par jour; les s mples terrassiers avaient 20 liv. par jour; en l'an IV, les jours de Bazire étaient de 80 livres, ceux de son ouvrier de 25 liv., il fit même 5 jours à 120 liv.; Dudouet, maçon, a 84 liv. et demie par jour; il reçoit 2400 liv., germinal an IV, pour avoir bouché la petite porte du château près de l'église et fait une cheminée aux *quasernes* aux troupes en *quantement* à Balleroy; la dépense est signée par Poutrel président. Les fermages, en l'an III, montent à 30873 liv. 10 s.; cette somme, calculée d'après les mercuriales, donne celle de 1250067 liv. 19 s. 1 d.; en l'an IV, il y avait forte diminution : Molandin (aujourd'hui le Parc) était loué à Langlois 1931 liv. au lieu de 3862 liv. Les impositions pour l'an III furent estimées en assignats valeur nominale et, en l'an IV, en assignats à raison de 30 capitaux pour un.

Pendant ce temps des élections s'étaient faites : le dimanche 13 et le lundi 14 novembre 1791, on avait nommé 3 officiers municipaux : Thomas James, le Carpentier et Benoist, et 6 notables : Jacq. James dit Lalande, Jacques Geslin, Fr. Lunel, Pierre Thouvenin, Pierre Lenourrichel, Louis Malherbe; signé Lefèvre, maire. « Aujourd'hui dimanche, 10 heures du matin, 18 novembre 1792, an Ier de la République, dans l'église de Balleroy destinée pour le lieu des séances de l'assemblée primaire, conformément au décret de la Convention du 19 octobre, fut nommé juge de paix du canton Mignot, par 167 voix sur 243. L'assemblée nomme pour assesseurs pour Balleroy : Fr.

le Normand, Marie-Antoine Lecarpentier, Louis Sire et Jean Malherbe, et pour greffier Abraham Houel. »

Le Comité de surveillance de Balleroy était toujours actif : ses séances ordinaire se faisaient le vendredi à 8 heures du matin et les convocations pour les séances extraordinaires étaient faites par le citoyen Feste, concierge de la maison commune. Mais l'approbation du Comité se faisait attendre : le 17 octobre 1793, l'an II de la République, une et indivisible, on profita d'une lettre au sujet de la correspondance du citoyen Cotentin, commissaire député du canton et nommé chef de l'hôpital d'Alençon, pour rappeler que le dit Cotentin avait présenté aux représentants du peuple près des côtes de Cherbourg, le procès-verbal de la formation du comité : « Nous vous prions de nous faire savoir au plus tôt la conduite que nous devons tenir et vous trouverez toujours en nous des vrays sans culottes, tout prêts à exécuter avec la plus grande ponctualité les ordres que vous leur donnerez pour le bien de la République. »

Le 4e jour de la 1re décade du 2e mois de la 2e année (26 octobre 1793), on envoya une députation des citoyens Benoist et Fournel pour se transporter à Caen près des représentants. Le 20 brumaire de l'an II de la République, le citoyen Jacques Heuzé dénonce une particulière de Balleroy « tenant des mauvais propos qui tendent à désorganiser et à nuire à la constitution et prouvent même qu'ils seraient bien aises des malheurs de la France. Mercredi, la cit. Colleville, fille Désert, lorsqu'elle entendit parler d'une invasion de la part des rebelles sur notre territoire (les Vendéens s'étaient rapprochés de Granville et, le 23 octobre, ils avaient pris Laval), elle sortit à la porte de son père et dit : Tant mieux, ils ont dansé la carmaniolle, ils vont la danser à leur tour, et le citoyen ajoute qu'il n'était pas seul. Sur le champ le comité fait comparaître Grégoire Gaugain et sa femme : d'après lui, la fille Désert dit : Allons, va-t-en danser la Carmaniolle, et elle riait à gorge déployée; d'après la femme Gaugain, la fille Désert paraissait contente. La citoyenne Colleville nie ces propos et elle cite des témoins qui comparaîtront demain à 8 heures. La cit. Marie-Madeleine Gassion, âgée de 13 ans et demi, a entendu la cit. Désert demander ce qu'il y avait; elle répondit : c'est 2 particuliers qui disent que les ennemis (Anglais alliés aux Vendéens) sont à Avranches, et elle avait l'air tremblant. La cit. Dubosc n'a connaissance de rien. La cit. Grouet déclare que la cit. Colleville dit à la cit. Cotentin qui était triste : Ne vous affligez pas, ils ne sont pas si près d'ici. Le cit. Pitet n'entendit aucun mauvais propos; la cit. Pitet et la cit. Huet ont seulement entendu: Ah ! mon Dieu, on dit que les ennemis sont à Granville ! et elle ajouta, déclare la cit. Cotentin: Ne soyez pas si triste, cela n'est peut-être pas vrai.— Le comité arreste (et je le crois bien) qu'il n'y a pas à suffire pour juger définitivement. » Cependant par prudence et par mesure de sûreté, je suppose, il semble bien qu'elle fut mise en état d'arrestation.

Le 27 frimaire an II (17 décembre 1793), on reconstitue le comité avec Charles Jehanne, Gassion, Fr. Courtemer, Sire, Jacques le Guelinel, Thomas James, Jacques Bounel, Caillou, André Hébert, Thouroude, Thouvenin, Maréchaux. Gassion est nommé président, Caillou secrétaire et on décide que les veilles de décade seront les jours de l'assemblée générale. Les registres sont ouverts pour les besoins urgents des deffenseurs de la patrie, le conseil a souscrit pour 9 chemises et 4 paires de bas. — Le 9 nivôse, on décide de demander à la municipalité d'enlever les fleurs de lys sur les croix et autres endroits intérieurs et extérieurs.—Le 11 nivôse, on remplace Gassion et Caillou par Jehanne et Thouvenin, qui sont nommés commissaires pour la levée des scellés du château.

Affaire Lethan.—«Le 16 nivôse an II (5 janvier 1794), le comité a vu que de mauvais propos se répandaient contre les pouvoirs constitués, qu'un placard avait été mis le mercredi 12 au lieu d'affichage, que ce placard était contre les bonnes mœurs et tendait à l'insurrection, que la fille Letan aurait, au mépris des lois, déclamé des paroles injurieuses contre les pouvoirs constitués ainsi que le cit. son père; que, de plus, il y a une conspiration contre le cit. Vimard et arresté que le cit. Letan et sa fille seraient amenés sur le champ. Le cit. Letan n'a aucune connaissance de paroles indécentes et calomnieuses proférées dans la sacristie de l'Eglise, ni du placard, ni de la conspiration. Il a entendu que sa fille avait tenu de mauvais propos, il n'a pas vu contre qui, il l'a corrigée et lui a défendu de recommencer. La fille Letan n'a rien dit, sinon qu'au sujet de ce que l'on devait prendre l'argenterie de l'église pour envoyer à la Convention, elle dit que le décret n'était pas encore venu, elle a entendu que dimanche prochain (vieux stille) on devait fermer l'église, que c'était le cit. Vimard qui était cause de tout cela, que son intention et aux autres était d'aller ce soir à la société populaire voir s'il en parlerait, dire qu'on lui fit voir le décret, parce qu'elle croyait que les ornements de l'Eglise appartenaient à la commune, mais n'a point sollicité personne pour faire du mal au cit. Vimard. La cit. Caillebotte dit qu'aujourd'hui au commencement des Vêpres, la fille Letan l'a faitte déplacer, qu'elle lui a demandé si elle voulait être du parti, qui devait battre Vimard, qu'elles étaient 15 ou 16 de ce parti : elle a répondu que non, qu'elle était trop vieille pour cela. Le 17 nivôse, la cit. Richard se conforme à la déposition de la fille Lethan. La fille Jean Samson lui dit : Vimard fait toujours des motions comme cela ; je vais aller au club et s'il en fait encore, je vais le voir, c'est un jean-foutre. La cit. François Samson déclare : Hier au commencement des Vêpres, la fille Letan lui a dit que l'on devait fermer l'Eglise, que l'on faisait un nouveau catéchisme à Bayeux et lui a demandé si elle voulait venir au club voir si Vimard ferait des motions relativement aux ornements de l'Eglise : elle a dit qu'elle pourrait y aller. La citoyenne Marie Delauney affirme les mêmes propositions que la fille Lethan. La cit. Allebitée Pellet, femme Chuquet, n'a rien su, pas plus que la cit. Guérin. La cit. Marie Catherine dit que la fille Letan lui a demandé au retour des Vêpres si elle voulait venir à la société populaire y faire opposition à l'enlèvement de l'argenterie et des ornements, d'après la motion faite par Vimard. La cit. Richard et la fille Lethan ont dit : Nous vouderions le tenir le bougre de Vimar au ruisseau de la Jeannette (dans la forêt) pour sa peine d'avoir fait la motion de vouloir faire ôter les ornements de l'Eglise et en faire fermer les portes et qu'il n'en avait pas le décret et qu'il fallait qu'il feur fasse voir. Leur a exposé la déposante que ce n'était pas bien. La fille Letan lui a répondu : Tu es une aristocratte. Le cit. Mancel, boulanger, a entendu la fille Letan dire qu'il pourrait se trouver quelqu'un qui pourrait empêcher d'enlever les ornements. —Le même jour, 16 nivôse an II, le cit. Martin a fait rapport à la société populaire de Bayeux (Reg. de la Soc. popul. de Bayeux, 3e registre) d'une découverte qu'il a faite au ci-devant château de Balleroy, un calice, des reliques en or massif (?), des burettes, une clochette, le tout d argent, tant en vaisselle qu'en or monnoyé. La société remercie Martin d'avoir mis la plus prompte exécution à la mission dont il était chargé. — Le 1er pluviôse (20 janvier), le comité a arrêté que la cit. Colleville, fille Désert, et Lethan seraient incarcérées à la maison d'arrêt à Bayeux, qu'il serait décerné un mandat d'arrêt et donné un réquisitoire au commandant de la garde nationale aux fins d'avoir 2 gardes nationaux pour les conduire et vu que la femme Colleville est absente sans passeport, le comité a requis le juge pour mettre les scellés. »

La citoyenne Lethan n'avait pas tort en défendant les ornements de l'Eglise, ils étaient plus que menacés: le 21 ventôse (11 mars), Borde rend compte à la Société populaire de Bayeux (Reg. de la Soc. pop. 3e reg.) comment, sur sa proposition, la Société popu'aire de Bal-sur-Drôme a transformé sa ci-devant Eglise en temple de la Raison et a fait tomber tous ses ci-devant saints; mais il observe que si les habitants sont à la hauteur de la Montagne, ils craignent les effets du fanatisme qui domine encore dans les campagnes et communes voisines. Le 25 ventôse, un citoyen de Bal-sur-Drôme expose que sa vie est menacée pour s'être permis de faire tomber quelques saints de bois ou de plâtre. — Le 7 germinal (27 mars), Borde a dit que l'agent national lui a fait réponse qu'il n'avait pas d'ordre pour faire fermer les églises, qu'il fallait présenter une pétition au plus tôt aux représentants du peuple pour les inviter à accélérer le plus possible l'extinction du fanatisme et anéantir sous le plus bref délai tous les objets y relatifs et l'instruire de l'affaire de Bal-sur-Drôme.—Le 14 germinal (3 avril), Carpentier, de Bal-sur-Drôme, était reçu membre de la Société populaire de Bayeux. Les citoyens, comme la fille Lethan, avaient donc bien le droit de réclamer les décrets. Peu après, le 14 pluviôse an II, le gouvernement accuse réception des cloches.

Affaire des troubles et dégâts dans le temple de la Raison. — 3 germinal an II (23 mars 1794). — Les églises devaient être fermées à partir du dimanche 3 germinal an II, la messe ne devait plus y être célébrée; les communes voisines continuèrent à laisser célébrer la messe, on ne le fit point à Balleroy. Les habitants restés fidèles durent aller aux environs et ceux des environs, qui profitaient de la messe pour le marché, ne vinrent pas. Pour faire passer la fermeture de l'Eglise, on avait demandé aux habitants leur signature pour transformer l'Eglise en temple de la Raison, on leur avait fait signer le procès-verbal des fêtes de l'inauguration. « Bidot, dans l'Eglise criait contre un seing qu'on lui avait subtilisé; Daché disait avoir signé pour la marche de la fête et non pour la destruction de l'Eglise. Vers 5 heures du soir, devait se faire dans le temple de la Raison (ci-devant Eglise) la réunion de la société populaire : les frères Jean Moreau, encore cuisinier du château, et Marais, gardien du temple et des cloches se rendaient à cette réunion; sur la chaussée on réclame à Marais la clef de l'Eglise qui appartient à la Commune entière et où tous ont droit d'aller prier (Dépos. de Louis-Georges Cotentin). Ils étaient suivis par Bidot, Jacques Deslandes, menuisier, Dacher, boulanger, qui insultaient la société populaire (Déposit. Moreau). Deslandes disait au cit. James, frère de la société (Déposit. Paysant), en le poussant : Entre, bougre de berger, tu n'avais que faire de toucher à rien, puisque tu n'avais pas de décret (excès de zèle de la société); quand il fut entré, Deslandes prit un banc et le jeta rudement; le banc tomba sur la cuisse du déposant

(Moreau) : Range-toi, que je m'assoye, disait Deslandes, c'est ma place comme la tienne. C'est aussi le témoignage de Daché, qui affirme être venu comme d'habitude à la séance avec sa femme, sans injurier personne ni avoir touché à rien. Puisque c'est ici le temple de la Raison, avait dit Deslandes, j'ai le droit d'y être assis comme un autre. Il avait pris violemment un banc en disant : Foutre, je veux m'asseoir. Moreau lui disait : Camarade, c'est pas la manière qu'on s'y prend. A ce moment entrent Pierre Frémont et le cit. Caillou qui entendent Delandes dire qu'il a autant de droit dans le temple qu'eux, que l'Église n'appartient pas aux fraires, mais bien à la commune, que c'est très mal de l'avoir dévastée, que l'on y dirait la messe comme ailleurs, que la société ne ferait pas la loy (avait-il tort?). La cit. Denise, veuve François Choisnard, arrivée la 5e ou 6e, entend Deslandes se plaindre qu'on ne dise pas la messe, qu'il n'y a pas de décrets, que s'il y en avait, il y adhérerait. Paysant entend ce propos : Je vais chercher ma hache pour mettre tout bas dans le temple de la Raison ; il accuse de ce propos Nicolas Huet, qui oppose un démenti ; Paysant reconnaît qu'il faisait nuit et qu'il a pu se tromper et le comité de surveillance enjoint à Huet de se comporter dorénavant de manière à ne donner aucun soupçon sur son compte (alors on était suspect, même quand on se trompait). Gilles Bidot criait : Foutre, on m'a subtilisé mon signe en disant que c'était pour la feste (Dép. Daché), je veux le ravoir, et il insultait James, frère de la société, en le traitant de berger. Déjà on entendait Henri Malherbe et Louis Malherbe crier dans le semetière, derrière le cit. Mathieu Huet, frère de la société, en faisant des huées ; Henri revenait de Planquery où il avait bu un coup ; Louis était allé se promener en famille, et il était revenu exprès, disait-il, dans l'intention de demander d'être reçu au nombre des membres de la société. A ce moment Moreau, Caillou, James et Frémont s'étaient retirés, ne pouvant calmer le tumulte. Louis Malherbe cherche, dit-il, à ramener le calme en se servant de la sonnette de la société. Des enfants se mettent à déchirer les images de la liberté, de Marat, de Lepelletier de Saint-Fargeau, de l'assemblée et plusieurs tableaux républicains, que les témoins appellent indifféremment estampes, bustes, busques. Le tumulte augmente avec la nuit; 2 jeunes volontaires de la 1re réquisition, le fils de Gélion (Julien) le Breton et le cit. Hervieu montent à la tour pour sonner le tocsin, Henri Malherbe les éclaire; ne trouvant pas la corde, ils prennent des pierres; la foule arrive attirée par le tocsin; le berger au cit. Langlois, Pierre Laville, accourt avec plusieurs citoyens de Planquery; il a une fourche de bois très longue et il menace de jeter par terre le drapeau tricolore, flottant sur le lieu de la séance populaire. Le cit. Poutrel, curé constitutionnel, sort du presbytère en entendant le tocsin; il dit à l'agent national (Déposit. de la cit. Louise Richard): Je te prie, entre dans le temple et empêche de sonner, car on me met la guillotine sur la tête; vous me périssez et ce ne sera pas vous qui en porterez la peine, c'est moi (d'après la loi les curés étaient responsables des troubles arrivés dans leur église) et il rentra dans son jardin. Il y fut rejoint par L. Georges Cotentin, que Bidot et Deslandes avaient protégé, et à qui Ch. Pitet avait dit de se sauver chez le curé. On redemandait l'Angelus et Henri Malherbe aida à remettre la corde à la cloche; le maire et les officiers municipaux ne purent ramener la paix qu'en laissant remettre la corde et sonner l'Angelus. Mais les menaces se sont propagées. C'est l'agent national Dudouet qui a dit (Dép. Malherbe) : Puisque l'on veut sonner l'Angelus, je vais le sonner, et pourtant Malherbe n'est pas dévot, dit-il, il n'a pas été dans d'autres communes pour assister à la messe.

Le 4 germinal, le Comité de surveillance, réuni avec la municipalité et les frères de la Société populaire, se réunit dans le temple de la Raison pour voir les dégâts commis dans le lieu des séances de la Société populaire, qui avait été forcée d'abandonner la séance : ils demandent au district d'envoyer une force suffisante pour prévenir une insurrection et en même temps ils font observer au district dans le procès-verbal que la première cause de l'insurrection vient de ce que, dans les paroisses où on avait cessé de dire la messe, on venait de commencer à la redire, ce qui a empêché les citoyens des campagnes de venir au marché qui se tient le dimanche (vieux style) et a fait tort au commerce et que la commune sera toujours exposée aux mêmes troubles tant qu'il sera permis aux autres communes de dire la messe publique : signé Benoist, maire, Thouroude, Lenormand, Philippine, Hericy, officiers municipaux, Deby, Moreau et Néel. »

Dès le 5, on interroge le citoyen Poutrel qui est amené en vertu du mandat décerné contre lui par mesure de sûreté générale (qu'a-t-il gagné à prêter le serment et à faire toutes ses concessions?) Cependant on ne voit pas sa coopération au tumulte ni même au conciliabule, tenu la veille au presbytère de la Bazoque et où se trouvaient Bidot et Deslandes ; il n'a même pas connaissance des propos de la citoyenne veuve le Page, résidant chez lui, lesquels propos sont que les corps constitués sont bien fins, mais que le sieur Curé sera encore plus fin ; on interroge Jean Paysant, qui a pu dire qu'il voulait une messe, mais au reste ne s'est mêlé à rien, le berger Laville, qui ne se souvient de rien, la cit. Lehérichon. Le soir, le Comité de surveillance et la municipalité remettaient aux *Jean d'armes*, pour être conduits dans les prisons de Bayeux, Jean Paysant et Michel Poutrel, curé constitutionnel, par mesure de sûreté générale. Cant aux citoyens Pierre Laville, attendu qu'il vient de se trouver ataqué d'une colique assés violente pour exiger les secours des *jeans de l'ars*, il est transféré de sa prison dans la maison d'un cit. de cette commune qui en a répondu corps pour corps (on ne badinait pas alors avec les peines, c'était la Terreur).

Le 6 germinal, on interroge Daché; il a beaucoup vu et beaucoup entendu et somme toute ne dit rien; il a constaté que le berger à Langlois était très sous, il n'a aucune connaissance de ceux qui ont brisé les busques de Marat, le Pelguet et la déesse de la Liberté. On demande à la cit. Marie Marie, femme Noël, si Daché et Laville étaient armés; le cit. Daché lui a fait si lait qu'elle n'a pas examiné . Il n'y a pas à suffire pour mettre Daché en arrestation.

Le 8 germinal, Henri Malherbe dit à la fin qu'il a vu plusieurs cit. réclamer contre la signature qu'ils avaient mise au bas du procès-verbal de la feste de l'inoguration du temple de la Raison et il a fait de même. Louis Malherbe a voulu mettre l'ordre : il a donné 2 tapes aux enfants qui déchiraient les images : foutu gueux, que veux-tu faire? Ch. Potel, maréchal, n'est pas resté jusqu'à la fin, il s'en est venu à la place du Rons, où plusieurs personnes dansais la carmagnole et criais: vive la République; il demande la messe, son commerce en souffre beaucoup. La cit. Marguerite Lebourgeois, femme Pierre Anne, dentellière, mise en état d'arrestation par mesure de sûreté, a été à là messe de Vaubadon; son intention était d'assister à la Société populaire, comme à son ordinaire, elle a applaudi et dit que c'était juste de demander la messe; elle est remise en liberté. Julien le Breton dit qu'il était très ivre et qu'il n'a rien su depuis; il est remis en liberté. Floxel le Vernu, chapelier, n'est rentré de Foulognes qu'à 7 heures du soir. Il demande qu'on dise la messe à Balleroy, si on la dit dans les autres communes, rapport au commerce. Il redemande son signe.

Le 9 germinal : on cite Abraham, Houel, Louise Richard, Cécile Marie : la femme Daché dit que c'était un cri général de demander qu'on redit la messe. F. Villeroy, âgé de 15 ans, n'est pas entré.

Le 11 germinal, on cite Anne Boulet, femme Grégoire Gaugain, Pierre Frémont; la cit. veuve Pitet, aubergiste, n'a rien entendu des cit. buvant chez elle; L.-G. Cotentin a entendu beaucoup de cit. réclamer la messe, se plaindre du défaut de commerce; les frères, dit-on, ne perdent rien, ne faisant pas de commerce. La cit. Marguerite le Breton, occupée chez la veuve Pitet, n'écoute pas ce qui se dit dans l'auberge. On cite Jacques James, que Deslandes a traité de jean foutre et de berger. Pitet, Charles Deslandes et le Vernu, chapelier, sont remis en liberté; celui-ci est en réquisition pour fournitures de l'armée (des coiffures).

Que sont devenus Jacques Deslandes et Gilles Bidot, les premiers coupables, du moins aux yeux des comités? L'abbé Bidot dit qu'ils se sont échappés.

«Aujourd'hui 13 germinal, devant nous la Rivière et Magnant, commissaires du Comité de Sûreté générale de la Convention nationale et chargé par un arrêté du représentant du peuple Frémanger de nous rendre à Balleroy pour y prendre connaissance de l'information faite relativement aux troubles qui se sont produits dans cette commune. Louis Malherbe et Henri Halherbe ne se rappellent rien, ils avaient bu. Louis est accusé de s'être entretenu avec certaines personnes de l'argenterie qui avait été portée à Bayeux et qui provenait de la ci-devant église. « Il semble que l'affaire n'eut pas de suite : l'excès de zèle et la maladresse des avancés avait été cause de tout.

Papiers et titres du château. — Nous avons déjà vu que le 13 octobre la municipalité, regrettant de ne pas avoir mis les scellés, les avait fait mettre immédiatement, et avait donné un fusil au gardien; le 28 frimaire an II (18 décembre 1793), on écrivit une lettre aux administrateurs du district: « Citoyens, lors de l'arrestation de Charles-Auguste la Cour, ci-devant comte de Balleroy, le comité provisoire, ayant fait l'arrestation, mit les scellés sur les endroits qu'il crut nécessaire, il n'a osé prendre sur lui de les lever, vu qu'il n'était point nommé aux termes de la loi; actuellement que le comité est nommé légalement et qu'il est en activité, les cit. qui le composent vous invitent à leur indiquer la marche qu'ils doivent prendre à ce sujet, d'autant plus que les cit. du canton demandent que les titres féodaux soient brûlés, ce qui ne peut être fait sans que les scellés soient levés; de plus l'agent du cy devant réclame l'ouverture du chartrier, afin de pouvoir épurer son compte. « Le 6 nivôse an II (26 décembre 1793), le citoyen Gassion est député et nommé pour aller à Bayeux consulter. Le 11 nivôse (31 décembre 1793), Jehanne et Touvenin sont nommés commissaires pour la levée des scellés. Le 16 nivôse (5 janvier 1794), le comité assemblé est présent au brûlement des titres féodaux du cy devant Balleroy. Le cit. Duperrey relevant un papier du brasier allumé à ce sujet, plusieurs personnes le lui ont fait remettre dans les flammes; il a dit en public que les cit. Caillou et Gaugain, greffier de la municipalité, s'y voulaient opposer, disant que cela ne serait point exécuté. Duperrey a répondu que c'est sans malice qu'il a tenu ces propos, mais c'est qu'il a mal entendu et est tout prêt de faire réparer, ce qu'il a fait le lendemain en public à la séance de la Société populaire (Arch. du Calv. 5 q. Emigrés la Cour-Balleroy). Sur l'avis donné par Fouquier-Tinville de la condamnation de Ch. la Cour-Balleroy il fut fait un inventaire des meubles restés au suppôt de la succession de Ch.-Auguste Lacour, qui a pour héritiers 2 fils émigrés (un fils et une fille) et une fille républicole, la République avait deux tiers à réclamer; on fit un inventaire spécial des objets réservés sur la vente pour le service des hôpitaux militaires et des armées de la République.

Visite du château. — Bibliothèque de Bayeux, n° 128 bis des manuscrits). L'an II de la République, le 24 floréal avant midi (14 mai 1794), les membres de la commission des arts, Delauney, Moisson et le Brysois, vinrent visiter le château de Balleroy; le 26 floréal (man. 138), ils firent leur rapport au comité d'Instruction publique : « Citoyens, nous nous sommes transportés ensemble avant hier à Bal-sur-Drôme pour y prendre connaissance de ce qui pouvait concerner notre mission dans les meubles du condamné Baleroy. Un article nous a paru digne de vous être communiqué : la maison bâtie par Mansard offre un plafond contenant de grandioses beautés, les peintures sont de Mignard, elles ont conservé leur fraîcheur et nous pouvons les regarder comme ce qu'il y a de mieux dans notre district. Malheureusement il ne nous est pas possible de faire parvenir cet objet dans nos dépôts. La couleur étant appliquée sur le plâtre, ce n'est que par le procédé délicat de quelque habile artiste qu'on pourra parvenir à en opérer le transport. Vous seuls, citoyens, pouvez prendre à cet égard les mesures convenables : quant à nous nous nous acquittons de notre devoir en vous prévenant qu'il serait infiniment à désirer qu'un dépôt public put être enrichi d'un morceau aussi *prétieux* par la composition que par la couleur. Le plafond a environ 75 pieds de longueur sur 22 de largeur. Les sujets tirés de la *milologie* sont une suite continue dans le pourtour qui commande la corniche, le milieu du plafond présente un sujet détaché dans un encadrement de forme elliptique. Salut et fraternité. »

Le 14 prairial (2 juin 1794), la commission des arts adjointe au comité d'Instruction publique est d'avis que le plafond peut rester en place s'il n'offre aucun sujet de royauté ou de fanatisme. Les frais pour l'enlèvement seraient considérables, le meilleur parti serait de laisser subsister les embellissements locaux, toutefois qu'ils n'offrent rien qui puisse offusquer des yeux républicains. Le 1er thermidor, le cit. Moisson se transporte en la commune de Bal-sur-Drôme en la maison du condamné Balleroy « pour recueillir les cartes et plans, visiter les tableaux et en faire disparaître toutes les marques de la royauté. Il fait emballer 12 cartes ou plans, 1 bureau en bois d'acajou, 2 bustes de bronze avec leur pied, 1 boussole, 2 étui de mathématiques, 1 lunette d'approche. J'ai reconnu qu'il n'existait plus aucune marque de royauté ni de féodalité sur les tableaux ; j'ai seulement trouvé que 4 portraits dans une *sale* au rez-de-chaussée portaient encore quelques signes justement proscrits, tels que des croix des ci-devant évêques; sur quoi j'ai invité et requis la municipalité de rechercher curieusement et d'anéantir non seulement lesdits signes, mais tout ce qui pouvait rappeler quelques traits de l'odieuse tyrannie et du fanatisme insensé que les français ont abolis et voués à l'exécration de tous les hommes libres et de tous les siècles. » Pour sauver la République on remplaça le sceptre de Louis XIV par une pique et on barbouilla les fleurs de lis du bâton de maréchal de Condé, dont on fit une canne à glands.

(Commission des Arts, feuille 29). La bibliothèque de Balleroy contenait 3680 volumes et il y avait une très belle collection de cartes et de plans dont l'inventaire contenait 584 avec celui de la bibliothèque; le tout fut porté à Bayeux, mais la presque totalité fut remise par les commissaires d'après un arrêté de l'administration centrale du 5 pluviôse an IV; il restait à Bayeux, 2 globes l'un terrestre, l'autre céleste; depuis la remise faite, il n'y avait plus rien de précieux; de 4 bustes en bronze portés à Bayeux, 2 furent rendus, les 2 autres avaient été enlevés au dépôt de Bayeux, lors du vol du 18 thermidor.

Le 28 thermidor (15 août), la commission des Arts dut faire un nouvel inventaire des livres, tableaux et statues (Manuscrit 141).

Donnons d'abord l'inventaire des tableaux :

(Bibliothèque de Bayeux, manuscrit 135). Dépôt A q, Œuvres de Chauveau, 18 feuilles représentant divers sujets de l'histoire grecque. Combat naval livré en 1645 entre 2 vaisseaux turcs et des galères de Malte. Un chirurgien *pensant* un estropié dans la manière noire. Perpective d'une décoration à Versailles sur la terrasse, à l'occasion du mariage de Louise-Elisabeth de France avec l'infant d'Espagne en 1739. 13 gravures allégoriques et satiriques sur la Révolution des Etats-Unis d'Amérique, sur la bulle *Unigenitus* et la comédie des philosophes de ... La liberté rendue en 1715 à différentes person-

Intérieur de l'Église de Balleroy

CAEN. IMP. DOMIN

nes exilées ou détenues pour les affaires de l'Eglise. 13 portraits: Bayard, Crillon, chevalier de Longueville, Saxe-Weimar, Tilly, M. Hellyot, Caumartin, Ferdinand duc de Brunswick, portrait d'une femme.

Voici l'intitulé de l'inventaire du 7 fructidor an II (24 août 1794) : « En conséquence de l'arrêté du Direct. de Bayeux du 2 messidor, concernant la saisie des titres et papiers étant dans la maison des cy devant émigrés, déportés, condamnés : Nous Malherbe, archiviste du district de Bayeux, nous sommes transporté aux appartements attenant au chartrier en présence de Denis Héricy, Fr. Le Normand, off. mun. et du citoyen la Vicomterie, garde desd. papiers, avons saisi 2 registres ou sommiers sur les fermages et les bois et un carton de baux pour être remis au régisseur des domaines nationaux pour la régie des biens (Barbazan) : était présent Mignot, juge de paix. » Que devenaient les papiers féodaux brûlés avec un zèle si scrupuleux le 2 nivôse an II? « Le 12 nivôse de la 3e année républicaine (1er janvier 1795), se sont présentés au dépôt des archives du district de Bayeux, les cit. Jacques le Carpentier et J.-B. Rousseville, députés des communes du Tronquay et du Vernay ont déposé un arrêté du directoire du district de Bayeux, du 29 frimaire dernier (20 décembre 1794), qui sur leur pétition présentée le 12 (2 décembre 1794) du même mois prononce ainsi. « Lecture faite de la pétition du Vernay et du Tronquay : Ils exposent, que le 21 ventôse ils ont adressé une pétition pour obtenir le brûlement des titres de féodalité du cy devant marquisat de Balleroy. La levée des scellés est faite et votre commissaire ne jugea pas à propos de procéder au tryage sur le lieu : il renferma tous les titres concernant le Tronquay et le Vernay dans un sac, ce qui est dans vos archives, les exposants demandent l'ouverture du sac et le brûlement des titres constitutifs et recognitifs des rentes qualifiées foncières et seigneuriales et autres rentes, droits et redevances seigneuriales et dans le cas où les parchemins et papiers seraient nécessaires pour le service de l'artillerie et la fabrication du papier, qu'ils soient lacérés » (12 frimaire an III, 3 décembre 1794).

« Le 12 nivôse an III (1er janvier 1795), les cit. Carpentier et Rousseville représentent qu'il existe encore dans vos archives à Balleroy des registres dans lesquels est porté le nom des abitants des 2 communes concernant les rentes seineriales; ils demandent que vous autorisiez votre archivisse a bifré en présence desdits députés lesd. registres, à faire venir ceux qui sont encore à Balleroy et vous ferez justice. » Par ordre du directoire du 20 nivôse an III, l'archiviste devra vérifier les registres, biffer les noms des débiteurs et de plus voir les registres sous scellés à Balleroy, mais les clefs de la bibliothèque avaient été enlevées lors de l'apposition des scellés, par le citoyen Moisson, de la Commission des Arts.

Alors vint la loi du 13 ventôse an V (4 mars 1795). D'après cette loi les propriétaires par indivis avec les condamnés pouvaient jouir provisoirement de la totalité des biens sequestrés en attendant la liquidation définitive de leurs droits. Mme d'Hervilly demande à jouir des biens de son père, sauf à rendre compte de son administration, et en particulier à jouir de la bibliothèque. Un arrêté du directoire du district de Bayeux du 5 thermidor an III (23 juillet 1795) donne pouvoir à Desrez de commissaire pour l'inventaire des titres concernant la régie des biens; celui-ci fait nommer 2 membres du corps municipal pour l'assister, ce sont Héricy, officier municipal et Antoine Néel, notable; ils ont trouvé en la maison de Charles la Cour le cit. Bouisset, membre de la commission pour la recherche des objets de sciences et arts : « Je l'ai invité (9 thermidor an III, 27 juillet 1795), à m'indiquer les armoires où doivent se trouver les papiers dont je suis chargé de faire la délivrance à la cit. d'Hervilly; elles sont placées dans une pièce qui précède celle de la bibliothèque. 2 armoires étaient remplies de livres, ce qui concerne la mission du cit. Bouisset et la 3e est remplie de cartons dont les uns sont remis à Bouisset. » Desrez indique dans un 1er carton, 12 liasses relatives à la famille de la Cour, la plus grande partie existe encore au chartrier, sauf la 12e liasse qui contient un extrait du livre de la vénérable Agnès ou Jeanne de France, les boîtes 1, 2, 11, 14, 16, 18, 20, 22 et 25 de l'ancien inventaire pour Balleroy, les boîtes 1, 2, 3, 4, 5, 9, 10, 11, 12, 13 (vide), 14, 15, 16, 17 à 24 pour le Tronquay, et 8 boîtes sur Montfiquet, 3 sur le Cocsel et encore 5 cartons, tout fut remis par Desrez à la cit. d'Hervilly (Manuscrits). Le 15 messidor an III (3 juillet 1795), le directoire du Calvados, « considérant qu'en résultance de son arrêté de prairial, il a accordé à la cit. d'Hervilly la jouissance provisoire des biens de son père; il ordonne la levée des scellés sur la bibliothèque; les objets enlevés resteront en dépôt; le directoire de Bayeux signale à la Commission des arts que la nation a les 2/3 de la bibliothèque à cause de l'émigration. » Le 17 messidor (5 juillet 1795), la commission délègue Bouisset pour l'inventaire; le 24 vendémiaire an IV (15 octobre 1795), Bouisset remet les clefs à la cit. Lacour d'Hervilly; le 1er nivôse an IV (21 décembre 1795) Mme d'Hervilly réclame encore une collection de cartes de Cassini, un meuble d'acajou qui les renferme, des instruments de mathématique, microscope, télescope; la loi du 21 prairial l'autorise à les réclamer et ces objets sont d'une nécessité absolue pour l'éducation de ses filles, dont une a 13 ans; ils lui sont rendus. Un autre inventaire fut fait le 29 brumaire an V (19 novembre 1796) par Malherbe; il remit à Mme d'Hervilly d'autres titres sur l'acquisition de Balleroy, le Vernay et le Tronquay et les titres d'acquisition et autres concernant les bois de Baugy, la Londe, le Clos Vieillard.

Sans faire cesser toute persécution religieuse, le Directoire sentit que le peuple s'ennuyait de ne plus avoir les fêtes religieuses et il en établit d'autres. Je n'ai point parlé des fêtes de la déesse Raison, ne trouvant pas de détails précis et positifs; cependant, comme Balleroy cherchait à copier Bayeux, nous pouvons supposer qu'il y eut des fêtes payennes dans l'Eglise en l'honneur de la déesse, un culte mythologique de la déesse de la liberté, à Bayeux c'était une jeune et belle citoyenne choisie dans la classe indigente et honnête; on dut planter l'arbre de la liberté (le sapin). Voici le compte-rendu de quelques-unes des fêtes du Directoire (Arch. du Calv. L. m. Fêtes et cérémonies) : « Fête du 14 juillet 1799 (26 messidor an VII). Assemblé sur la place de la Liberté (aujourd'hui du Marché), le cortège a pris la marche suivante :

1° La gendarmerie et les tambours.

2° Les grenadiers et chasseurs de la garde nationale.

3° Le détachement de la 40e demi-brigade(régiment) stationné à Vaubadon.

4° L'agence forestière, le juge de paix et ses assesseurs.

5° Les instituteurs et leurs élèves.

6° L'administration municipale.

7° Le reste de la garde nationale.

Ils s'avancent sur 2 rangs vers l'autel de la patrie et les autorités civiles et judiciaires ont pris leurs places sur les gradins de l'autel.

Plusieurs citoyens ont chanté des hymnes à la liberté

et les élèves du pensionnat ont exécuté une musique guerrière; ensuite le cit. Morice, commissaire du Directoire exécutif, a prononcé un discours analogue au jour, lequel a été couvert des plus vifs applaudissements et suivi des cris de : Vive la République. Vive la Liberté. Vive la Constitution de l'an III.

Des salves de mousqueterie ont succédé et la musique a continué d'exécuter des airs analogues à la feste.

Le détachement de la 40e demi-brigade a fait des évolutions militaires dont l'exercice a été supérieurement exécuté et qui a fait l'admiration des spectateurs et dont le commandant a reçu des autorités les témoignages les plus *flateurs*. La cérémonie finie, le cortège est retourné sur la place de la liberté Le reste de la journée s'est terminé par la réunion des citoyens pour des banquets civiques, en danses et en jeux. Cotentin, président. »

Le citoyen Morice envoie son procès-verbal et dit que son discours « a rassuré les habitants du canton, que quelques malveillants voudraient décourager à cause des revers que nos armes ont momentanément éprouvés : ils sauront se mettre en garde contre ces inutiles mouvements, car ils ont juré de se venger s'il coule une seule goute de sang républicain, tel est le parti pris par les véritables amis de la patrie, de la sauver ou de mourir pour elle. »

« Fête du 10 messidor ou de l'agriculture an VII (28 juin 1799). Rapport de l'administration municipale au cit. commissaire près l'administration centrale : elle s'est passée dans la pompe et l'appareil qui convient à cette solennité. Le cit. Moreau, agent municipal a fait un discours qui a été suivi des plus vifs applaudissements : on ne peut rien voir de plus simple, mais majestueux et en meilleur ordre. Notre garde nationale se conduit avec énergie et le républicanisme le plus prononcé. »

« Fête du 10 août 1799, correspondant au 23 thermidor an VII, célébrée dans le canton de Balleroy. Le 22, à 6 heures du soir, un coup de canon annonce la feste, aussitôt la retraite est battue. Le 23, à 6 heures du matin, un pareil coup s'est fait et la généralle a battu à 8 heures l'assemblée ; à 9 heures, la gendarmerie et la garde nationale s'est rangée en bataille sur la place de la liberté, la droite appuyée du côté du temple décadaire, les canoniers en tête avec leurs pièces ; à 9 h. 1/4, l'administration municipale et les fonctionnaires publics sont sortis de la maison commune (ancienne juridiction au bout de la chaussée, à gauche en arrivant) et le cortège a défilé : la gendarmerie ouvrait la marche ; les canoniers avec leurs pièces ; les tambours de la garde nationale, la compagnie des grenadiers, les instituteurs et leurs élèves, l'agence forestière et le receveur de l'enregistrement et des domaines nationaux ; le juge de paix et ses assesseurs ; le directeur du pensionnat, ses élèves et leur musique.

L'administration municipale.

La garde nationale ; la compagnie des chasseurs.

Dans cet ordre le cortège s'est rendu au temple décadaire ; on lisait sur les colonnes du temple les inscriptions suivantes :

10 aoust, la royauté en France est abolie et ne se relèvera jamais.

Constitution de l'an III.

Les Français ne reconnaissent d'autre maître que la loi.

Aux défenseurs de la liberté la patrie reconnaissante.

République Française, fondée le 22 septembre 1792.

Un trône avec tous les attributs de la royauté, du fanatisme et de la féodalité avait été élevé.

Le président de l'administration a prononcé un discours analogue à la feste, suivi des plus vifs applaudissements : une salve d'artillerie l'avait annoncé. Au moment où il finit, une autre salve d'artillerie et des chants à la liberté ont succédé à la strophe : Tirans, descendez au cercueil; le pas de charge a battu et les grenadiers se sont précipités sur le trône et l'ont renversé aux cris de : Vive la République. Des salves d'artillerie et de mousqueterie ont également succédé et la statue de la liberté a remplacé le trône écroulé au bruit d'une musique guerrière et de l'artillerie.

La musique a exécuté l'invocation à la liberté.

Ensuite le cortège a défilé pour se rendre à la maison commune. Le reste de la journée s'est passé en danses et jeux. Signé : Cotentin, président, Moreau, Gassion, Langlois, Carpentier, Youf, Guérin et Morice, commissaire du directoire exécutif. Caillou, secrétaire. »

(Registre des délibérations du Conseil municipal). « Aujourd'hui 1er vendémiaire an IX (1800), en vertu des ordres du sous-préfet en date du 27 fructidor, qui nous enjoint de fêter aujourd'hui l'anniversaire de la fondation de la République, nous nous sommes rassemblés après convocation faite à tous les fonctionnaires publics, à la garde nationale et à tous les citoyens, nous nous sommes transportés en corps au temple décadaire où les musiques vocale et instrumentale ont exécuté des airs analogues à la fête ; le Maire a prononcé un discours et cette cérémonie s'est terminée par plusieurs décharges de mousqueterie et les cris répétés de : Vive la République ».

Le 10 brumaire, on annonce à tous les fonctionnaires publics et au son de la cloche que la décade se fêterait régulièrement dans le temple décadaire de cette communc tous les décadis pour y lire les lois et expliquer le recouvrement des impôts; on l'annonce au son du tambour et on l'affiche.

Fête du 4 fructidor an X (21 août 1803). « Vu l'arrêté du préfet qui enjoint de donner la plus grande pompe à la proclamation du sénatusconsulte qui proclame Napoléon Bonaparte 1er consul à vie, le maire et adjoint réunis aux fonctionnaires publics, à la garde nationale et aux habitants ont festé cette journée avec la plus grande solennité; le *Te Deum* a été chanté à la suite de la grand'messe et le soir, pour terminer cette feste, tous les citoyens ont illuminé leurs maisons, la plus grande joye a régné dans tous les cœurs. »

Perception des impôts en l'an VIII. « Le 10 messidor, les cit. Jean Moreau et Louis-Mathieu Lemaire, agent et adjoint, ont procédé à l'installation des maire et adjoint nommés par le préfet. Moreau, maire, a prêté serment; Lecarpentier, nommé adjoint, n'avait pas accepté. Le 11 messidor, on a fait la bannie des herbes, 10 francs. Le 17 fructidor, bannie au rabais de la perception des impôts foncier, mobiliaire et somptuaire; la bannie a été portée à un et demi et deux quarts de cit. par le cit. Salle. Le 20 fructidor, Charles Fournel, marchand, nommé adjoint, est installé. La bannie des impôts fut faite pour le canton par la commission (autre pièce). A Balleroy elle fut adjugée à Fr. Salles, apothicaire, à la caution de Jean Denise, pour 2 centimes un quart par franc; à Castillon, à Charles le Brun pour 3/4 de centime; à Cahagnolles, à Pierre Fouen, du Vernay, pour 2 centimes; à Campigny, à J.-B. Jouet, pour 1 cent. 3/4; à Litteau, à Mathieu Huet, de Balleroy, pour 2 cent. 1/2; à Montfiquet, au même pour 2 cent. 3/4; à la Bazoque, à Mignot, de Balleroy, pour 1 cent 1/2; à Planquery, à Raphaël Morel, pour 1 cent. 1/2; au Tronquay, à Guillaume Duval, pour 2 cent. 1/4; à Vaubadon, à Charles le Page, pour 3/4 et demi de centimes.

CHAPITRE XII

Un curé constitutionnel impénitent. — Michel Moulland, curé *ad tempus* de Balleroy, 1804-1831 et quelques mots sur Morice, curé, suppléant de juge de paix et notaire. — Bouisset. — L'abbé de La Cour d'Ingreville.

Le 24 février 1804 (6 ventôse an XI), M. Moulland acceptait la cure de Balleroy, où sa nomination avait été agréée par le Premier Consul : « Je suis sensible à cette marque de confiance que me donnent et mon Evêque et le Gouvernement. » C'était l'ouverture de l'église de Balleroy, fermée depuis le 24 août 1802, par une décision du sous-préfet de Bayeux, confirmée par un arrêté préfectoral du 14 fructidor an XI (31 août 1803) : il y avait eu un rassemblement des habitants de Balleroy, armés de bâtons, qui s'étaient transportés, disait l'arrêté, au domicile de M. l'Evêque de Bayeux pour demander la conservation de leur curé; il fallait éviter toute occasion de trouble et, de plus, comme on présumait que ce trouble était dû aux suggestions du curé Poutrel, celui-ci avait été mis sous la surveillance immédiate du sous-préfet. Les clefs de l'église en avaient été remises au maire qui en devait interdire l'entrée à tout ministre du culte et à toute personne.

M. Moulland fut installé le 29 ventôse an XI (17 mars

1804). « Le clergé et les autorités, dit le registre de la mairie, le conseil municipal, tous les fonctionnaires publics et la gendarmerie, le juge de paix, le receveur de l'Enregistrement, le notaire, réunis et disposés à se rendre à l'Eglise, le commissaire *ad hoc* délégué par l'Evêque de Bayeux ne se présentant pas, deux *grouppes* de jeunes personnes des deux sexes se sont présentés et ont demandé au maire et adjoint de présenter au citoyen Moulland un bouquet et chacun un pain à bénir, et de l'accompagner à l'Eglise, ce qui leur a été accordé; le cortège s'est ensuite rendu à l'Eglise dans le plus grand ordre et la plus grande décence, où s'est chantée une grand'messe. Le citoyen Moulland a prononcé un discours qui a été généralement applaudi. Jamais réunion n'a mieux ressemblé à un ensemble de frères et d'amis, chacun y essuyait ses larmes que l'enthousiasme et la satisfaction faisaient naturellement couler; cette cérémonie qui n'a été terminée qu'après les vêpres s'est passée dans le plus grand ordre, avec pompe et décence. »

La lettre de M. Moulland à l'Evêque, le 4 germinal an XI, complète et confirme ce compte-rendu : « J'ai été reçu d'une manière distinguée par les magistrats et les prêtres. M. Chuquet, que vous aviez chargé de mon installation, n'était point venu : M. Poutrel a saisi avec ardeur l'occasion de donner une nouvelle preuve de son dévouement et de son humilité; il m'a accompagné partout et m'a comblé d'honneur. Les fidèles déjà édifiés par l'accord qui régnait entre l'ancien et le nouveau curé, ont paru sensibles aux paroles que je leur ai adressées; les cœurs les plus durs se sont brisés, des larmes d'attendrissement et de joie ont coulé de tous les yeux, et aujourd'hui j'ai la satisfaction de voir tout le monde embrasser le même autel, et, j'ose le dire, il n'y a pas une personne qui ne me regarde comme son pasteur et son ami. Ainsi le Seigneur a-t-il voulu me consoler des injustices que j'ai éprouvées en permettant que le prêtre, que vos conseillers n'ont pas cru capable de travailler à la réunion des esprits et des cœurs à Bayeux depuis neuf mois qu'ils s'en occupent, l'opère lui-même dans un seul jour à Balleroy. Il est bien singulier, M. l'Evêque, qu'on inscrive mon nom sur la liste des suspects, quand on efface celui de tous les autres. Je trouve une maison qu'il me serait facile de me procurer, je voudrais bien l'avoir, mais je n'ose en passer le contrat; puisque je ne suis ici qu'*ad lempus*, pourriez-vous me dire l'époque à laquelle je serai définitivement reçu; on ne demande qu'une quarantaine aux pestiférés. »

Le 12 germinal, une lettre de Mgr Brault demande des explications sur l'installation de M. Moulland : « Vous désirez savoir, répond M. Moulland, si M. Poutrel m'a installé en votre nom et en vertu d'une délégation de M. Chuquet. Je ne vous ai pas dit que M. Poutrel m'ait installé, mais seulement qu'il m'a accompagné partout et comblé d'honneur. Je devais cet hommage à son humilité et à son dévouement, ce spectacle pouvait blesser vivement son amour-propre. Si M. Poutrel m'eût installé, il l'eût fait en votre nom, nous ne connaissions point dans ce diocèse d'autre juridiction épiscopale que la vôtre. M. Chuquet était loin de subdéléguer quelqu'un; il n'a entendu parler de la commission dont vous l'aviez chargé, que lorsque je lui ai peint le regret de ne la lui avoir pas vu remplir. La municipalité, croyant que l'arrêté du Préfet marquait l'installation du curé au 29 ventôse, n'a pas cru que l'absence de votre commissaire dût empêcher de procéder à une cérémonie pour laquelle tant de personnes recommandables étaient assemblées; au contraire, quand elle a su que vous aviez manifesté au sous-préfet la plus grande envie que je vinsse ce jour-là à Balleroy, elle a pensé qu'elle ne pouvait mieux seconder vos vues, que de me reconnaître pour le curé de cet arrondissement... Je n'ai eu d'autres desseins que de donner aux magistrats une nouvelle preuve de ma déférence et à mon évêque le témoignage le plus certain de ma soumission et de mon zèle. »

Pour bien comprendre ces lettres aigres-douces et les démêlés de M. Moulland avec les évêques, nous croyons utile de consacrer quelques pages aux idées et aux antécédents de ce prêtre, dont l'histoire a une importance particulière pour la paroisse et pour le diocèse. M. Moulland avait un caractère vif et ardent, mais plein d'entêtement; c'était une mauvaise tête; il avait reçu une éducation gallicane et janséniste. Fleury, voulant caractériser l'esprit et les tendances de l'Eglise gallicane, se servait de cette devise: « Libertés à l'égard du Pape, servitude envers le roi », et nous verrons toujours Moulland répondre vivement, et quelquefois insolemment, à son évêque et plus préoccupé de se rendre le témoignage d'avoir obéi à la loi civile et au gouvernement, et il saura se servir à l'occasion de la fameuse distinction gallicane entre le Siège apostolique, qui mérite notre vénération et la soumission à son autorité infaillible, la suite des Pontifes qui enseigne la vérité, le bien, la vertu, et chaque Pontife en particulier, surtout le Pontife du moment, qui est faillible et pécheur. Moulland est janséniste. Un de ceux qui, des premiers, eut à s'occuper du jansénisme, disait des premières sœurs de l'Abbaye de Port-Royal : « Pures comme des Anges, orgueilleuses comme des démons », et l'histoire nous atteste que les Jansénistes furent souvent des modèles de vertus rigides et austères. L'autorité épiscopale et les confrères non jureurs rendent justice à l'intégrité de vie, à la charité, à l'amour de l'étude de Moulland; mais il avait bien, et la suite le montrera, l'esprit de révolte et de désobéissance, se cachant dans le dédale des distinctions et l'orgueil des jansénistes. S'il avait mauvaise tête, avait-il bon cœur? Au milieu de ses belles protestations d'amour pour son évêque, nous serions tentés de dire que les démentis, qu'il y apporte immédiatement par son persiflage, supposent de l'hypocrisie, ou, pour l'excuser, un manque absolu de jugement.

A l'occasion du bref du Pape, en 1791, et de l'ordonnance de M. de Cheylus (Notice sur sa vie par ses neveux), il écrit : « Vous avez protesté mille fois de votre soumission à l'Eglise... Il y a une grande différence entre le Saint Siège et les prêtres de Rome, entre l'humble vicaire de Jésus-Christ et le fier despote du Vatican! On doit obéir à l'un, mais on peut combattre l'autre. Il y eut plusieurs bulles condamnées en France, entre autres la Cour et le Parlement de Metz, en 1641, défendirent de publier la bulle *In cœna Domini*. Dès que vous êtes attachés... à la Chaire de Saint-Pierre, que vous recevez avec reconnaissance et même avec transport les oracles sacrés qui en émanent, vous n'avez rien à redouter pour votre salut; il ne dépend nullement de la personne qui y est assise... Votre respect (pour le pape) ne doit pas aller jusqu'à l'idolâtrie... Se soumettre à la loi, c'est obéir à son Dieu. » En 1797, il a connaissance d'une réponse à la Lettre pastorale des prêtres hérétiques et schismatiques composant le presbytère de Bayeux, il se charge d'y répondre. « Il (l'auteur) nous traite d'intrus, parce que, dit-il, les constitutionnels ont envahi des places qui ne sont nullement vacantes; comme saint Paul a voulu que les premiers chrétiens fussent soumis à Néron, nous avons cru que toute volonté particulière devait fléchir devant la volonté générale, exprimée par les représentants du peuple et appuyée de celle du roi; or, l'article 5 du décret qui ne devait tomber sur aucun objet de notre foi (on l'avait demandé, mais le serment engageait la foi et la constitution fondamentale de l'Eglise) avait dit que ceux qui refuseraient le serment, seraient réputés avoir renoncé à leurs offices et qu'il serait pourvu à leur remplacement comme en cas de démission ou de vacance. Et pourquoi ce décret, sanctionné par le roi en 1790, n'aurait-il pas autant de force qu'une loi portée par un de ses prédécesseurs en 1664? Or, d'après cet édit, tous les bénéfices de ceux qui n'auraient pas signé le formulaire, deviendraient vacants et la cure d'un curé de Paris, nommé Lecluze, fut déclarée vacante et M. Parant, qui y fut nommé, n'a jamais été regardé comme intrus. O peuple, ô frères ! oubliez vos torts respectifs, ralliez-vous à l'Evangile; soyez Français et chrétiens. »

Le 13 floréal 1798, le presbytère, convoquant les fidèles pour l'élection d'un évêque, leur rappelle que, « d'après la tradition, l'Evêque est nommé par le peuple, que l'élection d'un évêque est très importante, qu'il doit avoir la science, la conduite, l'esprit de mortification, etc., que l'épiscopat est une préparation ou un engagement au martyre; il est nécessaire d'élire un évêque. Cheylus et Fauchet ne sont plus; faisons après leur mort ce qu'il eur eût été si glorieux de faire pendant leur vie, embrassons-nous... Ecrions-nous, devant le Corps même de Jésus-Christ : Que son sang retombe sur ceux qui refuseront ou qui troubleront la paix. » Le 17 février

1800, devenu vicaire de la cathédrale ou vicaire épiscopal de Bisson, il monte en chaire pour réfuter un imprimé intitulé : Etrennes aux intrus et consors, par un fidèle du diocèse de Bayeux ; il y répond par un discours, plein de verve et aussi, semble-t-il, d'esprit de charité : « O Dieu, si vous daignez me procurer le plaisir si pur et si doux de contribuer à leur rapprochement et à leur bonheur, si vous les réunissez à nous, les détracteurs du Christianisme sont confondus, la charité triomphe, l'Eglise est vengée et je meurs de joie. »

Le 8 juillet 1802, M. Brault écrit une lettre au clergé de son diocèse; des notes anonymes, attribuées à Moulland, furent immédiatement répandues... « Pourquoi ne l'avez-vous pas mieux reçu, lorsqu'il s'est présenté devant vous, ce Clergé recommandable qui, au milieu d'une désertion universelle, est resté constamment sur la brèche et a rallié des milliers de citoyens à la Religion et à la République?... Les constitutionnels pouvaient-ils mieux prouver leur respect pour l'autorité de l'Eglise qu'en appelant et en se soumettant au concile général qui la représente? Qui a donné plus de gages de leur amour pour la République et de leur soumission aux lois que les prêtres assermentés?... Empêcher les prêtres assermentés d'administrer les sacrements, c'est en éloigner presque tous ceux qui ont pris part à l'établissement de la République. Les acquéreurs des biens nationaux, les Electeurs, les Magistrats, les Militaires donneront-ils leur confiance, se confesseront-ils volontiers à des Curés dont ils auront acheté les biens ou dont ils auront été forcés de poursuivre les actions et les personnes (singulière explication, qui montre bien pourquoi les principaux personnages de Balleroy accueillirent facilement M. Moulland). Il n'y a pas un seul prêtre dont vous n'ayez cherché à tirer quelque désaveu de la Constitution, qu'il a jurée. Vous ne prononcez pas devant eux le mot de rétractation, parce que le Gouvernement le défend, mais vous voulez toujours qu'on reconnaisse les soi-disant Brefs de Pie VI qui condamnent la Constitution et les serments de 1791. »

Le clergé de Bayeux s'est cru obligé de protester devant notaire qu'en adhérant au Concordat, il n'entendait se rétracter ni explicitement, ni implicitement de son serment.

Le 1er janvier 1803, dans une lettre publique attribuée à Moulland, il était dit : « Selon vous, tout prêtre, tout enfant de l'Eglise était obligé de s'expatrier plutôt que de jurer de maintenir une constitution que l'on disait anathématisée à Rome et vous, évêque par la grâce du Saint-Siège, vous jurez aujourd'hui d'enseigner dans votre Séminaire la déclaration du Clergé de 1682, qu'Alexandre VIII a condamnée; c'est-à-dire, vous prenez Dieu à témoin que vous maintiendrez de tout votre pouvoir les actes de cette assemblée, bien qu'un Souverain Pontife les ait regardés comme nuls et en ait défendu l'observation, s'y fût-on même engagé par serment; enfin vous croyez pouvoir faire, sans exposer votre salut, tout ce que vous avez reproché aux constitutionnels ».

Dans la même année, il est accusé de méconnaître l'Evêque et d'insurger le canton contre l'autorité épiscopale et on en donne comme raison que, dans ses lettres adressées à M. de Croisilles, il met bien grand vicaire de M. Brault, sans ajouter qu'il est évêque de Bayeux, et aussi parce qu'il se permet des réflexions sur les mandements. Voici sa réponse du 21 septembre 1803 : « En demandant une dispense à M. de Croisilles comme à votre vicaire, c'est que je vous supposais évêque de Bayeux, et quand j'ai eu l'honneur de vous écrire, ai-je oublié une fois de vous donner le titre auguste qui vous convient et dont votre humilité souffre tant. M. l'Evêque de Bayeux n'approuve sans doute ni le gouvernement ni toutes les expressions qui sont dans les bulles du Souverain Pontife : cessent-ils pour cela d'être fortement attachés au Saint-Siège ; je n'approuve pas entièrement vos mandements; qu'importe, pourvu que je les publie? Ont-ils besoin de mes éloges pour commander le respect ou ma téméraire censure, si j'étais assez osé pour m'en permettre, empêcherait-elle d'y obéir? Au milieu des grands travaux de Votre Grandeur et des félicitations que vous recevez, on vous entretient de ce que pense un malheureux curé de campagne sur votre manière d'écrire, mais M. Le Guelinel (curé de Vaubadon, que M. Moulland accusait de ces dénonciations et qui continua à jouir de sa confiance) a dit que je pris courageusement votre défense dans une société nombreuse où l'on vous attaquait, mais il ne vous a pas dit (il l'ignorait) que dans une autre compagnie également respectable, je fermai la bouche à tous ceux qui se déchaînaient contre votre personnel; ils ne vous ont pas dit, ces lâches dénonciateurs, que j'ai fait mes efforts auprès du citoyen la Rue pour arrêter un procès qui ne me regardait en rien et qui tendait à ternir la réputation des insermentés; ils ne vous ont pas dit que l'on m'a envoyé un manuscrit assez considérable qui aurait fait rire à vos dépens et que j'en ai empêché l'impression; mais ils pourraient vous dire, tous les prêtres de Bayeux et des environs, combien j'ai conduit de fidèles dans leurs bras et s'ils sont à s'apercevoir aujourd'hui que mes anciens collègues et moi faisons l'impossible pour leur concilier tous les cœurs. Ah ! que ne pouvez-vous lire dans mon âme : vous verriez combien elle est animée du désir de la paix : oui, je me flatte d'avoir contribué autant que personne, ainsi que M. Bisson et son ancien presbytère, à la rétablir dans votre diocèse ; je continuerai comme eux de la prêcher, de lui sacrifier mes faibles talents et toutes mes veilles, et si je dois mourir avant de voir mes concitoyens en goûter les douceurs, que je périsse sur le champ et qu'elle sorte enfin de mon tombeau. »

Le 20 septembre 1805, M. l'abbé Moulland écrit la réponse suivante à une lettre de M. de Croisilles, vicaire général, ancien prêtre jureur : « M. de Croisilles a eu l'honnêteté de m'écrire que tout bon ecclésiastique et spécialement un curé qui doit donner l'exemple, doit respecter les décisions des Souverains Pontifes Pie VI et Pie VII et même faire une profession de foi ouverte d'y adhérer de cœur et d'esprit. Vous avez sans doute trop de sagesse et de lumières, M. l'Evêque, pour autoriser personne de votre conseil à écrire de la sorte à vos curés : il n'est nullement probable que vous fassiez dépendre le mérite et l'orthodoxie d'un prêtre de son adhésion à des brefs qui ne lui ont point été envoyés, dont M. le vicaire ne dit pas même le nombre, qu'il ne spécifie nullement, en un mot, qui ne portent aucune marque d'authenticité et parmi lesquels plusieurs sont contradictoires. Pour moi, je vous l'avoue, ce n'est pas sans étonnement que je vois douter de mes sentiments religieux, celui de vos vicaires qui en a été le plus souvent témoin. Je croyais qu'un curé avait signalé assez hautement sa foi et son civisme, quand, après avoir été incarcéré deux fois pour son attachement à la religion et à la patrie, il l'avait été encore une troisième fois, uniquement parce qu'il reconnaissait le Souverain Pontife pour chef de l'Eglise et qu'il voulait vivre et mourir dans sa communion. Je m'imagine que j'ai donné un nouveau témoignage de mon obéissance au gouvernement et au Saint-Siège en me soumettant au Concordat et en reconnaissant pour mon évêque M. Brault, nommé par le Premier Consul et institué par le Pape. J'espère donc, M. l'Evêque, que vous daignerez m'honorer d'une réponse, dans laquelle vous désavouerez la conduite de M. de Croisilles ou qui m'instruira de ce qu'il faut que je fasse, sinon pour donner l'exemple à des confrères qui m'édifient, au moins pour être un bon ecclésiastique à vos yeux et à ceux des bons Français ». (Exemple d'impertinence, d'opiniâtreté, de persiflage, de distinctions jansénistes sur l'authenticité des brefs, pour ne pas obéir de cœur).

Voici l'appréciation de ses confrères : le 27 mars 1806, l'abbé Genas, curé de la Bazoque rendant compte à son évêque de ses impressions sur les prêtres de Balleroy, dit de l'abbé Bidot : « Je suis fâché d'avoir apperçu (*sic*) dans ce jeune prêtre une opignatreté (*sic*) que je n'aurais cru trouver que dans son curé... Il ne demande et ne veut point de place... Inutilement on lui proposerait de déclarer sa soumission aux décisions des Souverains Pontifes Pie VI et Pie VII, il ne la ferait pas : il s'en tient au Concordat et aux libertés de l'Eglise Gallicane, surtout à ce dernier boulevard ; il ne voit pas comment les évêques peuvent être bien sûrs que des bulles soient émanées du Souverain Pontife, si le gouvernement ne les reconnait comme authentiques. Ainsi de Moulland, il me paraît avoir le même entêtement sans avoir les mêmes moyens... Il crie bien haut... contre les prêtres sans mœurs et sans conduite, non jureurs. »

Il reste fidèle à ces sentiments jusqu'au bout et lorsqu'il parle de sa fidélité au Souverain Pontife, il parle seulement de sa fidélité au Siège apostolique, sans rien rétracter de ses erreurs, ni de ses serments. Dans sa lettre du 20 mars 1828, qui lui demandait une rétractation pure et simple, il disait : « Ma profession de foi est écrite sur l'écrou des prisons, *in insipientia dico*. J'ai dit en présence des membres de la municipalité et de la ga de nationale de Bayeux, en 1791, que si jamais la religion était attaquée, ils me verraient bientôt m'élancer dans la chaire pour arrêter le scandale et qu'on n'aurait pas assez de bayonnettes pour m'empêcher d'y monter. Dieu m'a fait la grâce d'être fidèle à mon serment; arraché de l'autel et du confessionnal, incarcéré trois fois par les impies et les tyrans qui dévastaient les temples et envoyaient les ministres à l'échafaud, *ut minus sapiens dico*, j'ai eu le courage de dire, non dans un salon (?), mais dans votre cathédrale, que s'il ne fallait plus qu'une tête, ils pouvaient faire rouler la mienne; j'ai protesté deux fois devant les magistrats de mon inviolable attachement à la religion et au Pape, dans la communion duquel je voulais vivre et mourir. J'ai réclamé encore devant eux contre l'injure que l'on me faisait d'avoir remis mes lettres d'ordre pour obtenir ma liberté, préférant rentrer dans la prison, s'il fallait l'acheter à ce prix. Je n'ai point signé l'acte additionnel qui excluait les Bourbons du trône; enfin je vous ai renouvelé, un des premiers du diocèse, les sentiments d'obéissance, de soumission, de respect, d'amour que j'ai voués à vos prédécesseurs, je me suis donc toujours conduit en prêtre et en vrai Français. Que faut-il davantage, Monseigneur ? Demander de nouvelles preuves de catholicité ne serait-ce pas accuser la religion et la sagesse de MM. Brault et Duperrier, dont j'ai reçu tant de fois les lettres les plus flatteuses? Ne revenez donc plus sur le passé, je vous en supplie, et donnés-moi comme eux votre bénédiction et la paix ». — Ce n'était pas la rétractation pure et simple que demandait Monseigneur, c'étaient les subterfuges; les faux fuyants jansénistes et gallicans.

Le 3 juin 1829, à la suite d'une conférence sur les jugements dogmatiques du Pape, au lieu d'approuver le travail du théologien, il s'opposa manifestement avec Hébert, vicaire du Vernay : « Je crois à l'Eglise catholique, apostolique et romaine. La bulle de Pie II et la bulle *In cœna Domini* ont été publiées et sont tombées (elles vivent toujours); de même les bulles de Pie VI sur les affaires de France pourront tomber ». Pressé de questions il laisse entendre que les erreurs contenues dans les bulles de Pie II et *In cœna Domini*, étaient sur l'infaillibilité du Pape. « De plus, a-t-il dit, le Pape ne pouvait être juge dans sa propre cause. J'admets les principes posés par le théologien, mais je n'en admets pas les conséquences. La constitution (du clergé) n'ôte pas au Pape son pouvoir de juridiction; lorsque j'étais au concile de Paris, on a beaucoup parlé sur ces affaires et l'on n'a rien décidé ». — « Ces mêmes constitutionnels sont restés opiniâtres dans leur manière de penser, ajoute le compte-rendu de la Conférence. Les prêtres du canton le considèrent comme un hérétique prononcé, un républicain qui n'a pas eu honte de faire imprimer cette phrase : Aujourd'hui, ce même peuple brise les trônes et les prêtres applaudissent à leur chute et le presbytère de Bayeux ne paraît pas être soupçonné de chercher à en ramasser les débris. »

Nous allons entreprendre le récit de la vie de Moulland. Il naquit en 1757 de Gabriel Moulland armurier à Bayeux, et de Marguerite (Notice par ses neveux, MM. Denis). Caractère ardent, cœur intrépide, âme tendre et esprit élevé, il fit d'excellentes classes. Il perdit sa mère de bonne heure et s'attacha davantage à son père. Il était l'aîné de trois enfants et l'espoir de la famille : le passage d'un régiment sous les murs du collège lui changea les idées et il se fit soldat le lendemain d'une composition où il était le premier, mais bientôt il perdit ses illusions; un jour, il vit de quoi pouvait dépendre l'avenir d'un soldat : un de ses camarades avait volé des chemises, les avait mises dans le sac de Moulland; celui-ci les jeta et quand on fit les fouilles, on ne les retrouva point; Moulland aurait pu ne pas s'en apercevoir, les garder et se faire prendre et punir. Il quitta la vie militaire et reprit ses études avec les mêmes succès. Sorti du Séminaire, il fut quelque temps vicaire de Saint-André de Bayeux, paroisse très petite, qui n'avait plus d'église et faisait ses offices dans l'église Saint-Malo, et bientôt il fut nommé curé de Saint-Martin de Bayeux. A la Révolution, il vit émigrer ses deux oncles, les curés de Sainte-Honorine-du-Fay et de Sermentot : il suivit l'exemple du troisième, le curé de Cartigny-l'Epinay, et s'attacha aux idées de la Révolution : il y voyait un moyen de sauver le clergé par la réforme du clergé; esprit janséniste, il espérait que la Révolution allait soustraire le clergé à tant de richesses et aux plaisirs d'une vie facile et lui rendre son influence morale par la pratique des vertus austères et la pureté des mœurs chrétiennes. Dès le 5 mai 1791, à l'occasion du bref de Pie VI et de l'ordonnance de Mgr de Cheylus, il soutient les principes gallicans : « En 1641, dit-il, la Cour et le Parlement de Metz ont défendu de publier la bulle *In cœna Domini* ». Le 27 pluviôse an II (février 1794), il est arrêté à côté d'un tiercelet de gentilhomme ou d'un prêtre parjure, pour avoir écrit sur papier libre les noms de ceux qu'il baptisait et, après 44 jours de prison, le 1er germinal (19 mars 1794) il rappelle le civisme de ses paroles et de ses générosités; il n'a pas fait de fanatisme : « Et toi, Comité de surveillance, dis si tu m'as quelquefois entendu crier à l'homme qui ne se prosternait pas devant nos autels : Crois, ou je t'immole. N'as-tu pas entendu les voûtes de mon église retentir mille fois des saints noms de liberté et de patrie ». — Enfin il sort de la prison, parce qu'on suppose qu'il a remis ses lettres de prêtrise. Le 29 brumaire an III (3 novembre 1794), il s'élève contre cette supposition: « On m'a inscrit au nombre des prêtres qui ont remis leurs lettres, c'est un service qu'on a voulu me rendre sans doute; je loue les motifs de ceux qui ont eu cette idée, mais je ne puis m'empêcher de blâmer leur action. On me prête un courage que je n'ai pas eu... Il n'y a pas de loi qui oblige à remettre les lettres de prêtrise... Grégoire n'a rien fait de tout cela et il est un bon républicain... et il n'est pas incarcéré... Et pourquoi renoncerai-je à mon état?... Je n'y ai jamais fait de mal : j'y ai peut-être fait quelque bien et je continuerai d'en faire encore. Je me suis soumis aux lois et je m'y soumettrai toujours. Si j'étais assez malheureux pour lever jamais l'étendard de la révolte, précipitez-moi dans les cachots les plus affreux de la prison, creusez-en de nouveaux et de plus horribles encore, vous n'en pourrez trouver d'assez profonds pour moi; je suis prêtre, il est vrai, mais je suis républicain et je m'en flatte. » Un arrêté du conseil général ayant déclaré que, d'après le représentant Bollet, Moulland était ex-prêtre et qu'il avait remis ses lettres de prêtre, avant de lui donner un certificat de civisme, on demanda un nouvel acte de Bollet, à cause des déclarations contraires de Moulland. Il fut donc reconduit en prison et il y était encore le 3 fructidor an IV (août 1796). Le 20 août 1796, il avait dû s'occuper de la formation du presbytère : on le lui reproche et il écrit aux membres de l'administration centrale et à Lanon, commissaire du pouvoir exécutif à Bayeux : « Eh ! que m'importe qu'on n'égorge plus les prêtres, si l'on calomnie mon zèle et si l'on tue ma réputation. Magistrats, si je suis coupable, la loi vous donne le droit de me punir, vous n'avez pas celui de m'insulter, encore moins d'avilir mon culte. « Une association religieuse, écrivez-vous à l'inquisiteur de mon canton, vient de s'organiser à Bayeux sous le nom de presbytère ». Oui, la Convention a décrété la liberté du culte, la formation d'un presbytère en émane, elle est absolument nécessaire à l'exercice du mien. « Elle a un chef pour présider ses assemblées », le curé l'est dans sa paroisse et l'évêque dans son diocèse. Dans notre presbytère, le chef, c'est le plus ancien d'âge. « Elle cherche à étendre son influence au dehors ». Eh ! quoi ! une multitude de sociétés libertaires infecteront audacieusement le monde de la corruption de leurs mœurs, les presses seront aux ordres du vice, la toile étalera ses modèles scandaleux, la poésie chantera ses funestes et honteuses victoires et l'Eglise, seule humiliée, ne pourra pas confier à la discrétion d'un messager (une lettre avait été décachetée à la poste) les généreux élans de son zèle et les tendres sentiments de sa douleur. « Elle tend à faire des prosélytes, elle veut recréer un système de religion véritablement inquiétant, une société délibérante qui entretient à l'intérieur des relations proscrites par la Constitution et dont le but bien prononcé est d'établir un culte exclusif ou dominant ». Pourquoi leur prêtez-vous les passions de votre cœur? Qui vous empêche d'encenser encore la Raison, de suivre ses modestes bannières et de vous enrôler parmi ses chastes amans? « C'est là une de ces corporations contraires à l'ordre public que la Convention a frappées de l'anathème politique : ce sont, vous le savez, les prêtres qui ont créé ou affermi les Rois, c'est en sanctifiant par des momeries sacrées les sceptres et tous les hochets de la royauté qu'ils sont parvenus à en faire des objets de vénération. » Président, déchirez vos registres ou effacez-en les noms de Bouret, de Frémanger, qui en souillent encore aujourd'hui les pages ; c'est votre basse adulation qui transcrit l'arrêté religionicide du 30 ventôse an II de ces deux représentants et c'est votre lâcheté seule qui les a rendus les rois du Calvados. « Le fanatisme de religion, ce monstre dont les effets ont produit tant de maux sur ce globe ne subsiste plus parmi nous ». Non, mais celui de l'athéisme lui succède et les noyades de Carrier, la glacière d'Angers, l'aqueduc de Paris, démontrent que le premier, quelque sanguinaire et cruel qu'il soit, est encore moins terrible, moins pernicieux et moins abominable que le second ; c'étaient des lettrés, ces hommes à toge noire et à grand rabat, qui ont fait le panégyrique de Charles IX, qui ont changé les temples en cavernes et les plus riches contrées en déserts et en tombeaux, Robespierre, Carrier, etc. « Vient le moment où nous allons jouir des douceurs de la paix, ne souffrons pas que les prêtres imbéciles ou intéressés ou ambitieux, exposent le Calvados à devenir une seconde Vendée ». Intéressés, vous avez raison. Nous devons bien nous défier de l'amour de l'argent ; accoutumés comme nous le sommes à goûter les douceurs de l'opulence ; c'est nous qui avons un brillant équipage, des appartements somptueux, une table magnifique et qui faisons pétiller le bourgogne et le champagne dans des verres de cristal. O ciel ! si mon état allait changer ; si mon bonheur allait s'évanouir ! si j'avais été condamné à travailler et à me nourrir comme un administrateur du Calvados... Je pourrais réclamer hautement une somme qu'on a juré solennellement de me payer et qui n'est peut-être pas la 60e partie de l'héritage que mes ancêtres ont abandonné à l'Eglise. « C'est pour détruire le mal dans sa source que nous dénonçons à tous les amis de l'ordre le presbytère de Bayeux ». Et moi je dénonce au directoire exécutif, qui fait rentrer tous les despotes dans le néant, l'administration centrale et inquisitoriale du département du Calvados. Je cite enfin au tribunal redoutable de l'opinion l'arrêté tortionnaire du 3 thermidor.

P.-S. Le citoyen Lerouge, après avoir incarcéré les six collègues qui ont soutenu avec tant d'énergie les droits du presbytère, et suspendu l'interrogatoire des deux autres, sous prétexte de vous demander des témoins qui chargent les prétendus conspirateurs... Mais si les deux prêtres ne rougissent pas de s'avouer nos complices et sont également impatients de partager la gloire de ma *captivité*, pourquoi ne les jette-t-on pas aussi en prison, et si l'on daigne les croire innocents, pourquoi n'ouvre-t-on pas la mienne? — Maison d'arrêt de Bayeux, 3 fructidor an IV (20 août 1796). »

Le presbytère de Bayeux, dont on vient de parler, était ainsi composé : Jourdain curé de Condé-sur-Seulles; Brucosté, curé de Guéron; Seigle, ancien curé de Saint-André de Bayeux; Seigle, curé de Monceaux; Anschard, curé de Saint-Loup; Godefroy, curé d'Ellon; Sally, curé de Crouay et Moulland, curé de Saint-Martin de Bayeux. Le 8 juillet 1797, ils publièrent une instruction par lettre pastorale pour soumettre aux fidèles les principales questions à soumettre au Concile de Paris. Le 3 juin 1798, ils convoquèrent les fidèles pour l'élection d'un évêque de Bayeux, en remplacement de Cheylus et de Fauchet; les élections se firent le 15 prairial et l'ouverture des procès-verbaux et du scrutin se fit à la cathédrale, le 5 thermidor. M. Duchemin, de Coutances, député au Concile, fut élu; il mourut peu après et fut remplacé par M. Bisson, également de Coutances, qui, dans sa première lettre, prit le titre d'évêque de Bayeux, au lieu d'évêque du Calvados. Le 2 octobre 1799, Moulland devint vicaire épiscopal, comme sous Fauchet.

En sa qualité de vicaire de la cathédrale, Moulland rédigea les statuts de l'assemblée des constitutionnels, tenue sous la présidence de l'évêque Bisson, le 2 septembre 1800. « Il se retrouva plein de fiel et de haine, dit un article de l'*Indicateur de Bayeux* du 17 janvier 1849, contre le clergé non jureur qu'il appelait orthodoxe, haine atroce qui dénonçait les prêtres déportés, rentrés dans leur patrie, insultait aux évêques, se moquait des victimes de la Révolution, appliquant les plus grossières épithètes à des hommes vénérables et couvrant d'éloges les intrus et les régicides ». Il suivit son chef à Paris pour assister au prétendu Concile national que les Constitutionnels voulaient opposer au Concordat; il en fut le secrétaire et les actes rédigés par lui forment 3 vol. in-8°.

Le 8 juillet 1802, M. Brault envoya une lettre à son clergé : immédiatement une copie de cette lettre fut publiée avec elle : les neveux de Moulland attribuent ces notes à leur oncle. L'évêque se félicite de l'adhésion des ecclésiastiques ci-devant constitutionnels de la ville et du canton de Bayeux au Concordat et de leur désir d'être en communion avec leur évêque légitime. « Mais, disent les notes, Fauchet, Duchemin et Bisson n'étaient-ils pas évêques légitimes? Certes, ils n'avaient point de *Bulles*, mais les SS. Evêques en eurent-ils jamais? Le clergé que vous vous faites un plaisir d'appeler ci-devant constitutionnel et qui s'honorera toujours de l'avoir été (nom que vous affectez de leur donner, quoique le Premier Consul vous ait dit que ce serait lui déplaire d'entretenir cette funeste division entre les prêtres constitutionnels et les réfractaires)... Pourquoi n'avez-vous pas donné le baiser de paix à ce respectable Bisson, qui venait avec ses coopérateurs, et ne les avez-vous pas jugés dignes d'assister à votre installation? Pourquoi n'avez-vous pas daigné rendre visite à ce véritable apôtre qui, déjà si vénérable par le courage qu'il a déployé en montant sur le siège de Bayeux au milieu des troubles et de la misère, le devient encore plus par la modestie avec laquelle il en est descendu et par la manière dont il supporte votre conduite envers lui? Les constitutionnels pouvaient-ils mieux prouver leur respect pour l'autorité de l'Eglise qu'en appelant et en se soumettant au concile général qui la représente? Qui a donné plus de gages de leur amour pour la République et de leur soumission aux lois que les prêtres assermentés? Après 10 ans de persécutions de tout genre et d'épreuves les plus cruelles qu'ils ont souffertes pour la religion et à cause de leur attachement aux lois... un Prélat jetterait des soupçons sur la perpétuité de leur orthodoxie et de leur civisme... Un Pasteur qui a juré la Constitution, c'est-à-dire d'être fidèle à la nation, à la loi et au roi et de remplir exactement toutes ses fonctions, peut-il conduire les âmes dans le chemin de la vérité et de la charité ? — Et le citoyen Bisson n'a pas la permission de dire la messe et d'assister à l'office dans la Cathédrale. »

Le 1er janvier 1803, Mgr Brault était arrivé à Bayeux; il avait écrit une lettre à ses diocésains; Moulland lui répondit par une lettre sans nom d'auteur, mais qui lui fut attribuée.« Depuis votre arrivée, je n'ai trouvé presque nulle part l'homme vrai, humble, juste, surtout pacifique. L'orateur chrétien (M. M...) qui vous annonça de la chaire de Bayeux et exhorta à vous reconnaître, à vous respecter, à vous aimer, comme ils avaient fait Bisson, nous dit que vous retraceriez les vertus de cet illustre Pontife.... Il voulait sans doute moins faire votre portrait que nous consoler de la perte de notre père. Pourquoi avoir fait rebénir la cathédrale? Est-ce que Monseigneur et le Chapitre ne pouvaient entrer, sans compromettre leur personne, dans un lieu où restait bien Jésus-Christ?... Les Duchemin, les Bisson n'eurent pas une installation si brillante ni si pompeuse, mais la leur était plus accommodée à leur goût, à celui des fidèles et se rapprochait plus de celle des temps apostoliques (mais il y avait peut-être plus de gloire à être évêque dans ce temps-là, le gouvernement ne prodiguait ni honneurs, ni pensions, il était tyrannique et impie)... Vous interdisez des pasteurs qui édifient depuis 20, 30 et 40 ans leurs paroissiens, parce qu'ils tiennent à leurs serments, tandis que vous approuvez et mettez à leur place de jeunes ecclésiastiques qui ont à peine salué la porte de la théologie (Moulland semble oublier les fameux prêtres de Fauchet, qui étaient ordonnés après un mois de séminaire), et dont le plus grand mérite est de n'avoir rien fait pendant la Révolution ou d'avoir formé des vœux pour nous en Angleterre... Un Pontife ne daigne pas donner le titre d'évêque à un collègue (M. Bisson) et lui refuse la permission de dire une messe basse et d'assister aux offices, sous le prétexte que celui-ci n'est pas du diocèse... Vous dites : Nous avons été reçus par tous les évêques et considérés par tous les peuples ; n'est-ce pas une preuve de leur suffrage?... Je suis charmé qu'on vous ait secouru et pensionné dans votre exil forcé ou volontaire, il n'y a donc pas eu parmi vous tant de martyrs que l'on s'est plu à le dire : combien de nos concitoyens n'a-t-on pas laissé impitoyablement périr, parce qu'ils avaient un frère à l'armée ou qu'ils suivaient tel pasteur ! — Il n'y a point d'outrages que n'aient essuyés les prêtres généreux qui ont sacrifié leur fortune et leur vie pour retenir dans le bercail une multitude de brebis abandonnées; on n'a cessé de crier aux schismatiques, aux intrus, aux voleurs, aux loups. Comment appellerez-vous les pasteurs qui ont laissé leur troupeau, quand ils n'en ont plus espéré ni laine, ni toison, et qui accourent de toutes parts pour le conduire, aujourd'hui que le gouvernement rebâtit les bergeries et que la laine est revenue? — Selon vous, tout prêtre, tout enfant de l'Eglise est obligé de s'expatrier plutôt que de jurer de maintenir une constitution que l'on disait anathématisée à Rome. (V. la suite plus haut sur l'enseignement des 4 articles).

« Allez chercher Bisson qui vous tend encore les bras et qui vous recevra comme son frère (11 nivôse, 1er janvier 1809). »

Et cependant quelques jours après, Moulland était nommé curé de Balleroy et, le 24 février, il envoyait sa lettre d'acceptation. Mgr Brault avait-il écouté la voix de la charité indulgente; ou plutôt le Premier Consul n'avait-il pas forcé les évêques de placer les constitutionnels comme les réfractaires par désir de la paix? Toutefois Mgr Brault n'avait pas voulu, nous l'avons déjà dit, faire une nomination définitive, mais seulement une nomination provisoire jusqu'à la rétractation des serments et l'adhésion aux Brefs de Pie VI et Pie VII.

En réalité l'Evêque se faisait renseigner sur les sentiments du curé de Balleroy et essayait de le faire revenir à la véritable soumission. Le 2 mai 1804, M. Leguelinel du Routel, curé de Vaubadon, que Mgr Brault avait chargé d'amener M. Moulland à faire une visite à son évêque, écrivait : « J'ai commencé par l'en prévenir en lui annonçant que j'avais pris la liberté de vous prier de lui rendre votre correspondance et que vous m'avez fait cette réflexion : Eh bien ! venez me voir tous les deux. Il se plaint que vous n'ayez pas répondu à sa lettre, il y a 6 mois, et il ne fera pas d'autres démarches ; son dernier mot a été : Je respecte l'Episcopat et vous pouvez assurer M. l'Evêque du même respect et de la même soumission que j'avais pour M. Bisson ; mais comme ma première démarche a été mal accueillie, je ne puis me déterminer à une seconde. Je vous adresse mes sollicitations, je ne vous en ferais aucune, si je ne n'avais toujours regardé M. le Curé de Balleroi comme un homme vertueux et tenant inviolablement à la religion et aux devoirs de son état. » — Le 6 août, il écrit encore : « Mon dessein était d'avoir encore une conversation sur ce sujet... Je voulais qu'elle parût l'effet du hasard, je dis à M. Moulland que c'était à lui de donner l'exemple d'une entière soumission, afin d'apprendre aux fidèles à se réunir à leurs évêques, qu'il devait voir que tous les ecclésiastiques n'avaient pas toute la piété qu'on devait attendre d'eux, que c'était pour lui un motif de se réunir à son évêque, pour l'aider à réparer le mal ; j'ajoutai qu'il ne devait attendre que de la peine et du repentir de sa résistance ; je lui ai dit enfin que sa conduite blessait la piété que j'avais toujours remarquée en lui. Pourquoi refuser de nous présenter ensemble ? C'est, dit-il, que j'aurais l'air d'être mené comme un enfant. Il a la faiblesse de ne pas réparer sa faute, j'en suis d'autant plus fâché qu'il a réellement beaucoup de piété et que cette résistance y fait une tache. »

Les deux anecdotes suivantes, racontées par ses neveux, montrent bien l'état d'esprit de Moulland, sa révolte insolente. La veille de l'installation de M. Brault, à 10 heures du soir, Moulland, voyant toutes les démarches inutiles pour admettre les Constitutionnels et, en particulier, M. Bisson à cette fête, prit M. Brault à bras le corps et lui dit avec l'accent énergique qui part du cœur et devrait toujours aller au cœur : « Ah ! M. l'Evêque, je désire que vous viviez assez longtemps pour réparer le mal que vous allez faire dans cette journée. ». — Un jour, invité par M. Brault à dîner à l'Evêché, M. Moulland osa lui répondre : « Je vous remercie, M. l'Evêque, je devais avoir aujourd'hui l'honneur de dîner avec un évêque, car j'ai promis de dîner à M. Bisson... » et M. Brault, ajoutent les neveux, ne trouva pas mauvais cet acte de franchise et de fermeté... on pourrait dire d'insolence.

Le 10 pluviôse an XIII (30 janvier 1805), il écrivait : « Je n'ai pas cru devoir faire d'observations sur ma paroisse : vous savez que la paix la plus parfaite y règne et que tous les fidèles ne respirent que pour le bonheur de la patrie et la gloire de la religion. »

Le 30 avril 1805, il manifeste la satisfaction de l'honneur d'avoir la confirmation à Balleroy, le mercredi 12 juin : « Si les fonctions du ministère ne m'enchaînaient pas cette semaine à Balleroy, je voudrais vous exprimer combien je suis sensible aux marques de prédilection que vous donnez à mon Eglise en la choisissant... vous me montrez tout ce que je puis attendre de votre bonté ; je ne saurais plus former de vœux téméraires ; les plus hardis sont légitimes. J'ose donc me promettre, M. l'Evêque, que vous daignerez descendre ce jour-là chez moi et célébrer la cène avec les tendres disciples que vous appellerez » — Le même jour, le châtelain, Philippe-Auguste de Balleroy, offrait l'hospitalité à l'Evêque.

Le 25 octobre, il fait remarquer que dans le nécrologe de l'année dernière, on a oublié le nom de M. Louis Godefroy, ancien curé d'Ellon (un des membres du presbytère); on lui répond le 26 et on le blâme d'avoir indûment qualifié L. Godefroy, curé d'Ellon.

J'ai déjà cité sa réponse de septembre 1805 à la lettre de M. de Croisilles, demandant l'adhésion aux brefs de Pie VI et Pie VII et la lettre de renseignements de M. Genas sur l'abbé Bidot, en 1805. — Le 27 mars 1806, M. Genas, curé de la Bazoque, parle dans une autre lettre de M. Bidot, dont les mœurs sont pures et irréprochables et qui jouit d'une très bonne réputation à Balleroy, où il est très exact aux offices, dit la messe régulièrement et tous les jours et en très peu de temps; il ajoute : « Il y a un autre abbé à Balleroy, l'abbé Chuquet, dont les mœurs sont pures; il est déjà âgé ; il serait moins entier dans ses sentiments que M. Bidot; il est extrêmement honnête, d'un caractère très doux; c'est aussi un prêtre de Fauchet qui, avant la Révolution, avait été refusé plusieurs fois faute de science et de talents. » (C'est lui, je suppose, qui mourut le 24 juillet 1808).

Dans sa lettre du 4 novembre 1805, M. Moulland signalait son usage de quêter à toutes les messes pour les malheureux et aux vêpres ou saluts pour la décoration du temple. Le 1er février 1806, il demandait une pension pour son vicaire, M. Poutrel. En 1808 et 1809, nous signalerons son heureuse et glorieuse intervention dans l'affaire Fourey. Fourey avait été condamné pour assassinat de M. Labbé, maire de Foulognes; Fourey était couché au moment du crime, et il y avait un témoin; l'accusation s'appuyait sur ce que Fourey avait été reconnu à la lueur de l'amorce de son fusil. Fourey avait un frère à Balleroy, la femme du condamné vient s'adresser à M. Moulland; il donne au frère du condamné l'argent nécessaire pour faire le voyage de Paris, l'adresse à son ami Mauviel, évêque de Saint-Domingue; celui-ci l'envoie à l'avocat Caille des Fontaines, qui plaide l'affaire gratuitement, fait renvoyer la cause devant le jury de Coutances et produit une expertise scientifique établissant qu'il est impossible de reconnaître un individu à la seule lueur d'une amorce. Fourcy fut acquitté et Moulland acclamé à son retour de Coutances et porté en triomphe à son presbytère, fit un grand discours plein de charité et de reconnaissance, à la messe d'actions de grâces, le dimanche 23 avril 1809. M. Caille demanda vainement pour Moulland la décoration de la Légion d'honneur.

Mais bientôt les difficultés recommencent avec l'administration épiscopale : le 29 avril 1810, il prévient le Secrétariat de l'Evêché qu'il a été sur le point de refuser des papiers de l'Evêché, parce qu'ordinairement on remet les papiers chez son beau-frère, Denis, armurier, rue Saint-Malo, que l'adresse n'était pas de l'écriture habituelle et qu'il laisse au bureau tout imprimé dont il ne connaît pas l'auteur. Dans son dossier on trouve une lettre du 13 janvier, de Mme d'Hervilly, de séjour chez ses enfants à Deniécourt, par Péronne, et demandant à Monseigneur une bourse de séminariste, pour un nommé Chuquet, âgé de 16 ans, qui étudiait chez le curé de Vaubadon; ce qui tendrait à établir l'affirmation de M. Bidot que M. Moulland ne favorisait pas les vocations ecclésiastiques. En 1813, M. Poutrel a une attaque de paralysie; en 1814, Moulland demande pour l'abbé Néel de la Perrelle, la permission de dire la messe, malgré la défense qui lui en est faite, quoiqu'il n'y ait point de peine de suspense, ni d'interdit contre lui. En 1816, M. Moulland demande très humblement à Monseigneur la permission de laisser prêcher à Balleroy, pour la Saint-Martin, M. l'abbé Bidot : « Quand je suis arrivé à Balleroy, j'y ai trouvé M. l'abbé Bidot qui m'a donné toutes les marques possibles d'amitié et d'attachement à son état; depuis qu'il est à Littry, il ne cherche que l'occasion de m'obliger; je l'ai invité à toutes les fêtes patronales que j'ai célébrées : je désirerais le prier de m'aider à solenniser la Saint-Martin, mais je n'ose de peur de déplaire à mon évêque, dont il m'a dit qu'il a eu le malheur d'encourir la disgrâce. Comme la colère d'un père ne dure pas, je suis très persuadé que Monseigneur lui pardonne et sera même flatté d'apprendre qu'il édifie son ancienne paroisse... Daignez me dire si je puis inviter mon ami de venir à ma fête sans crainte d'être désavoué de Sa Grandeur ou si je dois l'oublier au risque de me voir à mon tour rangé parmi les ingrats. La présence de M. Bidot peut blesser quelques personnes de Littry, mais tous les fidèles de Balleroy le verront d'un bon œil et me sauront gré de ma démarche. »

En 1817, le 6 octobre, il répond aux plaintes de Nicolas Philippine, dont le fils a été renvoyé de la Première Communion avec cinq autres : « Il est trop léger, trop dissipé; le veille de la première communion, il a volé des cerises à M. de Balleroy, il n'a encore que 12 ans et demi. Dieu veuille que le père, la mère et la sœur de cet enfant n'étouffent point, par leur indifférence, le zèle et l'amour de la religion que je m'efforce d'allumer dans son cœur et dont la veuve Michel (gardienne des enfants) leur donne de si édifiants exemples. »

En mai 1818, c'est le marquis de Balleroy qui, comme maire, porte des plaintes à l'Evêque et au Préfet contre M. Moulland; celui-ci a dû, le 23 mai, subir un interrogatoire à l'Evêché : ses lettres au marquis contiennent plusieurs phrases contraires à la charité, aux égards dus à M. le Maire et enfin à la dignité d'un Curé... On exige une lettre d'excuses au maire, les lettres sont remplies de personnalités offensantes pour M. de Balleroy et il y règne un ton de persiflage bien déplacé et très répréhensible ; le marquis reçoit la lettre et finit par s'en rapporter à Monseigneur, le 18 $\frac{16}{6}$ 18.

Le 4 avril 1820, M. Moulland écrit à Monseigneur : « J'ai reçu 23 exemplaires d'une lettre écrite en votre nom et par votre ordre à MM. les Trésoriers de fabrique, où vous leur conseillez de suspendre le paiement de sommes réclamées par M. le Préfet pour le timbre de leurs registres. Comme ces imprimés ne portent aucune des formalités ordinaires et qu'ils paralysent les mesures du gouvernement, tout avantageux qu'ils soient aux trésoriers, j'ai peine à croire que mon évêque n'imite point la conduite du Pape saint Grégoire qui, dans une affaire bien plus importante que la perte de quelque argent, commença par obéir à l'empereur et fit des remontrances ensuite. Daignez donc, Monseigneur, me dire par l'exprès que j'adresse à Votre Grandeur, si je dois vraiment croire à l'authenticité de cette lettre et si vous exigez que je l'envoie. » La réponse fut immédiate : « Vous pouvez renvoyer le papier ou circulaire dont vous me parlez », et, le 7 avril, une lettre de l'Evêché confirmait cette réponse : « Monseigneur vient de confier à M. Pesché, curé de Trungy, les fonctions de Doyen pour le canton de Balleroy ; il sera spécialement chargé à l'avenir de transmettre les mandements, circulaires, etc., distribuer les Saintes Huiles, délivrer les registres, etc., recevoir le produit des quêtes. Quant aux actes concernant votre paroisse, ils vous seront directement transmis de l'Evêché. »

M. Moulland répond ainsi, sur le ton du persiflage hautain et hypocrite : « 10 avril. En me déchargeant des pénibles fonctions de doyen, Monseigneur vient au secours de ma faiblesse et me fait le plus grand plaisir. Je n'avais pas eu la témérité de les demander et je ne les ai acceptées que pour donner une preuve de soumission et dans l'espérance de rendre quelques services à mes confrères... Je crois y avoir mis un peu de zèle et montré du désintéressement... Je jouirai désormais de plus de repos, si nécessaire à ma santé, et j'y perdrai moins de temps. Dieu soit béni. Mon cœur me dit : Tu n'es point coupable; le prélat a certainement pris ma lettre dans un autre sens que je ne l'ai écrite. En balançant à suivre les mesures que propose sa sollicitude pastorale, je loue les motifs qui les lui inspirent : on doit pénétrer et justifier de même les motifs de mes observations, fortifiées surtout de l'exemple d'un pape qui a mérité le nom de Grand et la vénération de tous les siècles. »

Le 29 mars 1828, Mgr Dancel, prenant possession de son siège, espère réussir à ramener Moulland et sa lettre très touchante est bien sortie du cœur d'un père : « 20 fois au moins, M. le Curé, j'ai pris la plume pour vous écrire et j'ai reculé 20 fois. Vous devinez bien ce que je voulais vous dire... rien moins que de vous prier, vous conjurer de rétracter franchement, loyalement le malheureux serment que vous avez prêté, lorsque vous entrâtes dans l'Eglise constitutionnelle de 1791. Serment condamné par Pie VI et Pie VII, par l'Eglise de France et par toutes les Eglises de la Chrétienté; Eglise constitutionnelle, déclarée schismatique, sans pouvoirs, même à titre coloré. Or tout le monde ici me dit, depuis que je suis évêque de Bayeux, que ni M. Brault, ni M. Duperrier n'ont pu vous amener à faire cette démarche.

« Hélas ! mon ami, aurai-je la douleur de vous voir à la place que vous occupez dans mon diocèse et à votre âge et avec les bonnes et aimables qualités que vous avez d'ailleurs, vous verrai-je, dis-je, insensible à la douleur de l'Eglise catholique, qui vous parle, qui vous sollicite, qui vous prie par ma bouche, comme elle vous a si souvent parlé par la bouche de 2 Papes, de 3 Evêques de Bayeux et de tous les Evêques du monde catholique, qui ont si horreur et du serment de 1791 et de l'Eglise constitutionnelle, qu'un prêtre qui s'en déclarerait partisan ne trouverait pas un autel où il fût admis à dire la messe.

« Oh ! si j'avais le bonheur de recevoir cette pleine et entière soumission et rétractation par un simple *subscribo in omnibus*, signé de vous au bas de cette lettre que vous me renverriez, sans explications, sans détour et sans restriction, quel triomphe pour vous, pour la religion, pour la Sainte Eglise, pour tout mon clergé, comme pour moi, et de quel embarras ne me tireriez-vous pas lorsque je viens à penser que l'administration du canton de Balleroy est confiée à un autre que vous, que dans les confirmations (au 15 ou 16 avril le cas arrivera) votre paroisse est appelée je ne sais où, je ne sais comment ; que dis-je ? quand je pense que vous n'êtes pas même curé titulaire de Balleroy.

« Dans mon archidiaconé de Valognes, j'ai eu le bonheur de ramener un très grand nombre de prêtres constitutionnels, ils étaient mes meilleurs amis.

« Si, au contraire, le *subscribo in omnibus* vous déplaît, au moins je vous conjure de ne pas me le dire.

« Ce serait bien pis si vous alliez m'envoyer une apologie que je ne lirais pas : un catholique ne discute plus après le jugement de la Sainte Eglise, également infaillible, soit qu'elle prononce en concile, soit qu'elle s'explique dispersée, soit qu'elle garde le silence en recevant une bulle dogmatique du Saint Père, comme celles de Pie VI et Pie VII sur les affaires de France, en 1791-1792-1802. Je n'ai à tous les faux-fuyants qu'une réponse à faire, celle de saint Jérôme : *Omnes istos difficultatum rivulos uno Ecclesiæ sole siccare possum.*

« *Miserere animæ tuæ, placens Deo et S. Ecclesiæ. Ut te lucrifaciam, cupio esse anathema.*

« Que ne puis-je vous montrer ce cœur qui se déverse aujourd'hui dans cette lettre, après avoir si longtemps balancé ! ou plutôt que ne puis-je vous presser sur ce cœur qui vous cherche. *Et tu aliquando conversus, confirma fratres tuos.* Ch., év. de Bayeux. *Scripsi calens zelo* ! *uror dum perlego, mitto sollicitus, dolens, tremens, lacrymans ; rescribe, precor, si tamen subscribas, si te mihi totum committas, statimque ad te rhedam meam committo ut venias, ut te pœnitentem complectar atque comitem meipsum habeas, redux ad tuos pastor.* »

Autant la lettre de l'Evêque est paternelle, sortie du cœur, bien claire, autant la réponse est hautaine, alambiquée, froide et sans cœur et à côté de la question : cette réponse est du 20 mars 1828 : « Révérendissime Evêque, le Curé qui se promettait peut-être le plus de faire votre consolation est donc celui qui cause votre embarras et qui empoisonne votre joie ; je l'avoue, l'étonnement égale ma douleur ; comme vous, j'ai éprouvé de la peine en pensant que l'administration d'un canton dans lequel j'ai montré quelque zèle et quelque désintéressement était confiée à un autre que moi ; cela suppose donc mécontentement du côté du supérieur et il est toujours fâcheux de déplaire à son évêque ; mais pourquoi, Monseigneur, a-t-on révoqué ce privilège et s'est-on efforcé par là de me flétrir dans l'opinion publique? M. l'abbé

Daudibert, qui m'a toujours témoigné tant de bonté, a oublié de m'en indiquer la cause, qui eût été néanmoins si avantageux de connaître, afin d'exciter mon repentir : en voici toutefois l'occasion (v. la lettre de 1820), la lettre était signée Paysant, en gros caractères d'imprimerie. Comme les lettres n'étaient ni contresignées, ni empreintes d'aucun sceau qui prouvât qu'elles émanaient de l'Evêché, ne sachant pas d'ailleurs qu'il y eût un provicaire et n'ayant jamais ouï parler de celui qui était élevé à cette place, je craignais qu'on ne tendît un piège à ma crédulité, pour m'attirer l'animadversion du gouvernement; on a vu tant de personnes surprendre la bonne foi dans tous les partis; un abbé Guyot de Folleville n'a-t-il pas trompé toute l'armée vendéenne, en se disant évêque d'Agra et vicaire apostolique, à Dieu ne plaise qu'en citant ce fait, je compare les deux abbés ensemble; M. Paysant mérite ma confiance ainsi que celle du Prélat et il m'a rendu les plus éminents services, tandis que le prétendu vicaire apostolique n'était qu'un imposteur sacrilège. Je prétends seulement justifier ma crainte. Ne voulant donc nullement fermer les ressources que le gouvernement croyait trouver dans les trésors ou plutôt dans les troncs des églises, ni désobéir à mon évêque dont je louais les motifs, je consultai Sa Grandeur pour m'assurer de l'authenticité de ces feuilles. Deux jours après, M. l'abbé Daudibert me répond : Renvoyez-nous les lettres dont vous parlez, et dans la même semaine il m'annonce que dorénavant c'est M. Pesché, desservant de Trungy, qui est chargé de l'administration de mon canton; depuis cette époque, les fonctions d'archiprêtre ont été déférées à divers ecclésiastiques, lesquels ne sauraient entretenir une correspondance aussi facilement que le curé de Balleroy avec notre Pontife et nos autres confrères. — A la vérité, j'ajoutai l'exemple de saint Grégoire,... voilà tout mon crime. Cependant n'est-ce pas ainsi que l'on agit tous les jours, lorsqu'on est trop imposé... De quel œil me regarderait-on si j'engageais mes paroissiens à ne point payer provisoirement. Mais, Monseigneur, si j'ai eu tort de me permettre ces réflexions, ne suffisait-il pas de me montrer qu'elles étaient déplacées à l'égard de son Evêque et n'aurais-je pas été assez puni par le regret d'avoir contristé son cœur? Ah ! un seul mot de reproche aurait déchiré le mien. — Vous êtes embarrassé quand vous pensez que dans les confirmations ma paroisse sera appelée vous ne savez ni où ni comment. Il y a un moyen aisé de vous tirer de peine et j'ose vous le proposer parce qu'il est digne de vous : suivez l'exemple de Mgr Brault que vous nommez vous-même le grand Prélat ; il a confirmé 2 fois à Balleroy, m'a honoré d'une visite ; daignez donner une nouvelle preuve d'humilité, de charité, en descendant chez moi, du moins en ne privant pas mon misérable bourg de votre présence et tout le monde bénira votre mémoire. Vous pensez que je ne suis pas même curé titulaire de Balleroy ; je ne me serais jamais imaginé qu'après 25 ans de possession paisible on doutât de la validité des titres que m'a remis lui-même l'illustre prédécesseur, mais vous ne m'en signalez pas les défauts, j'attends vos raisons dans un humble et respectueux silence. Que dis-je, est-il besoin de discussions quand l'esprit de religion et de bienveillance vous anime? Si quelque formalité manquait à ma nomination, ne vous empresseriez-vous pas de la réparer? Loin donc de contester la légitimité de mon titre, vous le sanctionnerez et j'en retrouverai toujours un autre dans votre cœur. Oui, Monseigneur, je crois avoir quelques titres à votre estime et vous ne devez point douter de mon orthodoxie, ma profession de foi est écrite sur l'écrou des prisons (v. plus haut). »

Le 3 juin 1829, à la Conférence, M. Moulland montra ses convictions gallicanes; il ne fut plus inquiété, mais persista dans son opiniâtreté schismatique. Il continua son ministère, ses études, ses charités; il fit les exercices du Carême en 1831; le Vendredi-Saint, il fit péniblement les cérémonies, se reposa le samedi, voulut officier à Pâques, mais dut se coucher après la messe; le lundi il reçut les sacrements et mourut le mardi 12 avril, à l'âge de 74 ans. Il fut inhumé par l'abbé Barrey, curé de Lingèvres, qui faisait les fonctions de doyen. La commune lui éleva un tombeau et, en 1843, le conseil municipal décida d'accorder gratuitement une concession perpétuelle à la famille Moulland dans le cimetière de Balleroy, à l'emplacement du monument funèbre, avec les considérants suivants : « Attendu que M. Moulland, ce prêtre d'une haute intelligence, d'une vaste érudition, se fit toujours remarquer par la pratique austère des vertus évangéliques, que père des pauvres, en un mot véritable apôtre sur la terre, il ne marqua son passage parmi nous que par ses bonnes actions et ses bienfaits; attendu que les sentiments de vénération et de respectueuse reconnaissance qui accompagnèrent à leur dernière demeure les restes mortels de M. Moulland, sont et seront toujours vivants dans le cœur de nos concitoyens... »

NOTICE SUR MORICE

Michel Morice ou Maurice, né à Engranville, le 20 mars 1769, élève du Séminaire de Bayeux du 18 octobre au 23 novembre 1791, fut ordonné prêtre par Bescherel de la Manche, au nom de Fauchet, le 17 décembre 1791. Il fut vicaire de Tour, où il prêta serment le 1er janvier 1792 et de nouveau le 14 septembre et fut curé de Verson, le 13 mai 1792. Il se démit de ses fonctions et remit ses lettres de prêtrise le 25 pluviôse an II ; il fut cependant regardé comme suspect, son père étant fermier du cit. Saffray d'Engranville ; il s'engagea dans la cavalerie de la Montagne et cependant, le 25 mars 1794 il était en prison dans la maison des Carmélites de Caen ; il ne quitta cette prison que le 14 octobre ; il fut nommé commissaire du directoire exécutif de Balleroy en frimaire an IV (1796) (v. Arch. Calv. Lm Elections personnel) ; dans une lettre du 18 frimaire, il rend compte de sa présentation devant le conseil du canton (Reg. municipaux) ; le 30 frimaire an XI, un congé définitif lui est donné par le général de division de Caen ; le 5 germinal an IX, un certificat de vie est donné au citoyen Michel Morice, pensionnaire ecclésiastique ; le 22 nivôse an X, il est élu et, le 1er germinal, installé 1er suppléant de juge de paix. Du 15 novembre 1804 au 17 septembre 1820, il fut notaire à Caumont. S'est-il rétracté ?

NOTES SUR BOUISSET

Jean Bouisset était né en 1736 de Pierre Bouisset, maréchal, et de Marie James. En 1762, Mtre Jean Bouisset était professeur de rhétorique en l'Université de Caen. Le 9 décembre 1774, à Caen, devant Marin Benard, René de Néel, clerc tonsuré et chanoine de Bayeux, demeurant ordinairement à Paris, au Séminaire de Saint-Magloire, et de présent au château de Sainte-Marie-Laumont, résigne sa prébende d'Esquay en faveur de Me Jean Bouisset, acolithe (*sic*) du diocèse, licencié en droit, membre et ancien directeur de l'académie royalle (*sic*) des belles lettres de Caen et ancien professeur de rhétorique au collège du Bois de l'Université de ladite ville, demeurant ordinairement à Paris, rue de Bourbon, paroisse Saint-Sulpice. Le bref de Rome est du 8 des kalendes de Mars (22 février), l'arrêt en conséquence est du 30 mars, vérifié et inscrit au Parlement le 4 avril 1775 et, le 11 avril, collation par Mgr de Rochechouart; le 12, prise de possession, il a une stalle *in inferioribus dextræ partis chori*. Le 28 août 1780, Mgr de Cheylus lui donne collation du canonicat et prébende de la Marre, il était prêtre; le 27 septembre, il prend possession, mais comme un autre l'avait obtenu en cour de Rome, il reste chanoine d'Esquay. Le 21 juin 1784, il reçoit collation de la sous-chanterie, vacante par le décès de Joachim Saladin. Il prend place au chapitre *in sinistra parte juxta et post Domini, archidiaconum Cadomensem et*, au chœur, *sinistræ partis chori sedibus in tertia sede juxta stallum D. archid. Cadomensis*. Il fut le premier à prêter serment en 1791.

(Arch. du Calv. L, Reg. du Comité de surveillance de Bayeux, nº 1). — Le 19 nivôse an II, il figure sur la liste des détenus dans la maison d'arrêt de Bayeux, pour cause de suspicion. Le 9 pluviôse an II, nous lisons que de l'interrogatoire de Jean Bouisset, il résulte que la suspicion que le comité avait eue sur le compte du susdit Bouisset est anéantie, le comité arreste qu'il va être mis en liberté (3e Registre). Le 27 prairial an II, Groult et Bouisset sont nommés députés vers la municipalité et le district pour faire disparaître les croix qui sont sur la cathédrale et remplacer les airs du carillon par des airs patriotiques. En messidor an II, Baudre et Bouisset dénoncent ceux qui chôment les ci-devant dimanches. On nomme un comité pour la surveillance des écoles;

Comte dit que Bouisset ne peut l'être, ayant été prêtre et même chanoine; on doit craindre qu'il ne donne de mauvais principes à une jeunesse républicaine... que sa conduite n'a pas toujours été sans reproches,... qu'il s'est promené l'un de ces jours dans le ci-devant palais de l'égalité avec un nommé Narbonne, aussi ex-prêtre et chanoine, et ils y ont craché sur l'habit national. Bouisset répond qu'il veut être vengé des calomniateurs et finalement il n'est pas élu membre du comité.

(Bibliothèque de Bayeux, manuscrit 136). — Le 23 frimaire an III, Bouisset est nommé membre de la commission des Arts de Bayeux; le 24 frimaire, il envoie (Man. 142, n° 35) sa lettre de remerciements; le 24 vendémiaire an IV, il remet les clefs du château à la citoyenne d'Hervilly avec une copie du catalogue, et, le 1er brumaire, on lui accorde 140 francs pour les classements faits au château. Le manuscrit 141, n° 32, nous apprend que Bouisset et Jehanne cessèrent leurs fonctions de membres de la commission des Arts; Bouisset les laisse pour celles de professeur de l'Ecole centrale le 1er brumaire an V.

Il mourut le 5 juillet 1825, après avoir reçu les sacrements de pénitence et d'extrême-onction, il ne reçut pas celui d'Eucharistie, car il était fou. Quelle rétractation avait-il faite ? Voir ses œuvres poétiques, Bibliothèque de Caen : Chansons de la Révolution : 1° Invocation à l'Etre Suprême; 2° et 3° Imprécations contre les parjures; ces imprécations n'ont pas de nom d'auteur, mais sont publiées sur la même feuille que l'Invocation à l'Etre Suprême.

D'après M. Pezet (Bayeux au XVIIIe siècle, page 93), l'homme le plus distingué peut-être de Bayeux en 1789 par la sûreté de son goût littéraire et l'éclat de son esprit, était l'abbé Bouisset, chanoine. Il avait, dans sa jeunesse, traduit la Jérusalem délivrée et avait été couronné plusieurs fois comme vainqueur aux Palinods de Rouen et de Caen. Plus tard, il composa une Invocation à l'Etre Suprême et une Imprécation contre les Parjures où la politique révolutionnaire se mêla trop aux inspirations de la poésie. Précepteur des enfants du baron de Fontette, intendant de la généralité de Caen, l'abbé Bouisset habitait Paris une partie de l'année et y était répandu dans la société philosophique. Il avait beaucoup connu d'Alembert, d'Holbach, Diderot et il avait eu l'honneur, ainsi qu'il le disait avec une sorte d'orgueil, d'être présenté à M. de Voltaire. Un jeune abbé spirituel et philosophe était alors facilement à la mode. On sait quel était, à la fin du XVIIIe siècle, l'ascendant des lettres et du bel esprit dans le monde et surtout près des femmes. L'abbé Bouisset savait en profiter avec un tact qui lui faisait accorder au rang tout ce qu'il lui devait et avec une hardiesse qui ne lui laissait point oublier ce qu'on devait à lui-même (Anecdote du fils d'un maréchal de France, d'Harcourt, et du fils d'un maréchal en France, Bouisset). Les cours qu'il professa à l'Ecole centrale du Calvados et au Lycée de Caen, ont jeté un grand éclat. Nul ne déclamait avec plus de charme et ne possédait mieux cet esprit de conversation qui atteint la mesure et ne la dépasse pas. Sa tête expressive était couverte d'épais cheveux blancs, son œil spirituel et son sourire voltairien. Il avait abandonné l'état ecclésiastique et est venu mourir à Balleroy, au sein de sa famille, à l'âge de 89 ans, après avoir traversé la Révolution, non sans laisser quelque chose de sa considération aux ronces du chemin. Frappé d'aliénation mentale, il avait depuis plusieurs années perdu la mémoire des mots et ne prononçait plus que ces mots anglais : *to be or not to be*, être ou ne pas être.

NOTICE SUR L'ABBÉ DE LA COUR D'INGREVILLE

Jean-Raphaël-François de la Cour d'Ingreville était cousin du seigneur de Balleroy : il était né à Saint-Pierre-sur-Dives, alors du diocèse de Séez; ses lettres d'ordination et de nomination, laissées au château de Balleroy, établissent ainsi ses états de service : Ordonné prêtre à Séez, le 22 septembre 1759, licencié ès 2 droits, chanoine de Feuguerolles en octobre 1770, vicaire général et archidiacre du Vey le 14 juin 1771, il prend possession de cette dignité le 26 août : M. Cr. de Biaudos, doyen, préside le chapitre. M. Suchard de Loucelles, trésorier, le met en possession de sa place au chapitre et, l'après-midi pendant none, de sa stalle au chœur, *quæ post sedemDomini thesaurarii proxima seu secunda est et dignitati diaconatus de Vadis affixa* (Reg. des Insinuations). En 1777, Mgr de Cheylus et, en 1804, Mgr Brault, lui renouvellent ses pouvoirs de vicaire général; il fut nommé chanoine titulaire en 1805 seulement, et une lettre de lui semble montrer qu'il fut surpris de ne pas l'être plus tôt. Pendant la Révolution, il résida continuellement à Bayeux (Arch. du Calv. 5 Q. Emigrés la Cour-Ingreville), sauf une interruption forcée d'un an que, « par suite des mesures révolutionnaires j'ai passée en maison d'arrêt dans la commune de Caen, en prison »; son âge l'avait, d'après la loi, exempté de la déportation. En 1784, il fut député du diocèse en la Chambre souveraine du clergé de Normandie; en 1788, il eut la prébende de Missy. En 1806, il fit son testament à Philippe de La Cour-Balleroy, à Louis Vautier d'Amfreville et Cécile d'Amayé, son épouse, à Longueville; il y eut transaction.

NOTES

ÉTAT des BIENS de M. de Balleroy, par les experts Gassion et Thomine

	REVENU ANNUEL d'après les baux avant 1790			REVENU ANNUEL d'après l'estimation (sur le pied de 9 v.)			CAPITAL DE L'ESTIMATION		
	l.	s.	d.	l.	s.	d.	l.	s.	d.
Château, cours, avant-cour, basse-cour et fossés, 24 perches	450	»	»	800	»	»	14.400	»	»
Parterre, 5 v. 16 p.	372	7	6	43	4	»	950	»	»
Jardins potagers, 10 v. 31 p.	y compris les fossés et cours d'eau			269	7	6	5.926	5	6
Pré de la Glacière, 2 v. 13 p.	34	17	6	46	10	»	1.023	»	»
2 étangs, 16 p.	6	»	»	6	»	»	132	»	»
Ancienne juridiction, auj. maison commune, 4 p. 1/2.				60	»	»	1.080	»	»
Halles, 5 p.	1	»	»	10	»	»	180	»	»
Grandes et petites maisons des forges, 32 p.				154	»	»	2.772	»	»
Jardins desd. mais., 31 p.	183	15	»	30	»	»	660	»	»
Moulins et cour, 1 v. 3 p.				937	»	»	16.886	»	»
Jardin potager, 1/2 v.	1.043	12	6	20	»	»	440	»	»
Pré des Islets, mulon de sornes, 6 v. 25 p.				99	»	»	2.186	5	»
Pré du Moulin, 10 v. 17 p.	188	»	»	260	12	6	6.533	15	»
Costils sur les essaux du Moulin, 25 p.	2	11	»	2	10	»	55	»	»
Bois sur le Costil des Roues							120		»
Herbages du Moulin Foulon, 28 v. 31 p.	326	16	»	332	5	»	7.309	10	»
— lieu Verdier, 14 v. 8 p.	213	»	»	355	»	»	7.810	»	»
— la Bimboure, 12 v. 6 p.	182	5	»	218	14	»	4.811	8	»
— Fourneau, 33 v. 33 p.	264	4	»	330	5	»	7.265	10	»
— la Vignassière, 27 v. 14 p.	219	2	3	295	7	6	6.498	5	»
— Pont blanc, 27 v. 31 p.	222	4	»	361	1	6	7.943	13	»
Bosquet de la Garenne, 10 v. 30 p.	161	5	»	21	10	»	473	»	»
Baliveaux dud.							936	»	»
Couppe dudit.							215	»	»
Promenade du Pavillon, 52 v. 20 p.	420	12	»	131	5	»	2.887	10	»
Baliveaux et bois.							4.100	»	»
Remise dans la pièce de la Campagne.				6	»	»	132	»	»
Bois							50	»	»
Bosquet (dit du Miroir), 4 v. 25 p. 1/2	37	2	»	37	2	»	816	»	»
Plantations des avenues et quinconces avec les avenues de Courteille							39.774	»	»
Ferme de Molandin ou du Parc, 509 v. par bail de 1781 (2.400 l. de principal) et en outre, y compris les dismes, corvées, clauses et impositions, total 2.554, déduction faite des charges des propriétaires	2.554	»	»	3.118	»	»	68.356	»	»
Masure et cour (ferme du Parc), 3 p. 1/2	»	15	»	»	15	»	13	10	
Id. 4 p.	»	16	»	»	16	»	14	8	»
Jardins et pommiers, 24 p.	4	»	»	4		»	88	»	»
Maison et cour, 11 p.	4	2	6	4	5	»	88	10	»

	REVENU ANNUEL d'après les baux avant 1790			REVENU ANNUEL d'après l'estimation (sur le pied de 9 v.)			CAPITAL DE L'ESTIMATION		
	l.	s.	d.	l.	s.	d.	l.	s.	d.
Herbages sous la forêt, pré Bosquet, la Ceinture, pré de la Feudrie, parc aux bœufs, 220 v. 12 p.	3.910	»	»	4.323	17	»	95.124	14	»
Ferme de Courteille, 193 v. 36 p. ou 39 h. 61 a. 14 c., bail de 1785, affermée 1.070 l., de plus les dixmes, corvées, clauses, impositions 1.237 l. 2 s. 6 d., déduction faite des charges du propriétaire, reste.	1.208	9	»	1.218	8	»	26.064	16	»
Baliveaux sur taillis, sur cette ferme et le moulin Foulon							1.000	»	»
Herbage de la Clairière (Castillon), 7 v. 3 p.	49	»	»	51	5	6	1.128	»	»
Ferme du Coesel, 295 v. 15 p., bail de 1784 pour 1983 l., plus 471 l. 16 s. 4 d. pour dixmes, pot de vin et impositions, dont il faut déduire 50 liv. pour charge du propriétaire.	2.404	16	4	2.560	»	»	56.120	»	»
Herbage sous le côteau du lieu Pery, 15 v. 5 p.	118	»	»	181	10	»	3.993	»	»
Le costeau et une remise de chasse, 9 v. 5 p.				45	12	6	1.003	15	»
Ferme de Montfiquet 309 v., bail de 1784 de 2167 liv., plus 444 l. 17 s. pour dixmes, impositions, pot de vin, dont il faut déduire 50 l. pour charge du propriétaire.	2.561	17	»	2.695	11	»	58.822	2	»
2 pièces au Tronquay, 10 v. 28 p. . . .	31	19	»	32	»	»	704	»	»
Bois de la Londe, 89 arpents 68 p. . . .	612	»	»	896	»	»	19.712	10	4
Superficie d'une partie dud. bois resté à couper, 25 arpents 31 p. à 130 liv. l'arpent.							3.290	6	»
3000 boisseaux de charbon de terre à chaux à prendre sur la mine de Littry, à dix sols le b.	1.500	»	»	1.500	»	»	33.000	»	»
TOTAL. . .				21.459	1	6	513.469	13	4

Fait et arresté à Balleroy, le 14 messidor an 4e.

Note aux Archives du Château

ÉTAT DES BIENS DONT JOUISSAIT M. LE COMTE DE BALLEROY LE 1er MARS

(Supplément de la note précédente)

		h.	a.	c.		
Herbage	sous le château,	17 h.	16 a.	05 c.	ou 84 v.	
—	sous la forêt. .	25	90	37	126 v.	32 p.
—	de la vallée . .	14	47	88	70 v.	35 p.
—	du pont-blanc .	11	65	97	57.	
—	du lieu Verdier	2	90	09	14	08.
—	de la Bimboure	2	48	21	12	06.
—	du moulin Foulon	4	44	84		
Maison et jardin des Forges			30	64	1	20.

Archives Départementales

L DISTRICT DE BAYEUX

Sociétés Populaires

TABLEAU des CITOYENS composant la « Société Populaire de Bal-sur-Drôme », cy-devant Balleroy, district de Bayeux, département du Calvados, formée le 18 octobre 1792, vieux stile, arrêté en exécution de la loi du 26 vendémiaire.

N^{os}	NOMS ET PRÉNOMS DES MEMBRES	AGE	LIEU DE NAISSANCE	DATE DE L'ADMISSION à la Société	PROFESSION ET DEMEURE AVANT ET DEPUIS LE 14 JUILLET 1789
1	Louis Benoist.	52	Paris.	du jour de la formation.	Négociant à Bal-sur-Drôme.
2	Jacques-François Deby.	45	Nancy.	id.	Arpenteur-géomètre.
3	Joachim-Adrien Hébert.	40	Thorigny.	id.	Chargé d'affaires (il est appelé Hébert de la Vicomt").
4	Charles-François Fournel.	44	Tourlaville.	id.	Receveur des aides, présentement dans les charois.
5	Charles-Israël Jehanne.	25	Bal-sur-Drôme.	id.	Géomètre aud. lieu, prés. à la deffense de la Patrie.
6	Abraham Houel.	44	Thorigny.	id.	Menuisier, prés. greffier du juge de paix.
7	Frédéric Ecolasse.	21	Bal-sur-Drôme.	id.	Vitrier, présentement à la deffense de la Patrie.
8	Marie-Antoine Lecarpentier.	52	Bayeux.	id.	Cultivateur aud. lieu.
9	Louis-Mathieu Maire	51	Lons-le-Saulnier.	id.	Concierge, prés. y vivant de son bien.
10	Pierre-Gilles Gaugain.	39	Bal-sur-Drôme.	id.	Huissier.
11	François Cotentin.	37	La Cambe.	id.	Apothicaire et prés. à l'hôpital de Bayeux.
12	Mathieu Chuquet.	36	Bal-sur-Drôme.	id.	Teinturier.
13	Denis Héricy.	33	id.	id.	Marchand tailleur.
14	Jacques-Constantin Caillou.	34	id.	id.	Perruquier, maintenant instituteur.
15	Pierre Thouvenin.	41	Pont-Audemer.	id.	Vitrier.
16	Jean Moreau.	39	Jonsac.	id.	Cuisinier et à présent cultivateur.
17	Charles Vimard.	31	Bayeux.	id.	Officier de santé sur les vaisseaux de la République et à présent id. aud. lieu.
18	Jean Le Large.	54	Tracy-le-Bocage.	25 octobre 1792. V. S.	Maréchal de logis de la Gendarmerie.
19	Toussaint Le Fèvre.	87	La Ferrière-Harang.	id.	Vivant de son bien.
20	Jacques La Brecque.	29	Villiers-le-Sec.	id.	Jardinier et prés. chef d'attellier des salpêtres.
21	François Michel.	37	Noron.	26 id.	Marchand et à présent garde des forêts nationales.
22	Nicolas-François Philippine.	48	Bal-sur-Drôme.	29 id.	Marchand feronnier.
23	Jacques Bonnel fils.	31	id.	id.	Marchand croquetier.
24	Antoine Philippine.	57	id.	3 nov. id.	Marchand feronnier.
25	Louis-Bernard Gassion.	56	id.	26 id.	Cultivateur.

Nos	NOMS ET PRÉNOMS DES MEMBRES	AGE	LIEU DE NAISSANCE	DATE DE L'ADMISSION à la Société	PROFESSION ET DEMEURE AVANT ET DEPUIS LE 14 JUILLET 1789
26	Charles Antoine.	77	Choisy.	4 juin 1793. V. S.	Receveur de l'enregistrement.
27	Michel Mignot.	56	Bal-sur-Drôme.	14 oct.	Homme de loi et présentement juge de paix.
28	Jacques James.	31	Catillon.	7 brumaire an II.	Tailleur fripier.
29	Louis Philippine.	24	Bal-sur-Drôme.	9 id.	Tanneur.
20	Pierre Bonnel.	28	id.	12 id.	Croquetier.
31	Grégoire Gaugain.	29	id.	12 id.	Soldat et à présent chapellier.
32	Jean-Baptiste Torel.	28	Villers-Bocage.	12 id.	Instituteur et à présent marchand.
33	Jean Bidot.	20	Bal-sur Drôme.	14 id.	Jardinier et à présent à la deffense de la Patrie.
34	Jean James.	25	id.	16 id.	Bouilleur d'eau-de-vie id.
35	Michel Malherbe.	19	id.	16 id.	Boucher et à prés. employé à la fabricon du salpêtre.
36	Joseph Hebert.	41	Bayeux.	18 id.	Marchand.
37	Jacques Bonnel père.	61	Bretteville.	18 id.	Marchand croquetier.
38	François Hébert.	38	Bayeux.	18 id.	Tanneur à présent croquetier.
39	Pierre Frémond.	40	Bal-sur-Drôme.	19 id.	Soldat et à présent instituteur.
40	François Huet.	39	id.	8 frimaire id.	Domestique et à présent cabaretier.
41	François Fouques.	23	id.	8 id.	Maréchal, à présent à la deffense de la Patrie.
42	Jean Heuzé.	23	id.	8 id.	Jardinier id.
43	Louis Sire.	68	Thury, ci-dev. Harcourt.	9 nivôse id.	Mégissier.
44	Mathieu Huet.	32	Littry.	9 id.	Menuisier.
45	Antoine Néel.	53	Honorine-de-Ducy.	9 pluviôse id.	Apothicaire.
46	Auguste Carpentier.	18	Bayeux.	9 id.	Employé dans les transports militaires.
47	Augustin Maire.	39	Montmoreau.	27 id.	Domestique, à présent limonadier.
48	Georges Cotentin.	31	Feuguerolles.	1er germinal id.	Ss-Principal du Collège d'Harcourt, à prés. pharmacien.
49	François Bertrand.	20	Caumont.	9 id.	Apothicaire, employé dans les hôpitaux militaires.
50	Jean-Louis Ecolasse.	56	Bal sur-Drôme.	19 id.	Bourelier.
51	Gabriel Benard.	34	Chanu.	28 id.	Marchand mercier.
52	Antoine Heuzé.	29	Bal-sur-Drôme.	2 floréal id.	Jardinier, à présent chapellier.
53	Jacques Le Guelincl.	42	Bayeux.	14 id.	Cultivateur.
54	Pierre Maréchaux.	29	Saint-Clair.	19 id.	Marchand.
55	François Normand.	61	Bal-sur-Drôme.	5 messidor id.	Boulanger.
56	Jacques Geslin.	71	id.	29 thermidor id.	Vivant de son bien.
57	Philippe Dudouet.	45	Sallen.	29 id.	Maçon.
58	Charles-Marie Barbazan.	27	Alençon.	9 vendémiaire an III.	Receveur de l'agence des Domaines nationaux.
59	Charles Fouques.	60	Bal-sur-Drôme.	22 id.	Chargé d'affaires et d'une direction de créancrs à Falaise.

TABLEAU GÉNÉALOGIQUE

des Familles

DE SEMILLY, TRÈXOT, DE CHOISY, DE LA COUR-BALLEROY

1° Famille DE SEMILLY

Jourdain de Say et Luce des Monts de Lenque.

Agnès, épouse de Richard du Hommet.

Guillaume du Hommet, Jourdain, Enguerrand sieur d'Aunay, Balleroy et Brisborough.

Richard, Guillaume, Henri, Jourdain, Thomas, XXX., Cécile qui épouse Enguerrand (son oncle)

Henri, Guillaume, Jourdan, Geoffroy, Enguerrand, Richard, Luce, dame de Balleroy,

Guillaume II.

Henri (1254-92).

Guillaume III.

Guillaume IV.

Jean Ier.

Guy de Semilly.

Jean de Semilly.

Jean III (1450), épouse Jacquemine aux Epaules, a une fille

Jeanne, mariée à Jean de St Mard, seigneur de Blosseville

Jean IV épouse Jeanne de Semilly.

Jean V, Pasquette épouse Jehan d'Ossonvilliers.

Jeanne de Semilly, sa tante, épouse Jean de St Maard.

Louise de St Maard épouse de Jean des Essars, puis du Mouchel.

Jean II, Antoine, Charles-Antoine, Guy.

2° Les TREXOT

Richard de Balleroy, dit Trexot.

Jean, époux de Jeanne du Rouxel.

Jean, vic. général d'Avranches, chan. de Bayeux, achète la seigneurie de Balleroy.

Jean Trexot, son neveu.

Jean, chanoine de Bayeux, curé de Balleroy. — Jacques, curé et chanoine. — Roulland.

3° Les DE CHOISY

Jean de Choisy épouse Germaine le Charon.

Jean II de Choisy (1625-1660), épouse Jeanne de Belesbat, de la famille de Hurault.

Jean-Paul de Choisy, Pierre, dit de Balleroy, Timoléon, une fille.

4° Les DE LA COUR-BALLEROY

Aïulphe du Four (1122).

Guérin.

X...

Guillaume (1479), prend le nom de la Cour, ép. Madeleine le Sens.

Jean de la Cour, vic^te^ de Caen.

Louis, intendant de Pignerol.

Thomas.

Jacques Ier, marquis de Balleroy, ép. Emilie de Caumartin, petite-fille de Jean de Choisy.

Jacques Augustin — Louis.

(enfants de Jacques Augustin) Charles-Aug. (1720-94), Jean-Franç., Louis, Franç.-Aug., — Louise ép. de la Maurouzière de Roylère — Elisabeth ép. de Piarron de Chamousset — Marie non mariée

(enfants de Charles-Aug.) Philippe-Aug., Thaïs de Jaucourt, Augustina d'Hervilly. — (enfant de Louise) Senot de la Londe de Cabagnolles.

(fils de Philippe-Aug.) François ou Franz. — (fille de Thaïs de Jaucourt) Eléonore, épouse Guy-Emeric de Durfort, duc de Lorges-Civrac.

Albert.

Jacques.

Blaise, Philippe, Marguerite.

TABLE DES MATIÈRES

CHAPITRE VI

CHAPITRE VII

CHAPITRE VIII

DEUXIÈME PARTIE

SUITE DES FAITS DE L'HISTOIRE DE BALLEROY ET DE SES SEIGNEURS

CHAPITRE I

CHAPITRE II

CHAPITRE III

CHAPITRE IV

CHAPITRE V

CHAPITRE VI

CHAPITRE VII

CHAPITRE VIII

CHAPITRE IX

CHAPITRE X

CHAPITRE XI

CHAPITRE XII

APPENDICE

ERRATA

Page 128, ligne 14, au lieu de : tant les moins, lire : *tant par lesmoins.*

Page 155, dernière ligne, au lieu de : Dienen, ayant disposé, lire : *Dieu en ayant disposé.*

Caen, Imp. E. DOMIN, 10, rue de la Monnaie.

www.ingramcontent.com/pod-product-compliance
Ingram Content Group UK Ltd.
Pitfield, Milton Keynes, MK11 3LW, UK
UKHW021845190726
13855UKWH00001B/150